***ACCESO GRATIS** a la Lectura en la Nube*

Para visualizar el libro electrónico en la nube de lectura envíe junto a su nombre y apellidos una fotografía del código de barras situado en la contraportada del libro y otra del ticket de compra a la dirección:

ebooktirant@tirant.com

En un máximo de 72 horas laborales le enviaremos el código de acceso con sus instrucciones.

LA EXPULSIÓN PENAL Y ADMINISTRATIVA DE LOS EXTRANJEROS CONDENADOS

Procedimiento de selección de originales, ver página web:
www.tirant.net/index.php/editorial/procedimiento-de-seleccion-de-originales

LA EXPULSIÓN PENAL Y ADMINISTRATIVA DE LOS EXTRANJEROS CONDENADOS

Carmen Alastuey Dobón
Profesora Titular de Derecho Penal
Universidad de Zaragoza

tirant lo blanch
Valencia, 2024

En caso de erratas y actualizaciones, la Editorial Tirant lo Blanch publicará la pertinente corrección en la página web www.tirant.com.

Director de la Colección:

JOSÉ LUIS GONZÁLEZ CUSSAC

Catedrático de Derecho Penal
Universitat de València

Esta monografía desarrolla una de las líneas de investigación del Grupo de Estudios Penales de la Universidad de Zaragoza, grupo de investigación de referencia, subvencionado por el Gobierno de Aragón.

La presente obra ha sido sometida a la revisión de pares ciegos según el protocolo de publicación de la editorial a efectos de ofrecer el rigor y calidad correspondiente tanto en su contenido como en su forma, aplicándose los criterios específicos aprobados por la Comisión Nacional E 016 (BOE num. 286, de 26 de noviembre de 2016).

EDITA: TIRANT LO BLANCH
C/ Artes Gráficas, 14 - 46010 - Valencia
TELFS.: 96/361 00 48 - 50
FAX: 96/369 41 51
Email: tlb@tirant.com
www.tirant.com
Librería virtual: www.tirant.es
DEPÓSITO LEGAL: V-1791-2024
ISBN: 978-84-1056-752-8
MAQUETA: Tink Factoría de Color

Si tiene alguna queja o sugerencia, envíenos un mail a: *atencioncliente@tirant.com*. En caso de no ser atendida su sugerencia, por favor, lea en *www.tirant.net/index.php/empresa/politicas-de-empresa* nuestro procedimiento de quejas.

Responsabilidad Social Corporativa: http://www.tirant.net/Docs/RSCTirant.pdf

A mi hija, Carmen.

Índice

Abreviaturas

ATC	Auto del Tribunal Constitucional
CEDH	Convenio Europeo de Derechos Humanos
CP	Código Penal
DLL	Diario La Ley
EPC	Estudios Penales y Criminológicos
FGE	Fiscalía General del Estado
FJ	Fundamento Jurídico
JD	Jueces para la Democracia
LLP	La Ley Penal: revista de Derecho penal, procesal y penitenciario
LO	Ley Orgánica
LOEx.	Ley Orgánica 4/2000, de 11 de enero, sobre derechos y libertades de los extranjeros en España y su integración social
LOGP	Ley Orgánica 1/1979, de 26 de septiembre, General Penitenciaria
PIDCP	Pacto Internacional de Derechos Civiles y Políticos
RAP	Revista de Administración Pública
RAAP	Revista Aragonesa de Administración Pública
RD	Real Decreto
RDME	Revista de Derecho Migratorio y Extranjería
RECPC	Revista Electrónica de Ciencia Penal y Criminología
RCPP	Revista Crítica Penal y Poder
RDDA	Revista Digital de Derecho Administrativo
RDP	Revista de Derecho Penal
RDPC	Revista de Derecho Penal y Criminología (UNED)

RDPP	Revista de Derecho y Proceso Penal
REEPS	Revista Electrónica de Estudios Penales y de la Seguridad
REP	Revista de Estudios Penitenciarios
RGDE	Revista General de Derecho Europeo
RGDP	Revista General de Derecho Penal
RJUAM	Revista Jurídica de la Universidad Autónoma de Madrid
RLOEx.	Real Decreto 557/2011, de 20 de abril, por el que aprueba el Reglamento de la Ley Orgánica 4/2000, sobre derechos y libertades de los extranjeros en España y su integración social
RP	Reglamento Penitenciario
RPen.	Revista Penal
SGIP	Secretaría General de Instituciones Penitenciarias
STC	Sentencia del Tribunal Constitucional
STEDH	Sentencia del Tribunal Europeo de Derechos Humanos
STJUE	Sentencia del Tribunal de Justicia de la Unión Europea
STS	Sentencia del Tribunal Supremo
STSJ	Sentencia del Tribunal Superior de Justicia
TC	Tribunal Constitucional
TEDH	Tribunal Europeo de Derechos Humanos
TJUE	Tribunal de Justicia de la Unión Europea
TS	Tribunal Supremo
TSJ	Tribunal Superior de Justicia
UE	Unión Europea

I. Introducción

El principal cometido de la legislación española en materia de extranjería es fijar el régimen jurídico de los extranjeros y, a estos efectos, dispone cuáles son los requisitos y condiciones que han de reunir aquellos para entrar en territorio español y permanecer en nuestro país[1]. La ausencia de dichos requisitos, *a priori* o sobrevenida, provoca el nacimiento de un deber de salida que, salvo cumplimiento voluntario por parte del extranjero, la Administración ejecutará forzosamente[2]. Así, de acuerdo con el art. 28.3 LOEx., la salida del territorio español será obligatoria en los siguientes supuestos: a) expulsión del territorio español por orden judicial, en los casos previstos en el Código penal, b) expulsión o devolución acordadas por resolución administrativa, conforme a lo establecido en la LOEx., c) denegación administrativa de las solicitudes formuladas por el extranjero para continuar permaneciendo en territorio español, o falta de autorización para encontrarse en España, y d) cumplimiento del plazo en el que un tra-

---

1 Véanse principalmente los capítulos I y II del Título II de la Ley Orgánica 4/2000 sobre derechos y libertades de los extranjeros en España y su integración social (en adelante, LOEx.). Como recuerda la STC 24/2000, de 31 de enero, FJ 4, entre otras muchas, «los extranjeros solo gozan del Derecho a residir en España en virtud de autorización concedida por autoridad competente, de conformidad con los Tratados internacionales y la ley (...). Por tanto, es lícito que la Ley de extranjería subordine el derecho de los extranjeros a residir en España al cumplimiento de determinadas condiciones (...). Conclusión que se ve corroborada por la jurisprudencia del Tribunal Europeo de Derechos Humanos que (...) no ha dejado de subrayar la amplia potestad de que disponen los poderes públicos para controlar la entrada, la residencia y la expulsión de los extranjeros en su territorio».

2 Véase VELASCO CABALLERO, F.: «Expulsión administrativa, devolución, retorno y otras "salidas obligatorias"», en Pomed Sánchez / Velasco Caballero (Eds.): *Ciudadanía e inmigración*, Monografías de la Revista Aragonesa de Administración Pública, Gobierno de Aragón, Zaragoza, 2003, pp. 311 ss.

bajador extranjero se hubiera comprometido a regresar a su país de origen en el marco de un programa de retorno voluntario.

Dejando al margen el supuesto enumerado en último lugar, que resulta ajeno por completo a la cuestión tratada en el presente trabajo, del citado precepto, así como de otras previsiones contempladas en el articulado de la LOEx., se infiere que las formas de salida obligatoria del territorio nacional son, en primer lugar, el retorno, dirigido a los extranjeros a quien la Administración ha denegado la entrada por no cumplir los requisitos indicados (arts. 26.2 y 60.1 LOEx.); en segundo lugar, la devolución, prevista para los que pretenden entrar ilegalmente en el país[3], así como para los que habiendo sido expulsados contravengan la prohibición de entrada (art. 58.3 LOEx.), y, en tercer lugar, la expulsión, que puede ser judicial o administrativa. La mayoría de los supuestos en los que cabe la expulsión del extranjero, tanto cuando es impuesta por orden judicial como cuando es acordada por resolución administrativa, están relacionados directa o indirectamente con la comisión por su parte de infracciones penales. Al estudio de estas modalidades de expulsión derivadas de la comisión de delitos se dedica el presente trabajo.

Los supuestos en los que cabe una orden judicial de expulsión traen causa siempre de la comisión de un delito por parte del extranjero, y están regulados en los arts. 89 y 108 del CP. Conforme a estos preceptos, la expulsión se vincula, respectivamente, con una condena a una pena de prisión superior a un año y con la imposición de una medida de seguridad y reinserción social, con independencia

---

[3] No obstante, como veremos en el epígrafe dedicado a la modalidad de expulsión administrativa regulada en el art. 57.1 LOEx., en relación con el art. 53.1 a) LOEx., el TS amplía los supuestos de devolución a los casos en que el extranjero ha entrado ilegalmente sin haber transcurrido noventa días desde la entrada. Sobre las diferencias entre devolución y expulsión véase a continuación en el texto.

de la naturaleza y duración de la medida impuesta. En el primer caso cabe expulsar a cualquier extranjero, sin que sea necesario atender a su situación administrativa en nuestro país; en cambio, en el segundo, solo se podrá ordenar la expulsión si el extranjero carece de residencia legal en España. En esta regulación prevista en el Código penal, la expulsión está diseñada como una consecuencia jurídica sustitutiva de la pena de prisión o de la medida de seguridad. Se aplica, por tanto, con las excepciones que ambos preceptos contemplan, en lugar de la pena o de la medida de seguridad impuestas en sentencia, si bien en el caso de la condena a penas de prisión es posible o, en atención a la gravedad de la pena impuesta, preceptivo, que el juez ordene el cumplimiento de una parte de la condena antes de proceder a la expulsión.

Por lo que respecta a la expulsión acordada por la autoridad administrativa, el precepto de referencia es el art. 57 LOEx., de aplicación a extranjeros no comunitarios. El apartado 1 del mencionado precepto permite aplicar, en atención al principio de proporcionalidad, la expulsión en lugar de la sanción de multa[4] a los extranjeros que hayan cometido infracciones tipificadas en el art. 54 de la misma ley como muy graves o algunas de las graves descritas en el art. 53, concretamente las enumeradas en las letras a), b), c), d), o f) del apartado 1. Entre todas estas infracciones, la que da lugar a la expulsión con mayor frecuencia en la práctica, y la que nos interesa aquí, es la descrita en el art. 53.1 a), a saber, encontrarse irregularmente el extranjero en territorio español, por no haber obtenido la prórroga de estancia, carecer de autorización de residencia o tener caducada más de tres meses dicha autorización, y siempre que el interesado no hubiera solicitado la renovación de la misma en el plazo previsto reglamentariamente. Esta modalidad de expulsión es aplicable tanto en casos de entrada irregular como en supuestos en que el extranjero entró legalmente, pero ha expirado el tiempo de estancia sin haber

---

4 Véase el art. 55 LOEx.

solicitado prórroga o autorización de residencia, o estos permisos le han sido denegados. Pues bien, el hecho de que el extranjero cuente con antecedentes penales por la comisión de cualquier delito supone un importante obstáculo para su regularización administrativa, lo que permite afirmar que la realización de actividades delictivas puede conducir, de manera indirecta, a su expulsión. En efecto, si el extranjero está pendiente de la concesión de una autorización de residencia temporal, el art. 31.5 LOEx. le impedirá obtenerla. Asimismo, los antecedentes penales son objeto de valoración, sin que representen, en este caso, un factor impeditivo *per se,* cuando se trata de decidir sobre las renovaciones de dicha autorización, de acuerdo con lo establecido en el art. 31.7 LOEx. Si se deniega la autorización de residencia temporal o no se renueva por este motivo, el extranjero se encuentra en la situación descrita en el art. 53.1 a), y, por tanto, se le podrá expulsar en aplicación de lo dispuesto en el art. 57.1 LOEx. Por lo demás, a la hora de valorar la proporcionalidad de la expulsión, la existencia de antecedentes penales constituye uno de los elementos que inclinan la balanza hacia la expulsión de los extranjeros en situación administrativa irregular.

En relación con lo anterior, procede poner de manifiesto que en estas situaciones de estancia irregular en España, pese al tenor literal del art. 57.1 LOEx., según el criterio jurisprudencial actualmente consolidado, no cabe aplicar la multa como sanción alternativa a la expulsión, de acuerdo con lo establecido en la STJUE de 23 de abril de 2015 en su interpretación de la Directiva 2008/115/CE, de 16 de diciembre, relativa a normas y procedimientos comunes en los Estados miembros para el retorno de los nacionales de terceros países en situación irregular (Directiva de retorno).

El apartado 2 del art. 57 LOEx., por su parte, considera «causa de expulsión» que el extranjero haya sido condenado dentro o fuera de España por una conducta que constituya en nuestro país un delito doloso sancionado con pena privativa de libertad superior a un año, siempre que los antecedentes penales no hayan sido cancelados. Se trata de una modalidad de expulsión administrativa subsidiaria de la judicial, de aplicación posterior al cumplimiento de la condena.

En los supuestos anteriores, el hecho de que el extranjero se encuentre procesado o imputado (investigado) por uno o varios delitos —siempre que no alcancen determinada gravedad o no se trate de delitos relacionados con el tráfico de personas— no supone un obstáculo para su expulsión administrativa, limitándose la ley en este caso a requerir autorización judicial para poder acordarla (art. 57.7 LOEx.).

Finalmente, el apartado 8 del mismo precepto de la LOEx. dispone la expulsión de los condenados por los delitos tipificados en los arts. 312.1, 313.1 y 318 del Código penal una vez cumplida la pena privativa de libertad correspondiente. En estos casos, el art. 89.9 CP impide que la expulsión tenga lugar antes del cumplimiento de la totalidad de la condena. Asimismo, el apartado 7 del art. 57 LOEx. imposibilita que los procesados o investigados por esos delitos puedan ser objeto de una expulsión administrativa derivada de la realización por su parte de alguna de las infracciones administrativas enumeradas en el art. 57.1 LOEx. o de la situación descrita en el apartado segundo de este mismo precepto.

En cuanto a los ciudadanos de Estados miembros de la Unión Europea o de otros Estados parte en el Acuerdo sobre el Espacio Económico Europeo, hay que atender al art. 15 del Real Decreto 240/2007, de 16 de febrero, sobre entrada, libre circulación y residencia en España de ciudadanos de los Estados miembros de la Unión europea y de otros Estados parte en el Acuerdo sobre el Espacio Económico Europeo (en adelante, RD 240/2007), donde se permite ordenar su expulsión solo «por razones de orden público, de seguridad pública o de salud pública», conforme a lo establecido en el Capítulo VI de la Directiva 2004/38/CE, de 29 de abril, del Parlamento Europeo y del Consejo, relativa al derecho de los ciudadanos de la Unión y de los miembros de sus familias a circular y residir libremente en el territorio de los Estados miembros.

La expulsión administrativa se diferencia de las otras formas de salida obligatoria del extranjero y, particularmente, de la devolución, en la necesidad de incoar un expediente como requisito procedimental para que pueda ser acordada[5], así como en sus efectos. Respecto a estos últimos, según el art. 57.4 LOEx., «la expulsión conllevará, en todo caso, la extinción de cualquier autorización para permanecer legalmente en España, así como el archivo de cualquier procedimiento que tuviera por objeto la autorización para residir o trabajar en España del extranjero expulsado». Además, de acuerdo con el art. 58 LOEx., apartados 1 y 2, la expulsión lleva consigo la prohibición de entrada en territorio español[6], cuya duración habrá de determinarse en consideración a las circunstancias que concurran en cada caso, sin que, con carácter general, pueda exceder de cinco años. Excepcionalmente, la prohibición de entrada puede llegar hasta los diez años «cuando el extranjero suponga una amenaza grave para el orden público, la seguridad pública, la seguridad nacional o para la salud pública». Por su parte, la expulsión por orden judicial también conlleva el archi-

---

5 Véanse los arts. 242 y siguientes del Real Decreto 557/2011, de 20 de abril, por el que aprueba el Reglamento de la Ley Orgánica 4/2000, sobre derechos y libertades de los extranjeros en España y su integración social, tras su reforma por Ley Orgánica 2/2009 (en adelante, RLOEx.).

6 La prohibición de entrada se exceptúa si el extranjero ha abandonado el territorio nacional durante la tramitación del expediente administrativo sancionador por los supuestos contemplados en las letras a) y b) del art. 53.1 LOEx. En los mismos supuestos, habrá de revocarse la prohibición de entrada si el extranjero abandona el territorio nacional en el plazo de cumplimiento voluntario previsto en la orden de expulsión (art. 58.2, segundo párrafo, LOEx. y arts. 24 y 245 RLOEx.), pero conviene tener en cuenta que, si se tramita la expulsión a través del procedimiento preferente, en los supuestos previstos en el art. 63 LOEx., en lugar de mediante el ordinario (art. 63 bis LOEx.), no se concede un periodo de salida voluntaria. Sobre ello véase *infra,* IV.3.

vo de cualquier procedimiento administrativo que tuviera por objeto la autorización para residir o trabajar en España (arts. 89.6 y 108.1, párrafo segundo, CP), así como una prohibición temporal de regreso al territorio nacional que, en el caso de la expulsión sustitutiva de las penas de prisión, puede tener una duración de entre cinco y diez años, a determinar en atención a la duración de la pena sustituida y las circunstancias personales del extranjero condenado (art. 89.5 CP), mientras que en la expulsión sustitutiva de las medidas de seguridad se establece un plazo fijo de prohibición de entrada de diez años (art. 108.2 CP).

Salta a la vista, en suma, que el Derecho de extranjería español, del que forman parte tanto la citada normativa administrativa como los arts. 89 y 108 del CP, contempla la expulsión de nuestro territorio nacional como la principal consecuencia jurídica aplicable a los extranjeros que cometen delitos, lo que justifica la atención que la doctrina penalista presta a su fundamento y regulación. En efecto, cuando el extranjero sea condenado a una o varias penas de prisión de más de un año, la expulsión es de aplicación preferente, de manera que el juez la ordenará con carácter general, en sustitución del cumplimiento de la pena o penas impuestas. Si la pena no es sustituida íntegramente por la expulsión, esta se llevará a cabo, no obstante, tras haber cumplido el extranjero una parte de la condena, o, en su caso, haber accedido al tercer grado u obtenido la libertad condicional (art. 89 CP). También las medidas de seguridad impuestas a extranjeros sin residencia legal en España son sustituidas judicialmente por la expulsión (art. 108 CP). En los excepcionales supuestos en que la expulsión no haya sido ordenada para su ejecución anterior al cumplimiento de la condena o en sustitución de parte de ella, podrá no obstante ser acordada por resolución administrativa una vez satisfecha la responsabilidad penal, siempre que el delito cometido por el extranjero fuese doloso y estuviese castigado con una pena privativa de libertad superior a un año, así como cuando la condena hubiese recaído por un delito vinculado con el tráfico ilegal de personas (art.

57.2 y 8 LOEx.). Finalmente, junto a estas formas de expulsión derivadas directamente de la comisión de delitos, hay que contar con la posibilidad de que los antecedentes penales desencadenen o blinden una situación de irregularidad que conducirá también a la expulsión, conforme al art. 57.1 en relación con el art. 53.1 a), ambos de la LOEx. Además, en aplicación de estos mismos preceptos, la posesión de antecedentes penales refuerza la expulsión del extranjero en situación administrativa irregular motivada por otras causas.

Por mucho que la expulsión de extranjeros que delinquen sea, en la forma que acaba de exponerse, un instrumento consolidado en nuestro Derecho de extranjería —al igual que sucede, por cierto, en la legislación de otros países de nuestro entorno, aunque con grandes diferencias en las regulaciones[7]—, y que su presencia en el ordenamiento jurídico no haya suscitado reparo alguno de constitucionalidad o de respeto a los derechos humanos, —siempre, eso sí, que su aplicación se practique conforme a ciertos parámetros[8]—, lo cierto es que estamos ante una figura de muy difícil encaje en el sistema general de consecuencias jurídicas, así como en el específico de las consecuencias jurídico-penales. En el marco de este último ámbito, su extraña configuración legal como sustitutivo de las penas privativas de libertad y de las medidas de seguridad impuestas a extranjeros ha generado una intensa discusión sobre su naturaleza jurídica, que será objeto de atención en la primera parte de este trabajo (epígrafe II). Como veremos allí, se debate, al respecto, sobre si la expulsión comparte la naturaleza jurídica de las consecuencias jurídico-penales a las que sus-

---

7 Puede verse un estudio de Derecho comparado en DÍAZ Y GARCÍA CONLLEDO, M. (Dir.): *Protección y expulsión de extranjeros en Derecho penal*, La Ley, Madrid, 2007, pp. 47 ss. Sobre la situación en Francia y en Italia, véase, además, BOZA MARTÍNEZ, D.: *La expulsión de personas extranjeras condenadas penalmente: el nuevo artículo 89 CP*, Aranzadi, Pamplona, 2016, pp. 205 ss., y 215 ss., respectivamente.

8 Como expondremos, sí han provocado problemas de constitucionalidad diferentes aspectos de la concreta regulación de la expulsión.

tituye y, en relación con ello, si es capaz de satisfacer los fines que estas tienen encomendados. No parece posible, sin embargo, responder afirmativamente a estas cuestiones ni, por tanto, justificar la presencia de la expulsión en el Código penal desde la perspectiva de las funciones que desempeñan las consecuencias jurídicas propias de este sector del ordenamiento jurídico. Por otra parte, en un plano más general, interesa averiguar si la expulsión del extranjero que ha delinquido constituye una sanción en el sentido estricto del término, es decir, si puede considerarse que al ordenar la expulsión se pretende castigar al extranjero por un hecho antijurídico realizado por él culpablemente. Tampoco aparenta ser esta la finalidad de la expulsión.

El estudio de la controvertida naturaleza jurídica de la figura que tratamos pondrá de manifiesto, más bien, que todas las modalidades de expulsión con origen en la comisión de delitos[9], vinculadas entre sí mediante complejas interrelaciones, son el reflejo de un objetivo común de política de extranjería basado en consideraciones defensistas o de protección del orden público, que abarca e impregna la política criminal, y que se traduce, *grosso modo*, en impedir la permanencia en el territorio español de los extranjeros que delinquen, sin que se pretenda nada más que la neutralización de lo que es señalado como un foco de peligro. En el ámbito penal, al renunciarse a cualquier intento de integración o reinserción de estos extranjeros, se adelanta la expulsión a un momento anterior al del cumplimiento de la condena, fundamentalmente por razones presupuestarias. Se trata, por tanto, de un objetivo prioritario, que relega la satisfacción de los fines que el Derecho penal persigue mediante la ejecución de las consecuencias de natu-

---

9 A la misma conclusión habría que llegar respecto a la expulsión derivada de la comisión de infracciones administrativas (art. 57.1 LOEx. en relación con el art. 54 y con las letras b), c), d) y f) del art. 53.1 LOEx.), cuyo análisis queda al margen del presente trabajo. Véase, al respecto, ALASTUEY DOBÓN, C.: «Sobre la naturaleza jurídica de la expulsión de extranjeros en el Derecho español», RAAP, n.º 56, 2021, pp. 93 ss.

raleza penal, específicas de este sector del ordenamiento jurídico. Asumida esta orientación meramente utilitarista de la expulsión, fracasa cualquier intento de explicar la figura desde la óptica de las funciones del Derecho penal, y de los instrumentos de que se sirve para desempeñarlas.

Por otra parte, más allá de las dudas que originan los aspectos relacionados con el fundamento y fines de la expulsión, su concreta regulación ha sido objeto de numerosas e importantes críticas, tanto de la doctrina como de los jueces y tribunales, y ha generado considerables problemas en su aplicación práctica. En la expulsión judicial, el legislador ha contribuido a sembrar la confusión mediante las sucesivas reformas del Código penal en la materia, que han dado lugar nada más y nada menos que a cinco versiones distintas del art. 89 CP desde su entrada en vigor, alguna de ellas —la posterior a la reforma de 2003— aquejada, por cierto, de graves defectos de constitucionalidad, como puso de manifiesto el TS reiteradamente a partir de su conocida sentencia 901/2004, aunque no llegó a plantear una cuestión de inconstitucionalidad. La LO 1/2015 operó la última de las modificaciones hasta el momento, mejorando algunos aspectos de la regulación, pero incorporando algunas polémicas novedades, como la ampliación del ámbito subjetivo de la expulsión a todos los extranjeros, hasta entonces restringido a los que se encontrasen en España en situación administrativa irregular. Mientras tanto, el régimen de sustitución de las medidas de seguridad por la expulsión (art. 108 CP) se ha mantenido inalterado desde la reforma de 2003.

La regulación y aplicación de la expulsión administrativa presenta su propia problemática, muy relacionada con las dificultades de precisar la naturaleza jurídica de la figura. En cuanto a la expulsión prevista en el art. 57.2 LOEx., se ha puesto en entredicho la constitucionalidad, primero, de su aplicación acumulada a la condena penal, desde el punto de vista del respeto al principio *non bis in idem* y, segundo, del automatismo con el que se venía acordando, sin proceder a motivar la resolución, y sin que fuesen ponderadas las circunstancias personales del extranjero. Y, por lo que respecta a la expulsión derivada de la situación irregular del extranjero, la incorrecta transposición en el art. 57.1 y 3 de la LOEx. de la Directiva de retorno ha dado lugar a una cambiante jurisprudencia, motivada por la respuesta que ha ido ofreciendo el TJUE, en sentencias de los años 2015, 2020 y 2022, a las cuestiones prejudiciales planteadas sobre la posible incompatibilidad del Derecho español con el contenido de dicha Directiva.

A los detalles de la regulación de la expulsión en el Código penal y en la normativa administrativa de extranjería, así como al análisis de la problemática que plantea la aplicación práctica de cada una de estas modalidades de expulsión derivadas de la comisión de delitos, dedicaremos la segunda parte del trabajo (epígrafes III y IV).

II. Naturaleza jurídica de la expulsión de extranjeros condenados

La cuestión de la naturaleza jurídica de la expulsión derivada de una condena penal recaída sobre un extranjero ha sido analizada doctrinalmente desde una diferente perspectiva, según se trate de la expulsión judicial o de la misma figura cuando es acordada por resolución administrativa. En cuanto a la expulsión judicial, dada su configuración formal como sustitutivo de las consecuencias jurídico-penales, el análisis se ha centrado en averiguar si es posible atribuir a la figura naturaleza penal, esto es, particularmente, si puede afirmarse que es una pena cuando sustituye a la prisión en virtud del art. 89 CP, o que es una medida de seguridad y reinserción social cuando sustituye a la medida que resultase aplicable al extranjero, de acuerdo con el art. 108 CP. En cambio, por lo que respecta a la expulsión administrativa, la discusión sobre la naturaleza jurídica de la figura se desenvuelve en otro plano. En este ámbito, lo que constituye objeto de debate es si la expulsión es una sanción administrativa o, al menos, si lo es en todos los casos en que aparece regulada. Trataré primero la cuestión relativa a la posibilidad de atribuir naturaleza penal a la expulsión y, después, expondré mi punto de vista sobre el carácter sancionatorio o no sancionatorio de la figura. Debe tenerse en cuenta, no obstante, que la discusión sobre la naturaleza sancionadora de la expulsión administrativa repercute en última instancia en la tesis que se mantenga sobre la caracterización de la expulsión judicial, toda vez que un importante sector de la doctrina penalista parte de que esta, al menos en el caso del art. 89 CP, no es más que una sanción administrativa revestida de las formalidades de una consecuencia jurídico-penal.

1. ¿TIENE LA EXPULSIÓN JUDICIAL NATURALEZA PENAL?

Aunque, como veremos, la expulsión judicial de extranjeros que delinquen estaba prevista en la derogada Ley de extranjería de 1985, podríamos afirmar que el debate doctrinal y, en menor medida, jurisprudencial sobre su naturaleza jurídica se inició con su incorporación al articulado del vigente Código penal. Como vengo indicando, dada su regulación entre las consecuencias jurídico-penales del delito y la función que se le asigna como instrumento sustitutivo de las penas de prisión y de las medidas de seguridad impuestas en sentencia, se ha intentado dar respuesta a la pregunta de si la expulsión comparte la naturaleza de las consecuencias jurídicas del delito propias del Derecho penal, esto es, si ostenta la naturaleza de pena o de medida de seguridad y reinserción social, o si, en su caso, constituye un instrumento idóneo para sustituirlas. Los contornos de la discusión apenas han variado durante estas décadas, lo que se explica porque la esencia de la regulación no se ha visto afectada por las sucesivas reformas de que ha sido objeto, particularmente la modalidad del art. 89 CP. No obstante, señalaremos oportunamente que algunos elementos de la regulación incorporados en la reforma del Código penal operada por LO 1/2015 dejan entrever el trasfondo político-criminal de la figura.

La expulsión regulada en el art. 89 CP se encuentra ubicada sistemáticamente entre las «formas sustitutivas de la ejecución de las penas privativas de libertad», en el Capítulo III del Título III, Libro I CP. La sección 1.ª del citado capítulo se ocupa de la suspensión de la ejecución de las penas privativas de libertad (arts. 80 a 87), y la sección segunda de la sustitución de las penas privativas de libertad. Dentro de esta sección, la reforma de 2015 (LO 1) suprimió el art. 88 CP, donde se regulaba, desde la desaparición de la pena de arresto de fin de semana hasta entonces, la sustitución de las penas de prisión por otras penas, aunque su contenido ha sido parcialmente integrado en la figura de la suspensión de la ejecución. Por tanto, a partir de la citada reforma, la sección del Capítulo III dedicada a la sustitución de las penas privativas de libertad consta únicamente de un precepto, el ya referido art. 89 CP.

Pese a esta configuración formal que le otorga la ley, en mi opinión, coincidente con la de la doctrina absolutamente mayoritaria, la expulsión no puede considerarse *materialmente* un sustitutivo penal. No es este el lugar adecuado para exponer una teoría completa de los sustitutivos penales, denominados también alternativas a la ejecución de las penas privativas de libertad. Baste recordar su carácter de instrumentos dirigidos a la satisfacción de los fines de la pena, partiendo de que aquella no tiene que alcanzarse siempre, necesariamente, mediante la ejecución rígida de la pena privativa de libertad impuesta en la sentencia. Por eso, la configuración y puesta en práctica de los sustitutivos penales se rige por el criterio nuclear de posibilitar que la respuesta al delito permanezca en un peldaño inferior cuando no sea preciso, en el caso concreto, acudir a uno superior, más invasivo en la libertad individual y gravoso, para cumplir con los fines de la pena. En definitiva, el recurso a los sustitutivos penales encuentra su justificación en el ineludible deber de respetar los principios penales limitadores del poder punitivo estatal; fundamentalmente, el principio de subsidiariedad con sus dos vertientes: pena como *ultima ratio* y carácter fragmentario del Derecho penal —que integran el principio de intervención mínima—, la exigencia de utilidad de la intervención penal, a la que conduce la necesidad de dicha intervención, así como el principio de proporcionalidad.

El objetivo esencial de los sustitutivos penales es evitar los efectos desocializadores que provoca en el penado el internamiento en un centro penitenciario para cumplir una pena privativa de libertad de corta o media duración, siempre que la no ejecución de la pena no suponga un menoscabo relevante de la reafirmación del ordenamiento jurídico o de la prevención general, y que su cumplimiento no venga exigido por un pronóstico criminal desfavorable[10]. Por esa razón, las alternativas a la ejecución de las penas privativas de libertad son de aplicación cuando la pena impuesta en sentencia no alcanza una determinada gravedad, y, además, para valorar la idoneidad de su puesta en práctica en el caso concreto, se atiende a criterios indicativos del grado de peligrosidad criminal del sujeto condenado. Los sustitutivos penales se caracterizan, asimismo, por ofrecer, cuando sea necesario, una alternativa orientada a la prevención especial positiva, esto es, a la resocialización del penado. De acuerdo con lo expuesto, podemos afirmar que los sustitutivos penales, si están adecuadamente configurados, son instrumentos capaces de desempeñar de manera subsidiaria las funciones de la pena privativa de libertad que deja de ejecutarse[11].

Pues bien, como con razón indica la doctrina, la expulsión sustitutiva de las penas de prisión no cumple ninguno de los requisitos de los auténticos —materialmente hablando— sustitutivos penales[12]. Los presupuestos de aplicación

---

[10] Al respecto, por todos, GARCÍA ARÁN, M.: *Fundamentos y aplicación de penas y medidas de seguridad en el Código Penal de 1995,* Aranzadi, Pamplona, 1997, p. 99; SERRANO PASCUAL, M.: *Las formas sustitutivas de la prisión en el Derecho penal español,* Trivium, Madrid, 1999, pp. 269 s.; MIR PUIG, S.: *Derecho penal. Parte general,* 10.ª ed., Reppertor, Barcelona, 2016, p. 728; y DÍEZ RIPOLLÉS, J. L.: *Derecho penal español. Parte general,* 5.ª ed., Tirant lo Blanch, Valencia, 2020, pp. 679 s., 683.

[11] Sobre el uso del término «sustitutivo penal» para hacer referencia a las consecuencias jurídicas que están en condiciones de reemplazar a la pena en su función, véase ROBLEDO RAMÍREZ, J.: *Concepto y principios para la aplicación de los sustitutivos penales. Estudio de su regulación en España y México,* EDERSA, Madrid, 1996, pp. 185 ss., 202 s.

[12] Véanse, por ejemplo, FLORES MENDOZA, F.: «La expulsión del extranjero en el Código penal español», en Laurenzo Copello (Coord.): *Inmigración y Derecho penal. Bases para un debate,* Tirant lo Blanch, Valencia, 2002, p. 108; CANCIO MELIÁ, M.: «La expulsión de ciudadanos extranjeros sin residencia legal (art. 89 CP)», en *Homenaje al profesor Dr. Gonzalo Rodríguez Mourullo,* Thomson / Civitas, Madrid, 2005, p. 212; DÍAZ Y GARCÍA CONLLEDO, M. (Dir.): *Protección y expulsión de extranjeros…,* cit., p. 631; DAUNIS RODRÍGUEZ, A.: *El Derecho penal como herramienta de la política migratoria,* Comares,

de la expulsión ponen claramente de manifiesto el diferente enfoque de esta regulación. Como veremos con más detalle en el epígrafe correspondiente, no se establece en este caso un límite máximo de duración de la pena de prisión que puede ser sustituida, sino un límite mínimo por debajo del cual no cabe la sustitución —art. 89.1 CP: «las penas de prisión de más de un año impuestas a un ciudadano extranjero serán sustituidas por su expulsión del territorio español»—. La perspectiva es, por tanto, la contraria a la que inspira la filosofía de los sustitutivos penales: la sustitución se prevé a partir de una determinada gravedad de la pena de prisión impuesta en sentencia. Por otra parte, la expulsión no es capaz de cumplir subsidiariamente los fines de la pena de prisión a la que sustituye, lo que ha sido puesto de manifiesto por la doctrina reiteradamente[13],

---

Granada, 2009, pp. 230 s.; BRANDARIZ GARCÍA, J. A.: *Sistema penal y control de los migrantes. Gramática del migrante como infractor penal,* Comares, Granada, 2011, p. 166; TORRES FERNÁNDEZ, M.ª E.: *La expulsión de extranjeros en Derecho penal,* La Ley, Madrid, 2012, p. 72; MAPELLI CAFFARENA, B.: en Cuello Contreras / Mapelli Caffarena, *Curso de Derecho penal. Parte general,* 3.ª ed., Tecnos, Madrid, 2015, p. 284; MENDOZA BUERGO, B., en Lascuraín Sánchez (Coord.): *Introducción al Derecho penal,* 2.ª ed., Civitas-Thomson Reuters, Madrid, 2015, p. 364; RODRÍGUEZ BALADO, E.: «La intervención de la jurisdicción penal en el ámbito de la expulsión de extranjeros: autorización de la expulsión administrativa y autorización sustitutiva», RDME, n.º 26, 2011, pp. 39 s.; GONZÁLEZ TASCÓN, M.ª M.: «La expulsión judicial del extranjero condenado penalmente», en Bernal del Castillo (Dir.): *Delito y minorías en países multiculturales. Estudios jurídicos y criminológicos comparados,* Atelier, Barcelona, 2014, pp. 54 s.; RECIO JUÁREZ, M.: *La expulsión de extranjeros en el proceso penal,* Dykinson, Madrid, 2016., cit., p. 87; NAVARRO CARDOSO, F.: «Análisis del artículo 89 del Código penal español, y unas reflexiones con perspectiva aporofóbica», RPen., n.º 47, 2021, pp. 203 s.; y ODRIOZOLA GURRUTXAGA, M.: *Expulsión penal y expulsión administrativa de personas extranjeras. Análisis del art. 89 CP y del art. 57.2 LOEX,* Thomson Reuters-Aranzadi, Pamplona, 2022, p. 31.

13 Por todos, CANCIO MELIÁ, M.: «La expulsión...», cit., pp. 195 ss.; DAUNIS RODRÍGUEZ, A.: *El Derecho penal...,* cit., pp. 228 ss.; IGLESIAS RÍO, M. A.: «La expulsión de extranjeros», en Quintero Olivares (Dir.): *Comentario a la reforma penal de 2015,* Thomson Reuters-Aranzadi, Pamplona, 2015, pp. 177 s.; NAVARRO CARDOSO, F.: «Análisis del artículo 89...», cit., pp. 201 s.; y, con ulteriores

y se confirma a la luz de los criterios, incorporados en la reforma de 2015, que han de tenerse en cuenta para determinar la procedencia de la expulsión. En efecto, la pena de prisión inicialmente impuesta debe ejecutarse, al menos parcialmente, «cuando resulte necesario para asegurar la defensa del orden jurídico y restablecer la confianza en la vigencia de la norma infringida por el delito» (art. 89.1 y 2 CP), por lo que se admite que es la pena de prisión, y no la expulsión sustitutiva, el instrumento idóneo para reafirmar el ordenamiento jurídico y para atender a las perspectivas de prevención general. Finalmente, resulta evidente que mediante la expulsión del extranjero quedan desatendidas las necesidades de prevención especial positiva a las que se orientan los sustitutivos penales[14]. Como ha reconocido el TC[15], la expulsión, a diferencia de otros sustitutivos de las penas cortas privativas de libertad, no pretende «surtir efectos positivos en orden a la reeducación y reinserción social del extranjero en España, pues ni en rigor puede decirse que tal expulsión sea una pena (...) ni, dado su carácter puntual o de agotamiento en un solo acto, puede considerarse adecuada para el cumplimiento de esas finalidades preventivo-especiales que, desde luego, no están absolutamente garantizadas por el simple regreso del penado extranjero a su país». De hecho, cuando el art. 89.4 CP excepciona la sustitución si la expulsión se considera desproporcionada a la vista de las circunstancias personales del extranjero, en particular su arraigo en España, viene a reconocer que en estas situaciones las posibilidades de

---

referencias, BRANDARIZ GARCÍA, J. A.: *Sistema penal...*, cit., pp. 222 s.

14 Inciden en el abandono de la orientación resocializadora por parte de la expulsión, por todos, BRANDARIZ GARCÍA, J. A.: *Sistema penal...*, cit., pp. 224 s.; NAVARRO CARDOSO, F.: «Análisis del artículo 89...», cit., pp. 201 s.; y GARCÍA DEL BLANCO, V.: «La expulsión de extranjeros: problemas de determinación, acumulación y refundición de condenas», REP, n.º 264, 2022, pp. 10 y 34.

15 ATC 106/1997, de 17 de abril, FJ 2.

reinserción del condenado pasan por el cumplimiento de la condena, porque la expulsión las anula por completo[16].

Se plantea también la cuestión de si la expulsión es o puede considerarse una pena. La respuesta ha de ser también en este caso, a mi modo de ver, negativa. Para desarrollar esta tesis puede alegarse, como argumento formal, su ausencia del catálogo de penas del art. 33 CP[17], pero son fundamentalmente argumentos materiales los que conducen a dicha conclusión. En relación con estos últimos, con frecuencia se pone el foco en la denominada «ambivalencia aflictiva» de la expulsión, que, en algunos casos, según cuáles sean las circunstancias personales del extranjero, la hace resultar más gravosa que el cumplimiento de una pena privativa de libertad de media duración, mientras que en otros casos puede representar un trato de favor, por lo que no constituye en todo caso un mal[18]. En palabras del

---

16 Como dice NAVARRO CARDOSO, F.: «Análisis del artículo 89…», cit., p. 202, «no sería la expulsión la que se acercase a la función (o finalidad) de prevención especial, sino justo lo contrario, su excepción».

17 Lo resaltan, entre otros autores, TORRES FERNÁNDEZ, M.ª E.: *La expulsión…*, cit., p. 63; ORTS BERENGUER, E. / GONZÁLEZ CUSSAC, J. L.: *Compendio de Derecho penal. Parte general,* 9.ª ed., Tirant lo Blanch, Valencia, 2022, p. 551; y RECIO JUÁREZ, M.: *La expulsión de extranjeros…,* cit., p. 89.

18 Véanse ASÚA BATARRITA, A.: «La expulsión del extranjero como alternativa a la pena: incongruencias de la subordinación del Derecho penal a las políticas de control de la inmigración», en Laurenzo Copello (Coord.): *Inmigración y Derecho penal. Bases para un debate,* Tirant lo Blanch, Valencia, 2002, pp. 48 ss.; PÉREZ CEPEDA, A. I.: *Globalización, tráfico internacional ilícito de personas y Derecho penal,* Comares, Granada, 2004, p. 345; CANCIO MELIÁ, M.: «La expulsión…», cit., pp. 198, 202, 214; DÍAZ Y GARCÍA CONLLEDO, M. (Dir.): *Protección y expulsión de extranjeros…,* cit., p. 631; TAMARIT SUMALLA, J. M.ª: «Art. 89», en Quintero Olivares (Dir.) / Morales Prats (Coord.): *Comentarios al Código penal español,* Tomo I, 7.ª ed., Aranzadi, Pamplona, 2016, p. 666; MUÑOZ RUIZ, J.: «La expulsión penal. Nuevas tendencias legislativas», RECPC 16-05 (2014), p. 11; RECIO JUÁREZ, M.: *La expulsión de extranjeros…,* cit., p. 89; VIEIRA DA COSTA, P. L.: «La expulsión de los extranjeros “sin papeles”», RJUAM, n.º 21, 2010-I, pp. 160 s.; y GARCÍA DEL BLANCO, V.: «La expulsión de extranjeros…», cit. p. 11.

TC, la expulsión «puede llegar a ser, de no aceptarse por el afectado, una medida restrictiva de los derechos de los extranjeros»[19]; «ahora bien, cuando la expulsión la solicita el afectado, lo que se está planteando es la concesión de un beneficio consistente en evitar la privación de libertad personal»[20]. A mayor abundamiento, la expulsión no es susceptible de graduación, por lo que no es capaz de ofrecer una respuesta proporcionada a la gravedad de lo injusto culpable[21]. Estas características intrínsecas de la expulsión ponen de manifiesto su inidoneidad para servir como instrumento punitivo y, al mismo tiempo, y precisamente por ello, la incapacitan para cumplir subsidiariamente las funciones de la pena privativa de libertad a la que sustituye.

Un sector numeroso de la doctrina rechaza en los términos indicados que la expulsión sea una pena[22], pero otros

---

19 Así, STC 242/1994, de 20 de julio, FJ 4.

20 ATC 33/1997, de 10 de febrero, FJ 2. Véase, asimismo, STC 203/1997, de 25 de noviembre, FJ 2, donde señala la diferente relevancia constitucional que presenta la expulsión «a instancia del interesado» respecto a la realizada «al margen de la voluntad del afectado».

21 Véanse CANCIO MELIÁ, M.: «La expulsión…», cit., p. 212; DÍAZ Y GARCÍA CONLLEDO, M. (Dir.): *Protección y expulsión de extranjeros…*, cit., p. 627, aunque vincula la ausencia de proporcionalidad a la uniforme duración de la prohibición de entrada tras la reforma de 2003 —véase en este sentido también NAVARRO CARDOSO, F.: «Expulsión "penal" de extranjeros una simbiosis de Derecho penal "simbólico" y Derecho penal del "enemigo"», RGDP 2 (2004), cit., p. 16; y el mismo, «Análisis del artículo 89…», cit., p. 201—.

22 ASÚA BATARRITA, A.: «La expulsión del extranjero…», cit., pp. 62 ss.; CANCIO MELIÁ, M. «La expulsión…», cit., p. 214; GONZÁLEZ TASCÓN, M.ª M.: «La expulsión…», cit., pp. 55 s.; TAMARIT SUMALLA, J. M.ª: «Art. 89», cit., p. 666; SÁNCHEZ GARCÍA DE PAZ, I.: «Artículo 89», en Gómez Tomillo (Dir.): *Comentarios prácticos al Código penal*, Tomo I, Aranzadi, Pamplona, 2015, p. 791; GIL GIL / LACRUZ LÓPEZ / MELENDO PARDOS / NÚÑEZ FERNÁNDEZ, *Consecuencias jurídicas del delito. Regulación y datos de la respuesta a la infracción penal en España*, Dykinson, Madrid, 2018, pp. 319 ss.; DAUNIS RODRÍGUEZ, A.: *El Derecho penal…*, cit., pp. 228 s.; TORRES FERNÁNDEZ, M.ª E.: *La expulsión…*, cit., pp. 63, 72; DÍAZ Y GARCÍA CONLLEDO, M. (Dir.): *Protección y expulsión de extranjeros…*, cit., pp. 628 s.; ODRIOZOLA GURRUTXAGA, M.: *Expulsión penal…*, cit.,

autores, aun compartiendo algunos de los argumentos aquí expuestos, sostienen que la figura ostenta materialmente dicha naturaleza, porque al tratarse de una medida gravosa, restrictiva de derechos, posee un carácter aflictivo, del que pueden derivarse efectos de prevención general, además del efecto inocuizador propio de la expulsión[23]. En este punto, se plantea la cuestión de si el contenido gravoso de una consecuencia jurídica y/o los efectos preventivos que su aplicación genere determinan necesariamente su carácter punitivo. Volveremos sobre ello en el siguiente subepígrafe.

Antes, hemos de referirnos a la posibilidad de que la expulsión sea una medida de seguridad y reinserción social. El art. 96.3 CP la incluye en el catálogo de medidas de seguridad no privativas de libertad y, por esa razón, el TS ha defendido en algunas sentencias que esa es su naturaleza[24]. Pero lo cierto es que la figura no reúne ninguno

---

pp. 33 ss.; NAVARRO CARDOSO, F.: «Análisis del artículo 89…», cit., p. 201; y RECIO JUÁREZ, M.: *La expulsión de extranjeros…*, cit., pp. 89 ss.

23 Así, MONCLÚS MASÓ, M.: *La gestión penal de la inmigración. El recurso al sistema penal para el control de los flujos migratorios,* Editores del Puerto, Buenos Aires, 2008, pp. 451-453; BRANDARIZ GARCÍA, J. A.: *Sistema penal…*, cit., pp. 170 s.; BOZA MARTÍNEZ, D.: *La expulsión de personas extranjeras…*, cit., pp. 270 s.; y MACÍAS ESPEJO, B.: «Sustitución y expulsión de extranjeros», en Morillas Cueva (Dir.): *La pena de prisión entre el expansionismo y el reduccionismo punitivo,* Dykinson, Madrid, 2016, p. 263. Sobre la consideración de la expulsión como pena véanse también PÉREZ CEPEDA, A. I.: *Globalización…*, cit., p. 347; e IZQUIERDO ESCUDERO, F. J.: «Naturaleza jurídica de la sustitución prevista en el artículo 89 del Código penal. Comentario al Auto del TC 106/1997 de 17 de abril», DLL, 1997, ref. D-288 (digital La Ley 11858/2001), pp. 3 ss., quien entiende que la pena no es propiamente la expulsión, sino la prohibición que lleva aparejada de regresar a España durante un periodo de tiempo.

24 Así, entre otras, SsTS 901/2004, de 8 de julio; 710/2005, de 7 de junio; 1099/2006, de 13 de noviembre; 165/2009, de 19 de febrero; 617/2010, de 22 de junio; y 438/2016, de 3 de junio. De todas formas, es discutible que se refiera el TS en todo caso a que su naturaleza sea, materialmente, la de una medida de seguridad y reinserción social. En efecto, en algunas sentencias indica que estamos ante una «medida de seguridad por razones de política migratoria» —véanse

de los requisitos materiales de estas consecuencias jurídico-penales, primero, porque su aplicación *ex* art. 89 no requiere la constatación de la peligrosidad criminal del sujeto, y, segundo, porque no posibilita la aplicación de ningún programa individualizado tendente a neutralizarla[25]. Es decir, en la expulsión falta tanto el fundamento como los fines propios de las medidas de seguridad. Además, si la expulsión fuera una medida de seguridad, solo cabría criticar su previsión como sustitutiva de las penas de prisión superiores a un año, teniendo en cuenta que las medidas de seguridad, al no tener carácter sancionatorio y orientarse exclusivamente a los fines de la prevención especial, no son útiles para cumplir subsidiariamente los fines de la pena[26].

Téngase en cuenta, finalmente, que el art. 96.3 CP se refiere exclusivamente a la expulsión de extranjeros no residentes legalmente en España, siendo así que el ámbito subjetivo de aplicación del art. 89 abarca a cualquier ciu-

---

STS 28/2011, de 25 de enero, y 6/2018, de 10 de enero—. Se aparta de las anteriores la STS 1231/2006, de 23 de noviembre: la expulsión no es ni una pena ni una medida de seguridad «lo que la convierte en un cuerpo extraño en el esquema legalmente establecido para sancionar conductas delictivas».

25 Al respecto, BOZA MARTÍNEZ, D.: *La expulsión de personas extranjeras...*, cit., p. 263.

26 Comparten la opinión de que la expulsión de extranjeros no posee la naturaleza de medida de seguridad, por ejemplo, ASÚA BATARRITA, A.: «La expulsión del extranjero...», cit., p. 60; CANCIO MELIÁ, M.: «La expulsión...», cit., p. 214; URRUELA MORA, A.: *Las medidas de seguridad y reinserción social en la actualidad,* Comares, Granada, 2009, pp. 198 s.; BRANDARIZ GARCÍA, J. A.: *Sistema penal...*, cit., pp. 165 s.; TORRES FERNÁNDEZ, M.ª E.: *La expulsión...*, cit., pp. 67 s.; ROIG TORRES, M.: «La expulsión de los extranjeros en el proyecto de reforma del Código penal. Análisis desde la perspectiva del TEDH. Unas notas sobre el Derecho británico», EPC, vol. XXXIV (2014), p. 474; MACÍAS ESPEJO, B.: «Sustitución...», cit., pp. 259-261; BOZA MARTÍNEZ, D.: *La expulsión de personas extranjeras...*, cit., pp. 262 s., 330 s.; y RECIO JUÁREZ, M.: *La expulsión de extranjeros...*, cit., pp. 91 s. Véase, no obstante, como significativa excepción, DÍEZ RIPOLLÉS, J. L.: *Derecho penal...*, cit., pp. 697, 806 s., quien considera que se trata de una medida de seguridad basada en una peligrosidad criminal no plena.

dadano extranjero, con independencia de su situación administrativa. Por esta razón, la mención a la expulsión en el art. 96.3 solo puede ir referida al supuesto de sustitución de las medidas de seguridad impuestas a extranjeros no residentes legalmente en nuestro país por la expulsión regulado en el art. 108 CP. No obstante, ni siquiera en ese caso la expulsión tiene la naturaleza de medida de seguridad jurídico-penal.

Considero, en efecto, que la regulación del art. 108 CP no se adapta al régimen de imposición y ejecución de las medidas de seguridad y reinserción social diseñado de acuerdo con su fundamento —la peligrosidad criminal— y fines —la prevención especial—, ni es capaz de respetar los principios que lo inspiran. En primer lugar, parece adecuado dejar constancia de que en el ámbito de las medidas de seguridad, por su naturaleza, no es preciso establecer un sistema de sustitución equivalente al de las penas. Conforme a las características del sistema de aplicación de las medidas de seguridad, el juez puede elegir inicialmente la medida que estime más adecuada en el caso concreto, y luego, si es necesario, está facultado para sustituirla durante su ejecución por otra que considere más idónea en atención al estado de la peligrosidad criminal del sujeto en ese momento[27]. Dado que la expulsión del territorio nacional de extranjeros no residentes legalmente en España aparece en el catálogo de medidas de seguridad no privativas de libertad (art. 96.3.2.ª CP), si materialmente se tratase de una medida de seguridad, su aplicación sería posible, en principio, aunque el art. 108 CP no existiera.

Pero como la expulsión no constituye en modo alguno un instrumento adecuado para el tratamiento de la peligrosidad criminal del sujeto, su imposición, originaria o sustitutiva, no podría justificarse conforme a los criterios que rigen con carácter general la aplicación de las medidas de seguridad. Es cierto que dentro del catálogo de medidas

---

[27] Véanse los arts. 97 y 98 CP.

que recoge el Código penal no todas tienen una finalidad terapéutica o pedagógica, sino que algunas tienden exclusivamente a asegurar que el sujeto no pueda realizar actos lesivos para los bienes jurídicos, como sucede por ejemplo con las prohibiciones de residencia en determinados lugares o de aproximación a la víctima impuestas en el marco de la libertad vigilada (art. 106 CP). Ahora bien, incluso en los casos en que la medida considerada más adecuada para combatir la peligrosidad criminal del sujeto sea una de carácter meramente asegurativo, se realiza un control periódico del estado de peligrosidad criminal del sujeto, que puede desembocar en el cese de la medida cuando la peligrosidad haya desaparecido. Por razones obvias, dicho control está completamente ausente en el caso de la expulsión. En ella, el aseguramiento frente a la peligrosidad criminal consiste en la mera segregación del individuo.

Al ser esa la única finalidad pretendida, el legislador se vio obligado a crear un mecanismo de sustitución *ad hoc*, completamente desvinculado de los principios y criterios rectores de la imposición y ejecución de las auténticas medidas de seguridad y reinserción social[28]. El régimen establecido en el art. 108 CP no es acorde tampoco con el principio de proporcionalidad en materia de medidas de seguridad formulado en el art. 6.2 CP[29], en virtud del cual

---

28 TORRES FERNÁNDEZ, M.ª E.: *La expulsión…*, cit., p. 258, considera que cuando concurren los requisitos necesarios para imponer una medida de seguridad a un extranjero con residencia irregular, la expulsión puede tener dos modalidades de aplicación: como medida elegida autónomamente, es decir, originaria, por aplicación del art. 95.2, que remite al art. 96.3, y como medida sustitutiva, en el marco del art. 108 CP. En cambio, a mi modo de ver, la única posibilidad de expulsar al extranjero es a través del mecanismo regulado en el art. 108 CP, o, lo que es lo mismo, por imposición legal. Como señalo en el texto, la inidoneidad de la expulsión para satisfacer los fines propios de las medidas de seguridad, anula sus posibilidades de ser elegida como consecuencia jurídica directamente aplicable.

29 Sobre ello, por ejemplo, DÍAZ Y GARCÍA CONLLEDO, M. (Dir.): *Protección y expulsión de extranjeros…*, cit., p. 629; GARCÍA ALBERO, R.: «Art. 108», en Quintero Olivares (Dir.) / Morales Prats (Coord.): *Comentarios al Código penal español*, Tomo I, 7.ª ed., Aranzadi, Pam-

«las medidas de seguridad no pueden resultar más gravosas ni de mayor duración que la pena abstractamente aplicable al hecho cometido, ni exceder el límite de lo necesario para prevenir la peligrosidad del autor». No parece posible, en abstracto, realizar un análisis comparativo de la gravedad y duración de la expulsión con la de la pena que hubiera sido abstractamente aplicable, pero es que, además, la propia regulación lo impide: conforme al tenor literal, el juez tiene que acordar la expulsión como regla general, al margen de cuál fuese la clase y duración de la pena prevista para el delito cometido, y se establece un plazo fijo de diez años para la prohibición de entrada. Por lo demás, el hecho de que la expulsión haya de ordenarse en sustitución de toda medida de seguridad que fuese aplicable pone de manifiesto que el grado de peligrosidad criminal del sujeto resulta irrelevante a los efectos de su expulsión. No hace falta insistir, finalmente, en la imposibilidad de determinar, una vez expulsado el extranjero, cuándo se ha excedido el límite de lo necesario para prevenir la peligrosidad del autor[30].

Una vez rechazado que la expulsión sustitutiva prevista en estos preceptos sea una consecuencia jurídico-penal, para perfilar su naturaleza jurídica es necesario partir de su carácter instrumental para lograr objetivos de política de extranjería. Estos objetivos, desde el momento en que permean el ámbito de las consecuencias jurídicas del delito, pasan a formar parte de una política criminal dirigida específicamente a los extranjeros. Desde este punto de vista,

---

plona, 2016, pp. 764-766; y BOZA MARTÍNEZ, D.: *La expulsión de personas extranjeras...*, cit., p. 340.

30 En contra de que la expulsión regulada en el art. 108 sea una medida de seguridad, se manifiestan, por ejemplo, URRUELA MORA, A.: *Las medidas de seguridad...*, cit., pp. 198 s.; ARIAS SENSO, M.: «Expulsión de extranjeros condenados: aproximación crítica y comentario de urgencia a la STS 8 de julio de 2004», DLL, n.º 6160, 2005 (digital La Ley 2771/2004), p. 17; y GRACIA MARTÍN, L. / MAYO CALDERÓN, B., en Boldova Pasamar / Alastuey Dobón (Coords.): *Tratado de las consecuencias jurídicas del delito,* 2.ª ed., Tirant lo Blanch, Valencia, 2023, pp. 659 s.

procede poner de manifiesto que la expulsión judicial no puede interpretarse de espaldas a las modalidades de expulsión administrativa que parten de una previa sentencia condenatoria a un extranjero por la comisión de un ilícito penal, pues todas estas formas de expulsión persiguen los mismos fines o están llamadas a desempeñar idénticas funciones.

Desde algunos planteamientos que niegan el carácter penal de la expulsión judicial sustitutiva y, al mismo tiempo, defienden su identidad funcional con la expulsión administrativa derivada de la comisión de delitos, se ha dicho que la expulsión judicial, al menos la regulada en el art. 89 CP, compartiría con aquella la naturaleza de sanción administrativa. Es decir, se parte de que la expulsión administrativa tiene carácter sancionador, y se extiende esta naturaleza a la expulsión judicial. En el marco del art. 89 CP, dicha sanción habría sido revestida de las formalidades propias de una consecuencia jurídico-penal, al ser impuesta por un juez de ese orden jurisdiccional en una sentencia condenatoria[31]. De ser así, el objetivo de política de extranjería compartido por las distintas modalidades de expulsión sería el de sancionar al extranjero. Ello nos sitúa de lleno ante el segundo interrogante que nos planteábamos al principio, esto es, si realmente el instrumento de la expulsión se utiliza con la finalidad de castigar al extranjero por la realiza-

---

31 En este sentido, ASÚA BATARRITA, A.: «La expulsión del extranjero...», cit., pp. 58 ss., 67 s.: quien afirma sobre la expulsión administrativa: «en el marco de la ley de extranjería constituye una genuina sanción administrativa», y con referencia a la expulsión judicial: «aunque sea anómalo, como lo es esa injerencia de la política de inmigración en el código penal, debe reconocerse que en su fundamento y en su contenido sustancial no se diferencia de la sanción administrativa de expulsión». Véanse además SANZ MORÁN, A. J.: «Reflexión de urgencia...», cit., p. 39; NAVARRO CARDOSO, F.: «Expulsión "penal" de extranjeros...», cit., p. 18; el mismo, «Análisis del artículo 89...», cit., p. 204; DÍAZ Y GARCÍA CONLLEDO, M. (Dir.): *Protección y expulsión de extranjeros...*, cit., p. 631; DAUNIS RODRÍGUEZ, A.: *El Derecho penal...*, cit., pp. 227 ss., 231; RODRÍGUEZ BALADO, E.: «La intervención...», cit., pp. 40, 51; y GONZÁLEZ TASCÓN, M.ª M.: «La expulsión...», cit., p. 57.

ción de una infracción (administrativa o penal). Dado que nuestro ordenamiento jurídico permite la expulsión del extranjero tras el cumplimento total o parcial de la pena, la respuesta que demos a dicha pregunta será relevante para determinar si esa acumulación supone una vulneración del principio *non bis in idem*, al imponerse, en su caso, dos sanciones por los mismos hechos y con el mismo fundamento.

2. ¿TIENE LA EXPULSIÓN NATURALEZA SANCIONADORA?

Aunque el referido sector de la doctrina penal asuma la naturaleza sancionadora de la expulsión, lo cierto es que la doctrina administrativista que se ha ocupado de perfilar un concepto material de sanción y, partiendo de él, de clasificar las innumerables consecuencias jurídicas del Derecho administrativo, según se trate de sanciones o de actos de gravamen no sancionatorios, encuentra dificultades para determinar dónde debe ubicarse la expulsión de extranjeros[32]. Tampoco la Sala 3.ª del TS y el TC, que se han pro-

---

[32] Como muestra de lo indicado, véanse REBOLLO PUIG, M.: «El contenido de las sanciones», Justicia Administrativa, n.º extraordinario, 2001, p. 166, nota 31, quien cita a la expulsión entre las sanciones para añadir seguidamente, refiriéndose al art. 57.1 LOEx.: «pero, en general, más que una sanción, es una medida que en algunos casos sustituye a la sanción»; el mismo, «Concepto de sanción administrativa», en Rebollo Puig (y otros): *Derecho administrativo sancionador,* Lex Nova, Valladolid, 2010, pp. 92 s.: «la expulsión de extranjeros es en unos casos sanción y en otros no; depende de las circunstancias que la motiven y de cómo esté configurada legalmente», admitiendo que en algunos casos «la expulsión parece, más bien, una medida de simple restablecimiento de la legalidad»; por su parte, HUERGO LORA, A.: *Las sanciones administrativas,* iustel, Madrid, 2007, p. 354, estima que en algún supuesto «se parece más a una medida de restablecimiento de la legalidad o de protección de los intereses públicos que a una sanción en sentido estricto» aunque no excluye que pueda ser una sanción en ciertos casos; y CANO CAMPOS, T.: «El concepto de sanción y los límites entre el Derecho penal y el Derecho administrativo sancionador», en Bauzá Martorell (Dir.): *Derecho administrativo y Derecho penal: reconstrucción de los límites,* Wolters

nunciado sobre la cuestión de la naturaleza jurídica de la expulsión administrativa al hilo de asuntos diversos, han mantenido una postura uniforme y clara al respecto. Es discutido, así mismo, que la expulsión posea idéntica naturaleza en todos los casos en que aparece contemplada.

Como hemos visto en las páginas introductorias, la LOEx. prevé distintas modalidades de expulsión derivadas directa o indirectamente de la comisión de delitos por parte del extranjero. En lo que sigue defenderé la opinión de que la expulsión no constituye una sanción en el sentido estricto del término en ninguna de estas modalidades. Para desarrollar esta tesis, conviene recordar antes, si quiera brevemente, cuáles son las características materiales de las sanciones.

Las sanciones propiamente dichas presentan tres características esenciales, estrechamente relacionadas entre sí, que las distinguen de otras consecuencias jurídicas sin naturaleza sancionadora. En primer lugar, las sanciones son en todo caso consecuencias jurídicas de una infracción, esto es, de una conducta contraria a un mandato o a una prohibición —norma de determinación— y antijurídica realizada por un individuo determinado sobre quien sea posible formular el juicio de reproche en que consiste la culpabilidad. En otras palabras, el supuesto de hecho de una sanción solo puede serlo un injusto culpable[33].

Kluwer, Barcelona, 2017, p. 214, quien explica que la frontera entre las sanciones y otras medidas no sancionadoras no siempre es nítida, y pone como ejemplo, citando a *Rebollo,* la expulsión de extranjeros, que «dependiendo de la decisión del propio legislador (…) puede ser considerada una sanción o una medida de restablecimiento de la legalidad».

33 Como dice GRACIA MARTÍN, L.: «La serie "infracción-culpabilidad-sanción" desencadenada por individuos libres como síntesis jurídica indisoluble derivada de la idea y del concepto *a priori* del derecho», RECPC 18-18 (2016), p. 40, «solo puede ser y es sanción en sentido estricto la consecuencia jurídica que tiene como presupuesto necesario la culpabilidad, y la culpabilidad tiene a la vez como presupuesto a la infracción que constituye el objeto específico del juicio de reproche»; y, en el mismo sentido, pp. 48, 61, 79 s. y 101, entre otras.

Del supuesto de hecho así configurado se deduce, como segunda característica de las sanciones, que estas han de tener una finalidad punitiva, pues se imponen como castigo o retribución de lo injusto culpable con el objetivo de influir en la voluntad del sujeto que cometió la infracción. Como indica *Huergo Lora* «el criterio más claro de distinción entre las sanciones administrativas y otras formas de intervención administrativa con las que suelen confundirse (...) es que la sanción *castiga* o retribuye un comportamiento ilegal del sujeto a quien se impone, mientras que esas otras medidas tienden a satisfacer intereses públicos (...) con independencia de que también supongan un perjuicio

---

Véase también su argumentación en *ibidem*, pp. 31 ss., sobre la necesidad de distinguir adecuadamente entre el plano de las normas de valoración y el de las normas de determinación, y p. 49, donde recuerda que solo se puede denominar *infracción* al quebranto de una norma de determinación. Véase, en el mismo sentido, sobre esta característica de las sanciones y el resto de sus elementos materiales que se mencionan a continuación en el texto, MAYO CALDERÓN, B.: «Acerca de las diferencias entre el Derecho penal, el Derecho administrativo sancionador, y el Derecho de policía. A la vez, una reflexión sobre el concepto de sanción», RAAP, n.º 56, 2021, pp. 194 ss. Asimismo, véanse SUAY RINCÓN, J.: «Concepto de sanción administrativa», en Lozano Cutanda (Dir.): *Diccionario de sanciones administrativas,* iustel, Madrid, 2010, p. 174, quien indica a este respecto que las sanciones administrativas y las infracciones administrativas componen un «inescindible binomio», siendo las segundas indispensable presupuesto de las primeras; REBOLLO PUIG, M.: «Concepto de sanción...», cit., p. 63; y CANO CAMPOS, T.: «¿Es una sanción la retirada de puntos del permiso de conducir?», RAP, n.º 184, 2011, p. 101, donde niega el carácter de sanción a cualquier «incumplimiento del deber ser» —como sucede en el caso de las medidas de carácter resarcitorio o en las de restablecimiento de la legalidad, cuyo supuesto de hecho «es una situación de hecho que el ordenamiento jurídico considera que ha de ser eliminada»— y requiere para poder hablar de tal un «ilícito previo», de forma que el «supuesto de hecho de la sanción» se realice mediante «el establecimiento de mandatos o prohibiciones». En el mismo sentido, STC 276/2000, de 16 de noviembre, FJ 3, donde se indica que las sanciones se aplican «como consecuencia de una infracción de la ley y, precisamente, a la persona que aparece como responsable de la misma»; y SsTC 48/2003, de 12 de marzo, FJ 9, y 26/2005, de 14 de febrero, FJ 5: la sanción ha de ser «consecuencia de un ilícito».

para el infractor», y cita como ejemplos las medidas de policía, las de restauración de la legalidad o la revocación de ciertos actos por incumplimiento de sus condiciones[34/35].

---

[34] HUERGO LORA, A.: *Las sanciones...*, cit., p. 225. Y en p. 227, nota 337, afirma: «no basta (...) con la sola pretensión de constreñir al cumplimiento de un deber jurídico (como ocurre con las multas coercitivas) o de restablecer la legalidad conculcada (...). Es preciso que, de manera autónoma o en concurrencia con esas pretensiones, el perjuicio causado responda a un sentido retributivo». Sobre ello, en el mismo sentido, GRACIA MARTÍN, L.: «La serie "infracción-culpabilidad-sanción"...», cit., pp. 75 s., 79 s., 91 s., 111 s.; REBOLLO PUIG, M.: «El contenido de las sanciones», cit., p. 154; SUAY RINCÓN, J.: «Concepto de sanción...», cit., pp. 170 ss.; SILVA FORNÉ, D.: «Posibles obstáculos para la aplicación de los principios penales al Derecho administrativo sancionador», en Díez Ripollés / Romeo Casabona / Gracia Martín / Higuera Guimerá (Eds.): *La Ciencia del Derecho penal ante el nuevo siglo. Libro Homenaje al profesor doctor don José Cerezo Mir*, Tecnos, Madrid, 2002, p. 176; y CANO CAMPOS, T.: «¿Es una sanción...?», cit., pp. 103 ss.; el mismo, «El concepto de sanción...», cit., pp. 210, 215.

[35] El TC también ha hecho hincapié en varias sentencias en que la característica específica de las sanciones es su «finalidad represiva, retributiva o de castigo». Así en STC 239/1988, de 15 de diciembre, FJ 2, niega que las multas coercitivas tengan un «verdadero carácter sancionador» o, lo que es lo mismo, que representen «el efectivo ejercicio del *ius puniendi* del Estado» porque con ellas «no se impone una obligación de pago con un fin represivo o retributivo por la realización de una conducta que se considere administrativamente ilícita (...) sino que consiste en una medida de constreñimiento económico». Con el mismo argumento analiza el carácter sancionador de dos recargos tributarios en SsTC 164/1995, de 13 de noviembre, y 276/2000, de 16 de noviembre, y entiende en el primer caso que el recargo en cuestión no es una sanción «porque carece de la finalidad represiva, retributiva o de castigo (...) específica de las sanciones», FJ 4, mientras que en el segundo caso estima, en sentido contrario, que se trata de una sanción al apreciar en él una función de castigo que va más allá del cometido resarcitorio, FFJJ 3, 4 y 5. Y, según la STC 48/2003, de 12 de marzo, FJ 9, «para determinar si una consecuencia jurídica tiene o no carácter punitivo habrá que atender, ante todo, a la función que tiene encomendada en el sistema jurídico. De modo que si tiene una función represiva y con ella se restringen derechos como consecuencia de un ilícito, habremos de entender que se trata de una pena en sentido material; pero si en lugar de la represión concurren otras finalidades justificativas deberá descartarse la existencia de una pena, por más que se trate de una consecuencia gravosa (...) Es preciso que, de manera autónoma

Además, dicha finalidad punitiva determina el contenido de las sanciones, que habrán de suponer un mal, una privación o restricción de derechos para el individuo que las sufre, siendo esta su tercera característica definitoria[36].

Conviene insistir en la efectiva interrelación que vincula estos tres elementos. Obsérvese, en este sentido, que la última característica mencionada solo define a las sanciones en la medida en que el perjuicio causado al sujeto proceda

---

(…) el perjuicio causado responda a un sentido retributivo, que se traduce en la irrogación de un mal añadido al que de suyo implica el cumplimiento forzoso de una obligación ya debida o la imposibilidad de seguir desarrollando una actividad a la que no se tenía derecho». Véanse, además, en el mismo sentido, SsTC 132/2001, de 8 de junio, FJ 3; 100/2003, de 2 de junio, FJ 2; y 26/2005, de 14 de febrero, FJ 5.

36 Así lo afirma HUERGO LORA, A.: *Las sanciones…*, cit., p. 227, nota 337, siguiendo la tesis del TC expuesta en la nota anterior, y p. 228 s.: «una sanción, por su contenido, sólo puede afectar a los intereses del infractor». También GRACIA MARTÍN, L.: «La serie “infracción-culpabilidad-sanción”…», cit., pp. 48, 85 ss., donde concreta las características de las sanciones, y su conclusión en p. 114: «solo pueden contemplarse como penas y sanciones aquellas medidas consistentes en una intervención directa e inmediata en el ser físico y espiritual de un sujeto que ha cometido él mismo con su propia conducta un delito o una infracción culpablemente, y que supone para él un mal, una aflicción o un perjuicio»; REBOLLO PUIG, M.: «El contenido de las sanciones», cit., pp. 155 s.; y CANO CAMPOS, T.: «¿Es una sanción…?», cit., pp. 104 s.: «la sanción consiste siempre en infligir un mal (o en privar de un bien) (…). El sujeto a quien se impone la sanción tiene que sufrir necesariamente un perjuicio en su esfera jurídica para poder hablar de sanción». De ahí se deduciría, según este último autor —con cita de *Casino Rubio*—, el carácter constitutivo y no meramente declarativo de las sanciones, dado que la sanción impone al particular un mal añadido que no se reduce a hacer cumplir la legalidad vigente. Con más detalle, el mismo, «El concepto de sanción…», cit., pp. 212 ss. Resaltan igualmente el «fin aflictivo de la sanción», GARCÍA DE ENTERRÍA, E. / FERNÁNDEZ RODRÍGUEZ, T. R.: *Curso de Derecho administrativo II*, 17.ª ed., Thomson Reuters-Aranzadi, Pamplona, 2022, p. 186. Véase también STC 48/2003, de 12 de marzo, FJ 9: «El carácter de castigo criminal o administrativo de la reacción del ordenamiento sólo aparece cuando, al margen de la voluntad reparadora, se inflige un perjuicio añadido con el que se afecta al infractor en el círculo de los bienes y derechos de los que disfrutaba lícitamente».

de una consecuencia jurídica impuesta con la finalidad de castigarle. Pues el hecho de que una consecuencia jurídica suponga una privación o restricción de derechos para el individuo que la sufre, por sí solo, no la convierte en sanción, aunque su contenido material no difiera del que pueda tener una medida sancionadora[37]. Ello se aprecia claramente en el caso de la multa, que puede ser una pena, una sanción administrativa o una multa coercitiva sin finalidad sancionadora. Lo mismo pasa con la privación de libertad, que puede ser, al menos, una sanción (pena), una medida cautelar o una medida de seguridad y reinserción social. En ambos casos se trata de instrumentos que desempeñan funciones distintas en el ordenamiento jurídico, aunque su contenido privativo o restrictivo de derechos sea el mismo. Solo la finalidad punitiva que persiguen en algunos supuestos les confiere el carácter de sanción penal o administrativa[38]. Ya es sabido que algunas consecuencias no sancionadoras pueden causar un perjuicio a su destinatario, pero ello no forma parte de su finalidad, sino que aparece como una consecuencia colateral de su aplicación. En cambio, las sanciones persiguen directamente la causación de un mal[39]. Conviene tener en cuenta, asimismo, que el mayor o menor contenido gravoso de la consecuencia jurídica no sirve tampoco para identificar a las sanciones, pues

---

37 Sobre ello, GRACIA MARTÍN, L.: «Concepto, función y naturaleza jurídica de las consecuencias accesorias del delito», RPen., n.º 38, 2016, p. 157 s.

38 Véanse al respecto REBOLLO PUIG, M.: «El contenido de las sanciones», cit., p. 155 s.; y CANO CAMPOS, T.: «¿Es una sanción…?», cit., p. 105: «no toda privación de un bien o imposición de un mal a un sujeto constituye una sanción, pues también otras medidas (…) no punitivas (…) producen ese perjuicio. El perjuicio es necesario, pero no suficiente. Para que estemos en presencia de un verdadero acto punitivo, de un castigo, el carácter aflictivo de la medida debe configurarse únicamente como reproche o retribución, esto es, como atribución directa de las consecuencias que acarrea la realización de una acción antijurídica (…). Por tanto, la única función del mal que se impone es «reprobar, reprochar o retribuir la realización de esa acción».

39 CANO CAMPOS, T.: «El concepto de sanción…», cit., p. 213.

«es evidente que existen medidas administrativas, como la imposición a un particular, de forma unilateral y ejecutiva, de la obligación de reparar el daño causado o la revocación de un acto favorable por incumplimiento de alguna de sus condiciones (...) que son materialmente mucho más graves que las sanciones en sentido estricto»[40]. En definitiva, lo que permite identificar una sanción es su función y no su contenido[41].

En cambio, hay otras características formales y materiales de las consecuencias jurídicas que no son relevantes para determinar si poseen naturaleza sancionadora. Destacan al respecto dos. En primer lugar, como ha indicado el TC, para conocer cuál es la naturaleza de una determinada figura no es decisivo el *nomen iuris* que le dé la Administración o le asigne la ley, y ni siquiera la clara voluntad del legislador[42]. En segundo lugar, la finalidad disuasoria tampoco define a las sanciones, porque una «cosa es que las sanciones tengan, entre otras, una finalidad disuasoria, y otra

---

40 HUERGO LORA, A.: *Las sanciones...*, cit., pp. 237 s., y pp. 235 s.: «el criterio de distinción, (...) coherente con la noción de "sanción" como castigo o retribución de una conducta ilegal, no está relacionado con la mayor o menor gravedad del mal o consecuencia jurídica desfavorable que se le impone al particular. Es perfectamente posible que un mismo hecho (por ejemplo, la construcción de un edificio ilegal) dé lugar a una sanción (multa) y a una medida de restauración de la legalidad (demolición) que no es una sanción pero cuyas consecuencias económicas pueden ser mucho más graves».

41 Así HUERGO LORA, A.: *Las sanciones...*, cit., p. 233; y GRACIA MARTÍN, L.: «La serie "infracción-culpabilidad-sanción"...», cit., p. 90: «la finalidad de una consecuencia jurídica, y en particular la de las penas y sanciones, no puede determinarse exclusivamente por su *contenido,* sino únicamente a partir de los caracteres y de la estructura del *supuesto de hecho* que la fundamenta, de su finalidad y de su función específica», y aclara en el sentido indicado en el texto que estas últimas «podrán condicionar en parte su contenido, pues si se trata por ejemplo de castigar con una pena, esta no podrá consistir lógicamente en una medida que produzca ventajas o provechos al penado».

42 STC 164/1995, de 13 de noviembre, FJ 4. Así también SsTC 239/1988, de 14 de diciembre, FJ 3, y 276/2000, de 16 de noviembre, FJ 3.

bien distinta que toda medida con una finalidad disuasoria de determinados comportamientos sea una sanción»[43]. Por ello debe negarse el carácter sancionador a consecuencias que, aun cumpliendo una función disuasoria o, en general, preventiva, no tienen la finalidad de castigar al autor de la infracción. Es cierto que con la aplicación de la sanción como respuesta a la realización de una infracción culpable se pueden perseguir (y de hecho se persiguen) y desplegar efectos de prevención general o especial[44], pero estos fines y efectos no son útiles por sí solos para definir a las sanciones, pues son compartidos por consecuencias jurídicas que no tienen carácter sancionador[45]. Como indica *Cano Campos*[46] «lo característico de las sanciones no es (...) su finalidad preventiva, pues hay muchas medidas administrativas no sancionadoras que también cumplen esa finalidad (...)[47], sino que lo peculiar de las sanciones es la forma en que dicha finalidad preventiva o disuasoria se persigue: castigando».

---

43 SsTC 164/1995, de 13 de noviembre, FJ 4, y 276/2000, de 16 de noviembre, FJ 4.

44 Así, REBOLLO PUIG, M.: «El contenido de las sanciones», cit., pp. 156 s.

45 Véase GRACIA MARTÍN, L.: «La serie "infracción-culpabilidad-sanción"...», cit., p. 88, nota 237, y pp. 95 ss., sobre la distinción criminológica entre diversas clases de prevención (primaria, secundaria y terciaria), siendo solo esta última la propia de las sanciones, pues se persigue mediante la imposición de un castigo, y p. 114: «la *esencia* de (...) toda sanción es el castigo, y por esto el único fin *específico* y esencial de (...) toda sanción es la *retribución* del sujeto sancionado por el hecho que ha realizado él mismo culpablemente. Los fines de prevención, general y especial, si bien tienen que ser y deber ser objetivos a realizar con (...) toda sanción, no son específicos de estas consecuencias jurídicas ni corresponden a su esencia, sino que son (...) solo objetivos a alcanzar por medio de ellas».

46 CANO CAMPOS, T.: «¿Es una sanción...?», cit., pp. 106 s.; el mismo, «El concepto de sanción...», cit., p. 215.

47 Cita como ejemplos «los recargos tributarios, que constituyen una forma de disuadir a los contribuyentes de que presenten las declaraciones fuera de plazo, o la tasa láctea en el mercado comunitario que busca desincentivar la producción» (*ibidem*).

Tomando como base este concepto material de sanción, que considero certero, veamos si concurren las indicadas características en la expulsión prevista en la legislación administrativa para los extranjeros que se encuentran en territorio español en situación irregular —art. 57.1 LOEx., en relación con la letra a) del art. 53.1— (**a**) o en los casos en que la expulsión trae causa directamente de la comisión de un delito —art. 57.2 y 8 LOEx.— (**b**).

a) Cuando el extranjero se encuentre irregularmente en España por no haber obtenido la autorización de residencia temporal o la renovación de dicha autorización, debido a que cuenta con antecedentes penales o por otras causas, concurrirá la situación descrita en el art. 53.1 a) LOEx. y podrá ser expulsado conforme al art. 57.1 LOEx. El encontrarse irregularmente en territorio español es considerado por la ley una infracción administrativa grave y, tanto la multa como la expulsión, consecuencias previstas en el art. 57.1 de manera alternativa, sanciones. Aunque la expulsión no se encuentra en el catálogo de sanciones del art. 55 LOEx., recibe esa denominación en los apartados 3 y 5 del art. 57. Por estas razones, gran parte de la doctrina administrativista da por sentada la naturaleza sancionadora de la expulsión en todos los supuestos referidos en el art. 57.1, incluyendo, por tanto, los casos en que se aplica por la estancia irregular del extranjero[48]. La Sala 3.ª del TS ha

---

48 Véanse, entre otros, PEMÁN GAVÍN, I.: *El sistema sancionador español. Hacia una teoría general de las infracciones y sanciones administrativas,* Cedecs, Barcelona, 2000, pp. 100 s.; DORADO NOGUERAS, F. M. / RODRÍGUEZ CANDELA, J. L.: «Las infracciones en materia de extranjería y su régimen sancionador», en Moya Escudero (Coord.): *Comentario sistemático a la Ley de extranjería,* Comares, Granada, 2001, pp. 873 s.; GARCÍA CATALÁN, J. M.: *Infracciones, sanciones y procedimiento en la Ley y el Reglamento de extranjería,* Atelier, Barcelona, 2002, pp. 319 s.; BATUECAS, J. M.: *La expulsión del extranjero en la legislación española,* Editorial Club Universitario, Alicante, 2005, pp. 28 s.; MESTRE DELGADO, J. F.: «Artículo 57. Expulsión del extranjero», en Esplugues Mota (Coord.): *Comentarios a la Ley de extranjería,* Tirant lo Blanch, Valencia, 2006, p. 1263; SELMA PENALVA, A.: «La expulsión de los extranjeros no europeos: reflexiones críticas acerca de la indeterminación del art. 57.2 de la Ley Orgánica 4/2000 de

defendido también esta tesis reiteradamente. Según el TS, en la derogada Ley de extranjería la expulsión del territorio nacional no era considerada una sanción[49]. Lo deduce

---

extranjería», RDME, n.º 33, 2013, cuyo trabajo se centra en analizar la modalidad de expulsión del art. 57.2 y, concluye, como indicaré *infra*, que no tiene naturaleza sancionadora, pero parte de que los supuestos de expulsión del art. 57.1 sí la tienen (pp. 27, 33 y 34); y GARCÍA DE ENTERRÍA, E. / FERNÁNDEZ RODRÍGUEZ, T. R.: *Curso...*, cit., p. 218. De la misma opinión, refiriéndose en particular al supuesto de estancia irregular, LEIVA LÓPEZ, A. D.: «La sanción administrativa por la estancia irregular de extranjeros en territorio español. Multa *ad versus* expulsión», RDDA, n.º 29, 2023, p. 278. En cambio, LORENZO JIMÉNEZ, J. V.: «La expulsión de extranjeros por permanencia irregular en España: un análisis de la jurisprudencia del TS», RDME, n.º 20, 2009, p. 210, parte de que es una sanción cuando se aplica por la realización del resto de las infracciones enumeradas en el art. 57.1 LOEx., pero considera que no tiene esa naturaleza en el supuesto que nos interesa, cuando se aplica a extranjeros en situación irregular (p. 214). Por su parte, VELASCO CABALLERO, F.: «Expulsión administrativa...», cit., pp. 334 ss. también entiende que es una sanción, aunque señala las «paradojas y problemas aplicativos» que dicha calificación genera en algunos casos, como luego veremos. Finalmente, ÚBEDA TARAJANO, F.: «La sanción administrativa de expulsión de personas extranjeras», Actualidad Administrativa, n.º 1, 2019 (digital La Ley 15642/2018), pp. 1 s., critica que la ley la califique como sanción en todos los casos, pues en su opinión «la persona extranjera que entra legalmente en nuestro país sabe de antemano que su estancia (salvo en los supuestos de residencia permanente) está sometida a plazo temporal, transcurrido el cual está obligada a abandonar España o a instar la renovación de la anterior autorización o una nueva. Trascurrido dicho plazo sin que se cumpla esa obligación de salida voluntaria la Administración podría, en principio, acudir a la expulsión forzosa. En tales supuestos de ejecución forzosa de una obligación de salida, la expulsión no tendría que tener necesariamente naturaleza sancionadora. Si la tiene es porque el legislador (...) ha optado por que lo sea».

49 Así lo había indicado en algunas sentencias. Según la STS de 9 de abril de 1997, la expulsión del territorio nacional de un extranjero por no hallarse legalmente en territorio español —art. 26.1 a) de la antigua Ley de extranjería— «no constituye, por su naturaleza, la imposición de una sanción, sino la adopción de una medida administrativa limitativa de derechos que debe ajustarse al principio de legalidad, dada la trascendencia que alcanza en relación con los derechos fundamentales de los extranjeros en España». Así también, para los casos de estancia irregular, SsTS de 14 de diciembre de 1998

de una interpretación conjunta de sus arts. 26 y 27, donde la expulsión estaba prevista para unos supuestos y la multa para otros, de manera que «los supuestos en que se aplicaba la multa no podían ser castigados con la expulsión», tal y como disponía expresamente el art. 27.3 del citado texto legal. Pero, estima el TS, la Ley de 2000 cambia la concepción de la expulsión, configurándola como sanción[50].

El TC también considera que la expulsión regulada en el art. 57.1 LOEx. tiene naturaleza sancionadora, incluyendo la que se aplica en los casos en que el extranjero se encuentra en situación irregular. Así lo hace en el Auto 409/2007, de 6 de noviembre, FJ 3, en el que inadmite a trámite una cuestión de inconstitucionalidad planteada sobre el art. 57.1 de la LOEx. en relación con el art. 53.1 a) LOEx. por su posible incompatibilidad con el mandato de taxatividad recogido en art. 25.1 CE. El TC basa su argumentación en la tesis que ya defendió en su sentencia 113/2002, de 9 de mayo, según la cual «la necesidad de que la ley predetermine suficientemente las infracciones y las sanciones, así como la correspondencia entre unas y otras, no implica un automatismo tal que suponga la exclusión de todo poder

---

y 18 de marzo de 2002: «no constituye una sanción, sino la lógica consecuencia derivada de hallarse ilegalmente en España». Véase también, en el mismo sentido, STS de 20 de diciembre de 2002. Esta tesis no la había defendido el TS de manera uniforme. En sentido contrario, por ejemplo, SsTS de 27 de diciembre de 2000; 19 de octubre de 2001; y 4 de mayo de 2004.

50 Así, por ejemplo, entre otras muchas, SsTS (Sala 3.ª, sec. 5.ª) de 22 de diciembre de 2005, 30 de noviembre de 2006, 19 de diciembre de 2006, 19 de enero de 2007, 20 de septiembre de 2007, 25 de octubre de 2007 y 20 de diciembre de 2007, sin que en la década posterior, ni en los años que llevamos de la actual, haya manifestado una opinión contraria. Aunque, como veremos en el análisis de la aplicación de esta modalidad de expulsión, han sido otras las cuestiones que han ocupado al TS, la relevante STS 337/2022, de 16 de marzo, sigue partiendo del carácter sancionador de la expulsión de los extranjeros en situación administrativa irregular. Por lo demás, puede verse una crítica a la confusa argumentación del TS en su defensa del supuesto cambio de naturaleza en LORENZO JIMÉNEZ, J. V.: «La expulsión de extranjeros...», cit., p. 204.

de apreciación por parte de los órganos administrativos a la hora de imponer una sanción concreta». En este sentido, entiende que en el precepto cuestionado la ley no concede una carta en blanco a la Administración, sino que recoge criterios suficientes para orientar a la Administración en la imposición y graduación de la sanción de expulsión. En el mismo sentido se manifiesta en la STC 212/2009, de 26 de noviembre, FJ 4, en el que resuelve un recurso de amparo presentado contra una resolución administrativa de expulsión y las resoluciones judiciales que la confirmaron en un caso de estancia irregular por la posible vulneración del derecho a la tutela judicial efectiva (art. 24.1 CE) conectado con el derecho a la familia (art. 39 CE), por no haberse ponderado el arraigo familiar y laboral del extranjero, lo que determinaría la falta de proporcionalidad de la expulsión acordada. Entiende el TC que «la imposición de la sanción de expulsión no depende de la absoluta discrecionalidad de la Administración, cuya actuación se encuentra condicionada, de una parte, por la existencia de una conducta tipificada como grave y, por otra, por la concurrencia de los criterios para la aplicación de las sanciones, establecidos tanto en el artículo 53.3 de la Ley Orgánica 4/2000, como en el artículo 50 de esa misma norma, que remite a lo establecido en el artículo 131 de la Ley 30/1992, de 26 de noviembre, de régimen jurídico de las administraciones públicas y del procedimiento administrativo común[51], en concreción del principio de proporcionalidad y de los criterios de graduación de la sanción a aplicar en el curso de un procedimiento administrativo que deberá acomodarse a las exigencias del artículo 20.2 de la citada Ley Orgánica 4/2000». Finalmente, se deniega el amparo al no apreciarse en el caso concreto vulneración del derecho a la tutela judicial efectiva. Y en la STC 145/2011, de 26 de septiembre, FJ 4, se resuelve el recurso de amparo contra una resolución administrativa de expulsión que se presentó

---

[51] Correspondiente al art. 29 de la vigente Ley 40/2015, de 1 de octubre, de Régimen Jurídico del Sector Público.

alegando, entre otros motivos, la vulneración del derecho a la defensa y el principio acusatorio (art. 24.2 CE) por no haberse notificado al interesado la propuesta de resolución del instructor del expediente, pese a que en ella se introdujeron hechos nuevos relevantes, relativos a detenciones anteriores, que inclinaron la balanza a favor de la expulsión. El TC asume la tesis del demandante y le concede el amparo por estimar vulnerado el derecho a la defensa, partiendo en su argumentación de que la expulsión es una sanción en los términos ya vistos en las resoluciones citadas anteriormente[52].

Sin embargo, aunque la ley califique a la expulsión como sanción y, aunque, fundamentalmente por ese motivo, la naturaleza sancionadora de la expulsión regulada en el art. 57.1 LOEx., incluso en los casos de estancia irregular, tan apenas sea discutida por la doctrina administrativista, por la jurisprudencia ordinaria, ni por la jurisprudencia constitucional, lo cierto es que la configuración formal de una institución, en las propias palabras del TC, no es un dato decisivo para determinar su naturaleza jurídica. Lo que debemos examinar, en cualquier caso, es si concurren los requisitos materiales de las sanciones.

Para que la expulsión fuera una sanción sería preciso en primer lugar que se impusiera como consecuencia directa de la realización de un comportamiento ilícito y culpable por parte del extranjero. Pero este requisito básico falta aquí, porque el art. 53.1 a) LOEx. no tipifica una conducta que suponga la infracción de una norma de determinación, dado que al extranjero no se le ordena —ni, obviamente, se le prohíbe— cumplir con los requisitos necesarios para permanecer en territorio español, sino que simplemente se acuerda su expulsión cuando dejan de concurrir dichos requisitos o ha trascurrido el plazo fijado sin haberlos llegado a cumplir. En realidad, lo que describe el precepto es

---

52 En el mismo sentido pueden verse, además, las SsTC 260/2007, de 20 de diciembre, y 140/2009, de 15 de junio.

una *situación objetiva* contraria a los intereses del Estado en la gestión de los flujos migratorios que, como ya se ha indicado, conlleva la pérdida automática del extranjero del derecho a permanecer en territorio español. La ausencia de conducta ilícita alguna que pueda constituir la infracción de una norma de determinación (injusto) se pone de manifiesto meridianamente en el caso que con más frecuencia determinará la situación que el precepto describe, a saber, aquel en el que el extranjero solicite la prórroga o renovación requeridas, pero esta le sea denegada, por ejemplo, por no contar con medios económicos suficientes para su manutención[53]. Pero incluso cuando el extranjero omita solicitar la prórroga, consciente o inconscientemente, la expulsión no se acordará como respuesta a esa omisión con el fin de castigar al extranjero por ella, puesto que, de acuerdo con lo expuesto, no existe ningún mandato previo que el sujeto deba cumplir, sino solo una obligación de solicitar dicha prórroga o renovación si se quiere conservar el derecho a residir en España. Se trata, en definitiva, de una obligación que se mantiene en el plano de las normas de valoración.

Las razones por las que el extranjero carece de autorización de residencia o no le ha sido renovada dicha autorización pueden ser muy variadas. Una de las posibles causas, la que nos interesa aquí, es poseer antecedentes penales. En este caso, la ley recoge un requisito referido, ciertamente, a la realización de una conducta ilícita por parte del extranjero, pero la expulsión no se vincula a la misma, sino a los efectos de la condena, esto es, a los antecedentes penales y a la situación objetiva de irregularidad administrativa a la que conduce su posesión. Lo que pretendo expresar, en definitiva, es que el supuesto de hecho de esta modalidad de expulsión no es la infracción penal que originó los antecedentes penales.

---

[53] Véanse el art. 40, en relación con el art. 38, y el art. 51 RLOEx.

Si el art. 53.1 a) LOEx. no recoge materialmente una infracción, sino que describe un estado de cosas, la consecuencia de expulsión que allí se establece no puede tener finalidad punitiva alguna, pues no retribuye un injusto culpable, ni tampoco representa un mal en sentido jurídico para el extranjero, porque no se le puede privar de un derecho —el de residencia— que legalmente no posee. La finalidad de la expulsión, que comparte con las figuras de devolución y retorno, no es otra que restaurar la legalidad vigente para proteger el interés público en mantener controlada la inmigración. Por eso, la expulsión del extranjero en el supuesto que tratamos posee las mismas características materiales que las medidas de restablecimiento de la legalidad[54]. Estas consecuencias jurídicas carecen de naturaleza sancionadora, pues su fundamento, tal y como sucede en el caso de la expulsión, no es un acto ilícito, sino una situación de hecho contraria a la legalidad[55].

---

54 En este sentido, HUERGO LORA, A.: *Las sanciones…*, cit., p. 354; y el mismo «Expulsión de extranjeros (sanción de)», en Lozano Cutanda (Dir.): *Diccionario de sanciones administrativas,* iustel, 2010, p. 465. Véanse también, de la misma opinión, MELÓN MUÑOZ, A.: «La expulsión del territorio nacional en el ámbito de la extranjería», en Méndez Canseco (Dir.): *Extranjería,* CGPJ, 2007, p. 79; LORENZO JIMÉNEZ, J. V.: «La expulsión de extranjeros…», cit., p. 214, quien afirma que «en este caso, la expulsión, aunque la Ley la califique de sanción, constituye una mera restauración de la legalidad: si el extranjero se encuentra irregularmente en España, la expulsión se limita a poner fin a esa situación ilegal. Realmente en este caso la expulsión tiene un contenido reparador, no aflictivo, y se considera una sanción simplemente porque la Ley dice que es una sanción, no porque materialmente lo sea». El autor critica por esta razón, entre otras, la línea jurisprudencial de la Sala 3.ª del TS, ahora abandonada, que da preferencia a la multa sobre la expulsión (pp. 212 ss.); y TORRES FERNÁNDEZ, M.ª E.: *La expulsión…*, cit., pp. 146 s.

55 En este sentido, indica CANO CAMPOS, T.: «¿Es una sanción…?», cit., p. 101, que en las medidas de restablecimiento de la legalidad «el presupuesto de hecho no es el incumplimiento previo de un deber por quien ha de soportar la fuerza, sino simplemente una situación de hecho que el ordenamiento jurídico considera que ha de ser eliminada de inmediato. No hay tanto un ilícito previo cuanto una situación que debe ser suprimida, de modo que la formulación del supuesto de hecho no se hace mediante el establecimiento de

El hecho de que la LOEx. califique de sanción la expulsión prevista para extranjeros en situación irregular provoca que algunas particularidades de su regulación no encajen bien con los elementos materiales de las medidas de restablecimiento de la legalidad y la función que se deriva de ellos. Téngase en cuenta, en primer lugar, que una de las características de estas consecuencias jurídicas es que deben dejar al particular en la situación inicial, es decir, deben limitarse a restaurar la legalidad vulnerada[56]. No sucede eso con la expulsión, pues, como ya sabemos, esta se acompaña de una prohibición temporal de entrada en nuestro país, a no ser que el extranjero cumpla voluntariamente la orden de expulsión. Ello provoca que los extranjeros que se encuentren en la situación descrita en el art. 53.1 a) LOEx. resulten perjudicados en comparación con aquellos a los que se les aplica el retorno o la devolución, al reconducirse la ejecución forzosa del deber de salida en aquel caso al ámbito sancionador[57].

En segundo lugar, la previsión legal de la multa como alternativa a la expulsión tampoco es coherente con la opinión expresada aquí. Esta multa no puede tener una finalidad punitiva, no solo porque no tiene sentido castigar al extranjero con una multa, ni de ninguna otra forma, por el hecho de encontrarse irregularmente en nuestro territorio, sino por la evidencia de que imponer una sanción a quien no ha realizado ninguna conducta ilícita —infracción de una norma de determinación— y respecto de quien, por

---

mandatos o prohibiciones, sino a través de la descripción de la situación en que se habrá de usar la fuerza». Además, señala HUERGO LORA, A.: *Las sanciones...*, cit., p. 249, estas medidas pueden tener un carácter preventivo (por ejemplo, la clausura de una instalación que no cumple las medidas de seguridad contra incendios) o de reparación, es decir, de eliminación de un estado contrario a la ley (demolición de un edificio ilegal), pero no tienen la finalidad de castigar al particular, sino de restaurar el orden jurídico alterado, y por tanto no son sanciones.

56 Véase al respecto HUERGO LORA, A.: *Las sanciones...*, cit., p. 249.

57 En este sentido, VELASCO CABALLERO, F.: «Expulsión administrativa...», cit., p. 329.

tanto, no se ha podido formular el juicio de reproche en que consiste la culpabilidad supone una flagrante vulneración del principio de culpabilidad[58]. Además, la posibilidad de optar por la multa faculta a la Administración a mantener el daño al interés público que la residencia irregular del extranjero representa[59]. Ello tampoco se ajusta a la esencia de las medidas de restablecimiento de la legalidad, porque, como dice *Gracia Martín,* «las consecuencias jurídicas no sancionadoras, típicas y propias del orden de las normas de valoración y distribución (...) tienen que aplicarse necesariamente cuando se han realizado sus supuestos de hecho, porque su fin no es otro que realizar actualmente el deber ser jurídico objetivo en cada situación vital y, por esto mismo, dejar de aplicarlas supondría una renuncia a la realización del Derecho»[60]. Ahora bien, en este punto

---

58 La citada multa podría tener algún elemento en común con las multas coercitivas —las cuales tampoco poseen naturaleza sancionadora, como es reconocido por la doctrina y la jurisprudencia: por todos, HUERGO LORA, A.: *Las sanciones...*, cit., pp. 269 ss.; y GRACIA MARTÍN, L.: «Consideraciones críticas sobre las erróneamente supuestas capacidades de infracción y sanción de la persona jurídica en Derecho administrativo sancionador», RAAP, n.º 55, 2020, p. 21, así como la doctrina y jurisprudencia que cita en nota 36—, si se considera que mediante la imposición de la multa se quiere constreñir al extranjero a regularizar su situación, pero tampoco se ajusta *in toto* a esa clase de multa, entre otras razones —véanse ulteriores motivos en VELASCO CABALLERO, F.: «Expulsión administrativa...», cit., p. 326— porque la imposición de una multa coercitiva requiere que el particular esté en condiciones de cumplir la conducta que se le exige, lo que resulta discutible en el supuesto analizado.

59 Sobre ello, LORENZO JIMÉNEZ, J. V.: «La expulsión de extranjeros...», cit., pp. 221 ss., en particular p. 224.

60 GRACIA MARTÍN, L.: «La serie "infracción-culpabilidad-sanción"...», cit., p. 82, quien señala además que eso no sucede con las sanciones, pues no existe una necesidad absoluta de aplicarlas. Véase también HUERGO LORA, A.: *Las sanciones...*, cit., p. 229, quien al señalar las diferencias entre las sanciones y otras medidas que no poseen esa naturaleza indica que es «impensable que las medidas (de restablecimiento de la legalidad) puedan quedar sin efecto por circunstancias subjetivas (como la falta de culpabilidad del sujeto al que se dirigen) pues ello equivaldría a reconocer que se admite un daño a (...) intereses públicos», y p. 262: «la Administración

conviene hacer una importante precisión, porque la expulsión, aunque su destinatario sea un extranjero en situación irregular, es un acto de gravamen con una elevada incidencia en la esfera personal del que lo soporta, e incluso puede vulnerar sus derechos fundamentales[61], por lo que no puede regirse por idénticos parámetros que, por ejemplo, la demolición de una obra ilegal. En el caso de la expulsión resulta obligado establecer excepciones, sacrificando el interés público cuando ello venga exigido por razones humanitarias. Estas excepciones están recogidas en la normativa internacional —v. gr., en la Directiva de retorno, arts. 5 y 6, apartados 2 a 5—, así como, al menos algunas de ellas, en la propia LOEx. (art. 57, apartados 5 y 6), y deben regir para cualquier modalidad de expulsión[62]. Nada de lo dicho justifica, en cualquier caso, el establecimiento de la multa como alternativa a la expulsión. En este sentido, el modelo de la Directiva de retorno, cuyo Capítulo II tiene como rúbrica «finalización de la situación irregular», se ajusta mejor a la comprensión de la expulsión como una medida de resta-

---

debe velar por el cumplimiento de la legalidad en todo caso, pero no siempre es necesario sancionar».

61 El TEDH advierte en su abundante jurisprudencia sobre la posible colisión de la expulsión con los derechos a la vida privada y a no sufrir tratos inhumanos o degradantes (arts. 8 y 3 CEDH), como tendremos ocasión de exponer. Véanse, por ejemplo, SsTEDH de 16 de abril de 2013, caso Aswat contra Reino Unido; de 13 de diciembre de 2016, caso Paposhvili contra Bélgica; y de 1 de octubre de 2019, caso Savran contra Dinamarca.

62 Véase, con respecto a los límites a la expulsión judicial relativos a las circunstancias personales del autor, particularmente su arraigo, y al principio de no devolución, RECIO JUÁREZ, M.: *La expulsión de extranjeros…*, cit., pp. 128 ss.; sobre el derecho a la vida familiar como límite a la expulsión desde la perspectiva del TEDH, véase BOZA MARTÍNEZ, D.: *La expulsión de personas extranjeras…*, cit., pp. 25 ss.; solo sobre el arraigo, CAMPOS HELLÍN, R.: «El arraigo como factor impeditivo de una expulsión tras la reforma de la LO 1/2015», Boletín criminológico del Instituto andaluz interuniversitario de Criminología, artículo 4/2019 (n.º 185), pp. 2 ss. Respecto a las restricciones a la expulsión judicial por estos motivos, véase también *infra* III.2.2.

blecimiento de la legalidad. Como veremos[63], la Sala 3.ª del TS, a raíz de varias sentencias del TJUE referidas a la interpretación de la citada Directiva, ya no aplica la multa a los extranjeros que se encuentran en situación administrativa irregular, aunque esté prevista en la LOEx.

Que la expulsión se perciba, con razón, como una medida de considerable contenido gravoso es lo que puede explicar, aunque no justificar, la postura del TC. En efecto, parece contradictorio que por un parte el TC insista en la «improcedencia de extender indebidamente la idea de sanción con la finalidad de obtener la aplicación de las garantías constitucionalmente propias de este campo a medidas que no responden al ejercicio del *ius puniendi* del Estado o no tienen una verdadera naturaleza de castigos», y analice por ese motivo meticulosamente si las consecuencias jurídicas sobre las que tiene ocasión de pronunciarse tienen carácter sancionador, dado que según su criterio únicamente en este caso resultarán de aplicación las garantías materiales y procesales recogidas en los arts. 24 y 25 CE[64], pero por otra parte no realice este minucioso examen en el caso de la expulsión, dando por sentado que se trata de una sanción administrativa[65]. Con este modo de proceder incurre el TC en el error que pretende evitar, porque extiende el concepto de sanción para que sea capaz de abarcar la expulsión con el fin de aplicarle los principios especialmente garantistas del Derecho sancionador, y lo hace con base en el criterio de la gravedad. Como indica *Huergo Lora*[66], esta vía resulta insatisfactoria, porque aplica principios del De-

---

63 Epígrafe IV.2.

64 Así STC 276/2000, de 16 de noviembre, FJ 3, con cita, en el mismo sentido, de las SsTC 239/1988, de 14 de diciembre, FJ 2; 164/1995, de 13 de noviembre, FJ 4; y ATC 323/1996, de 11 de noviembre, FJ 3.

65 Sobre esta contradicción advierte HUERGO LORA, A.: *Las sanciones…*, cit., p. 353; y, el mismo, «Expulsión de extranjeros…», cit., p. 464.

66 HUERGO LORA, A.: *Las sanciones…*, cit., p. 238 s.

recho sancionador a consecuencias que nada tienen que ver con una finalidad punitiva.

Conviene tener presente al respecto que la aplicación de las consecuencias jurídicas no sancionadoras no se encuentra en absoluto desprovista de garantías. *Gracia Martín*[67] recuerda acertadamente que muchas garantías del Derecho sancionador no son monopolio de este, «pues se trata de garantías básicas y comunes a *todos* los sectores del ordenamiento jurídico, y por lo tanto también aplicables a los no sancionadores», y cita como ejemplos los principios de legalidad, irretroactividad de las disposiciones restrictivas de derechos y, en particular, los de necesidad y proporcionalidad. En definitiva, señala *Huergo* y comparte *Gracia,* debe distinguirse entre los principios y garantías del Derecho sancionador «que son esenciales a las sanciones por su condición de tales, al margen de su gravedad, y que solo deben aplicarse a las medidas punitivas, y aquellos otros que, por ser simplemente garantías del ciudadano ante inmisiones estatales de especial gravedad, no tiene sentido que se reserven para las sanciones y no se apliquen a otros actos de gravamen»[68]. El hecho de que una medida no sancionadora sea más gravosa que una sanción puede tenerse en cuenta aplicando en su imposición una serie de garantías de carácter procedimental que no son inherentes al concepto de sanción, sino que derivan de la gravedad de la medida[69]. En cambio, lo que no tiene sentido es aplicar

---

67 GRACIA MARTÍN, L.: «Concepto, función y naturaleza jurídica...», cit., p. 160.

68 HUERGO LORA, A.: *Las sanciones...*, cit., p. 239; GRACIA MARTÍN, L.: «Concepto, función y naturaleza jurídica...», cit., p. 160.

69 Así, HUERGO LORA, A.: *Las sanciones...*, cit., p. 362; y, el mismo, «Expulsión de extranjeros...», cit., p. 465, en relación con la expulsión: «el hecho de que la expulsión no constituya (...) una sanción administrativa, no significa que pueda aplicarse de plano o sin que la Administración acredite sus requisitos. Estas garantías procedimentales no están ligadas al concepto de sanción y por ello deben aplicarse también a otras medidas basadas en una valoración de la conducta, aunque no sean sanciones». En efecto, como veremos, en el caso del art. 57.2 LOEx. la expulsión no es considerada una san-

a consecuencias jurídicas no sancionadoras principios que son exclusivos de las medidas de naturaleza punitiva, como el principio de culpabilidad[70].

b) Entre las modalidades de expulsión administrativa, la doctrina penalista ha prestado especial atención al supuesto contemplado en el art. 57.2 LOEx., en cuya virtud, recordemos, se considera «causa de expulsión» del extranjero, residente regular o irregular, que este haya sido condenado, dentro o fuera de España, por una conducta dolosa que constituya en nuestro país delito sancionado con pena privativa de libertad superior a un año, siempre que los antecedentes penales sigan vigentes. Se trata de un supuesto de expulsión muy criticado. El motivo principal que suele alegarse para sustentar la crítica es, como avanzábamos *supra,* que su aplicación posterior a la pena plantea dudas de constitucionalidad por la posible conculcación del principio *ne bis in idem*[71]. De esta opinión se deduce, aunque a

---

ción, pero eso no impide que su aplicación se rodee de suficientes garantías (SsTS, Sala 3.ª, 30/2022, de 18 de enero y 1106/2023, de 4 de septiembre).

70 En este sentido, HUERGO LORA, A.: *Las sanciones...*, cit., pp. 236, 360, 362.

71 Así, RODRÍGUEZ CANDELA, J. L.: «La expulsión del extranjero en el nuevo Código penal», JD, n.º 33, 1998, p. 63, nota 88; ASÚA BATARRITA, A.: «La expulsión del extranjero...», cit., p. 38; MUÑOZ LORENTE, J.: «La expulsión del extranjero como medida sustitutiva de las penas privativas de libertad: el artículo 89 del CP tras su reforma por la Ley Orgánica 11/2003», RDPC, n.º extraordinario 2 (2004), p. 415; NAVARRO CARDOSO, F.: «Expulsión "penal" de extranjeros...», cit., p. 14; PÉREZ CEPEDA, A. I.: *Globalización...*, cit., p. 338; BATUECAS, J. M.: *La expulsión...*, cit., p. 43; BAUCELLS i LLADÓS, J.: «El Derecho Penal ante el fenómeno inmigratorio», RDPP, n.º 13, 2005, p. 60; RODRÍGUEZ MESA, M.ª J.: «La expulsión del extranjero en el ordenamiento jurídico español. Una valoración crítica», en Rodríguez Mesa / Ruiz Rodríguez (Coords.): *Inmigración y sistema penal. Retos y desafíos para el siglo XXI,* Tirant lo Blanch, Valencia, 2006, pp. 267 s.; SOUTO GARCÍA, E. M.ª: «Algunas notas sobre la función del Derecho penal en el control de los flujos migratorios: especial referencia a la medida de expulsión», en Faraldo Cabana (Dir.): *Derecho penal de excepción. Terrorismo e inmigración,* Tirant lo Blanch, Valencia, 2007, p. 304; MONCLÚS MASÓ, M.: *La gestión penal de la inmigración...*, cit., pp. 420, 422; TERRADILLOS BASO-

veces falte una manifestación expresa al respecto, que la expulsión fundada en el art. 57.2 LOEx. es considerada una sanción —pues es evidente que el mencionado principio, en su vertiente material, prohíbe solo la acumulación de sanciones, y no que se añada una consecuencia jurídica no sancionadora a una sanción—, impuesta al mismo sujeto por unos mismos hechos y con el mismo fundamento que la pena. Por el contrario, estimo que no cabe plantear dicha objeción al art. 57.2 LOEx., porque la expulsión prevista en este precepto no posee tampoco naturaleza sancionadora.

Una vez más, resulta esencial determinar cuál es el fundamento, el supuesto de hecho, de esta consecuencia jurídica. De entrada, debe descartarse, sin necesidad de insistir mucho en ello, que se trate de una consecuencia penal del delito por el que el extranjero fue condenado. La consecuencia jurídico-penal del delito es la pena que le impuso el órgano judicial en la correspondiente sentencia condenatoria. Por tanto, en este caso, el delito constituye el requisito previo o presupuesto para que pueda aplicarse el art. 57.2 LOEx., pero no es el supuesto de hecho de la expulsión[72].

Pero tampoco puede considerarse una sanción administrativa, por la sencilla razón de que no se identifica la infracción a la que se anudaría la expulsión como consecuencia jurídica[73]. Sobre este particular, procede tener en

---

CO, J. M.ª: «Reflexiones y propuestas sobre inmigración», InDret 1/2010, p. 7; BRANDARIZ GARCÍA, J. A.: *Sistema penal...*, cit., pp. 221 s.; RODRÍGUEZ YAGÜE, C.: «El modelo político-criminal español frente a la delincuencia de inmigrantes», RECPC 14-07 (2012), p. 16.; LARRAURI PIJOAN, E.: «Antecedentes penales y expulsión de personas inmigrantes», InDret 2/2016, p. 13; BOZA MARTÍNEZ, D.: *La expulsión de personas extranjeras...*, cit., pp. 351 s.; y ODRIOZOLA GURRUTXAGA, M.: *Expulsión penal...*, cit., pp. 153 s.

72 Véase también CHAMORRO GONZÁLEZ, J. M.ª: «Expulsión de ciudadanos extranjeros del territorio nacional por comisión de un hecho delictivo», Actualidad Administrativa, n.º 11, 2018 (ref. 13237/2018 base de datos laleydigital), p. 4.

73 Al respecto, VELASCO CABALLERO, F.: «Expulsión administrativa...», cit., p. 336.

cuenta, en primer lugar, que para tramitar el expediente de expulsión al que se refiere el art. 57.2 LOEx. no hace falta que el extranjero resida de manera irregular en nuestro país o haya incurrido en alguna de las restantes infracciones graves o muy graves que permiten optar por la expulsión en virtud del apartado 1 del art. 57[74]. Por tanto, el art. 57.2 se refiere a una «causa de expulsión» independiente, que opera por sí sola. En segundo lugar, el hecho de haber sido condenado el sujeto por un delito doloso castigado con una pena determinada no es tampoco una infracción administrativa[75], pero no solo porque no esté

---

74 Se plantea la cuestión y la resuelve en sentido negativo, apelando a la jurisprudencia reciente, SELMA PENALVA, A.: «La expulsión de los extranjeros...», cit., pp. 26, 33, 56, con cita en p. 26, nota 35, de autores que indican que, por esa razón, el expediente que se tramita «no merece la condición de sancionador, sino de pura verificación». Véase también TORRES FERNÁNDEZ, M.ª E.: *La expulsión...*, cit., p. 132. Opina lo contrario, GONZÁLEZ TASCÓN, M.ª M.: «La expulsión...», cit., p. 75.

75 Defiende esta opinión, no obstante, el magistrado D. Rafael Fernández Valverde en uno de los votos particulares que acompañan a la STS 893/2018, de 31 de mayo. En esta sentencia, a la que me referiré de nuevo al analizar el contenido e interpretación de esta modalidad de expulsión, el TS defendió que la pena a la que se refiere el art. 57.2 LOEx. es la pena abstracta. En opinión del magistrado que formula voto particular debería haberse adoptado el criterio de la pena concreta, y argumenta en defensa de su tesis que el art. 57.2 LOEx. describe una infracción administrativa sancionada exclusivamente con la expulsión del extranjero y que por ello «no existe diferencia de trato —ni de naturaleza— entre la "*sanción de expulsión*" contemplada en el apartado 1, y la "*causa de expulsión*" del apartado 2 del artículo 57 LOEx. La apelación semántica a los conceptos de "causa" o "medida", en relación con la expulsión, carece de consistencia suficiente para desvirtuar la auténtica naturaleza de "*sanción*" —o al menos de "*medida restrictiva de derechos individuales*"— con las consecuencias de ello derivadas». El magistrado D. José Juan Suay Rincón formula un segundo voto particular a la sentencia mayoritaria. En él coincide con el criterio expresado en el otro voto, en el sentido de que debería tenerse en cuenta para acordar la expulsión la pena concreta impuesta, pero discrepa de fundamentar dicha tesis en atribuir naturaleza sancionadora a la expulsión. A su modo de ver, la expulsión constituye una «consecuencia accesoria» a una sanción. Comparte esta última opinión MESTRE DELGADO, J. F.: «Artículo 57...», cit., p. 1264: la expulsión no es una sanción, sino

descrita como tal en los artículos de la LOEx. que tipifican las infracciones, sino porque materialmente no puede serlo[76]. En realidad, el precepto que tratamos no describe una conducta que infrinja una norma de determinación, sino una situación fáctica —haber sido condenado por una conducta dolosa— que constituye la «causa» de la expulsión.

Un examen de la doctrina del TC permite extraer importantes conclusiones sobre el fundamento de la expulsión en este supuesto. Destaca a este respecto la STC 236/2007, de 7 de noviembre, en la que resuelve un recurso de inconstitucionalidad interpuesto por el Parlamento de Navarra contra diversos preceptos de la LO 8/2000 de reforma de la LOEx., entre los que se cuenta el art. 57.2 LOEx., alegando infracción del principio *non bis in idem*. El TC (FJ 14) rechaza expresamente entrar a valorar si la expulsión establecida en el precepto impugnado constituye o no una sanción, pero niega la pretendida vulneración del citado principio por falta de identidad entre el fundamento de la pena y el de la expulsión. Para ello el TC se basa en el argumento, ya expresado en pronunciamientos anteriores[77], de que ambas consecuencias se orientan a la protección de intereses distintos, pues «la pena se impone en el marco de la política criminal del Estado, mientras la expulsión del territorio nacional ha sido acordada en el marco de la política de extranjería (...). Es decir, (...) el fundamento de la pena reside en la protección de bienes jurídicos a través de los efectos preventivos asociados a su naturaleza aflictiva. En cambio, la medida de expulsión obedece a objetivos propios de la política de extranjería

---

una «consecuencia añadida a la condena penal». El TS (Sala 3.ª), en su jurisprudencia reciente, mantiene que el art. 57.2 LOEx. no tipifica una infracción administrativa. Véanse, en este sentido, SsTS 30/2022, de 18 de enero, y 1106/2023 de 4 de septiembre.

76 De otra opinión GARCÍA CATALÁN, J. M.: *Infracciones, sanciones y procedimiento en la Ley y el Reglamento de extranjería*, Atelier, Barcelona, 2002, p. 327, quien defiende que debería introducirse como infracción administrativa.

77 SsTC 234/1991, de 10 de diciembre, FJ 2; 242/1994, de 20 de julio, FJ 4; así como ATC 331/1997, de 3 de octubre, FJ 6.

(...) relacionados con el control de los flujos migratorios». Añade que la expulsión es «una medida que se acuerda legítimamente por parte del Estado español en el marco de su política de extranjería, en la que se incluye el establecimiento de los requisitos y condiciones exigibles a los extranjeros para su entrada y residencia en España (...) De ahí que la misma Ley Orgánica 4/2000 establezca los requisitos para la entrada en el territorio español (art. 25), así como las causas de prohibición de dicha entrada, que son las "legalmente establecidas o en virtud de convenios internacionales en los que sea parte España" (art. 26.1)». En cuanto a la normativa europea, destaca el TC la «relativa al estatuto de los nacionales de terceros países residentes de larga duración (Directiva 2003/109/CE, del Consejo, de 25 de noviembre de 2003), que autoriza a los Estados miembros a denegar dicho estatuto por motivos de orden público o de seguridad pública mediante la correspondiente resolución, tomando en consideración "la gravedad o el tipo de delito contra el orden público o la seguridad pública" (art. 6)», así como la referida al reconocimiento mutuo de las decisiones en materia de expulsión de nacionales de terceros países (Directiva 2001/40/CE del Consejo, de 28 de mayo de 2001), que «contempla la expulsión basada en una amenaza grave y actual para el orden público o la seguridad nacionales que puede adoptarse en caso de "condena del nacional de un tercer país por el Estado miembro autor a causa de una infracción sancionable con una pena privativa de libertad de al menos un año" (art. 3). Es, por tanto, lícito que la Ley de extranjería subordine el derecho a residir en España al cumplimiento de determinadas condiciones, como la de no haber cometido delitos de cierta gravedad».

En consecuencia, según el TC, la expulsión es un instrumento de política de extranjería vinculado con los requisitos y condiciones que han de cumplir los extranjeros para entrar y residir en nuestro país. A su vez, estos requisitos y condiciones se basarían en razones de protección del orden público o de la seguridad pública, en la línea de lo indicado en la normativa europea[78]. Estas consideraciones del TC que identifican la esencia de la expulsión, conducen a negar su carácter sancionador. Esta consecuencia jurídica no se impone como respuesta proporcionada al delito con la finalidad de infligir un castigo al extranjero por haberlo cometido, función que ya desempeñó la pena, sino que mediante ella se pretende neutralizar la supuesta amenaza para el orden público que representa la permanencia en España de extranjeros que han sido condenados por delitos de cierta entidad. En este mismo sentido se expresa con total claridad el TS (Sala 3.ª, sec. 5.ª) en su sentencia 30/2022, de 18 de enero[79]: «la expulsión que en este caso se prevé anudada a la condena por la comisión de un delito doloso castigado con pena privativa de libertad superior a un año, no persigue el castigo de una conducta ilícita, la sentencia condenatoria es la respuesta punitiva del Estado a la conducta ilícita en que consiste el delito cometido, y la expulsión —con la prohibición de entrada que conlleva— no pretende castigar desde una perspectiva distinta tal conducta ilícita en que el delito consiste. La expulsión de la que aquí tratamos es una medida restrictiva de derechos que se impone en el marco de la política de extranjería para proteger el orden público y la seguridad ciudadana (así se deduce de la Directiva 2001/40, antes citada) y garantizar que la permanencia de los extranjeros en España se efectúe en términos de convivencia que permitan la integración con respeto al sistema de derechos y libertades». Y, continúa: «Tiene, pues, una finalidad distinta de la puramente represiva, retributiva o de castigo. Se trata de una

---

78 Como indica SELMA PENALVA, A.: «La expulsión de los extranjeros…», cit., p. 38, el precepto supone la transposición del art. 3 de la Directiva 2001/40. Véase también, además de la sentencia referida en el texto, la STC 186/2013, de 4 de noviembre, FJ 7, donde se afirma que la finalidad de la medida de expulsión regulada en el art. 57.2 LOEx. es «asegurar el orden público y la seguridad ciudadana, en coherencia con la Directiva 2001/40/CE, de 28 de mayo de 2001 del Consejo». En el mismo sentido se manifiesta el TS, por ejemplo, en STS (Sala 3.ª, sec. 5.ª) 893/2018, de 31 de mayo.

79 Y, en el mismo sentido, la STS 1106/2023, de 4 de septiembre.

decisión del legislador, adoptada en la ley que regula las condiciones de entrada y permanencia en España, de subordinar el derecho a entrar y a residir en nuestro país al cumplimiento de determinadas condiciones como la de no haber cometido delitos de cierta gravedad, como deriva de las Directivas antes mencionadas».

En otras palabras, a raíz de la condena se presume *iuris et de iure* un estado de peligrosidad del extranjero que lo convierte en un sujeto «no deseado»[80]. No se aprecia finalidad punitiva alguna en la expulsión, sino que estamos ante una medida preventiva de aseguramiento, de defensa frente a peligros. Cuando analicemos el ámbito de aplicación y los criterios que rigen la puesta en práctica de esta modalidad de expulsión veremos qué consecuencias pueden extraerse, y cuáles no, de su caracterización como medida no sancionadora.

La expulsión regulada en el art. 57.2 LOEx. está relacionada con la ausencia de antecedentes penales como requisito exigible para autorizar la residencia temporal en territorio español, de acuerdo con lo establecido en el art. 31.5 LOEx.[81]. Desde este punto de vista, parece claro que se asemeja a una revocación de la autorización —en este caso de residencia— por incumplimiento sobrevenido de los requisitos exigidos para su otorgamiento[82]. En este tipo de consecuencias jurídicas que, según la doctri-

---

80 Véase, negando asimismo la naturaleza sancionadora de este supuesto de expulsión, SELMA PENALVA, A.: «La expulsión de los extranjeros...», cit., pp. 23, 33 y 35. Véanse también MONCLÚS MASÓ, M.: *La gestión penal de la inmigración...*, cit., pp. 412 s., 440, en cuya opinión esta causa de expulsión incorpora una «presunción de "peligrosidad postdelictiva"»; y VIEIRA DA COSTA, P. L.: «La expulsión de los extranjeros...», cit., p. 154.

81 Al respecto, TORRES FERNÁNDEZ, M.ª E.: *La expulsión...*, cit., pp. 139 ss.; y LARRAURI PIJOAN, E.: «Antecedentes penales...», cit., pp. 12 ss.

82 Según HUERGO LORA, A.: *Las sanciones...*, cit., p. 354, nota 536; y el mismo (2010), p. 465: «esta expulsión no constituye una sanción (...) sino que se adopta ante la constancia de que el sujeto no reúne los requisitos para permanecer en España».

na administrativista más autorizada, no tienen naturaleza sancionadora[83], la situación de partida es que un sujeto ha sido sancionado por la comisión de una infracción —en el caso que analizamos, un delito—, y sufre, además, otro gravamen —extinción del derecho a residir en España— en virtud de una norma distinta de la sancionadora —el art. 57.2 LOEx.— que anuda ese gravamen al hecho de haber sufrido previamente la sanción. En este caso, el gravamen impuesto tiene como función neutralizar la amenaza que el extranjero parece representar para los bienes jurídicos, pero tampoco tiene naturaleza sancionadora, por lo que su imposición acumulada a la pena no vulnera el principio *non bis in idem*[84].

Las consideraciones que acaban de exponerse son trasladables a la modalidad de expulsión recogida en el art. 57.8 LOEx. Tampoco se pretende aquí castigar al extranjero doblemente, sino prevenir un peligro para los bienes jurídicos.

3. CONCLUSIÓN

Se ha defendido en las páginas anteriores que las modalidades de expulsión administrativa relacionadas directa o indirectamente con la posesión por parte del extranjero de antecedentes penales carecen de naturaleza sancionadora. Conforme a lo expuesto, el supuesto de hecho al que se vincula esta consecuencia jurídica no es un hecho ilícito, ni, por tanto, tampoco el delito cometido por el extranjero, aunque este se encuentre en el origen de su aplicación. Además, su finalidad no es infligir un castigo basado en

---

83 Así CANO CAMPOS, T.: «¿Es una sanción...?», cit., pp. 104 s.; y HUERGO LORA, A.: *Las sanciones...*, cit., p. 225, 337 ss. —véase, no obstante, pp. 319 ss., donde se refiere a las dudas doctrinales y jurisprudenciales sobre la cuestión, y pp. 334 ss., donde explica que algunas revocaciones sí constituyen sanciones—.

84 Sobre todo ello, véase HUERGO LORA, A.: *Las sanciones...*, cit., pp. 338 ss.

la comisión de un injusto culpable y proporcionado a su gravedad, sino que al ordenarla se pretende restablecer la legalidad o neutralizar una presunta peligrosidad, entendida como probabilidad o posibilidad de realización de actos ilícitos. En definitiva, se trata de un acto de gravamen destinado a la protección de intereses públicos, sin finalidad punitiva, lo que no determina, en ningún caso, que quepa su aplicación automática o que puedan soslayarse las garantías procedimentales.

Las formas de expulsión judicial reguladas en el Código penal comparten estos objetivos de política de extranjería. La modalidad de expulsión regulada en el art. 89 CP se fundamenta también en la consideración del extranjero que ha cometido delitos de cierta gravedad como una amenaza para intereses públicos que ha de ser neutralizada apartándole de la sociedad. No se trata de una sanción, y por tanto no es una pena sustitutiva, porque al extranjero no se le *castiga* con la expulsión *por* la comisión de un delito, sino que se le expulsa *para prevenir* futuros comportamientos ilícitos. Aunque, como vimos, un sector doctrinal defiende su naturaleza de pena, al apreciar en ella un carácter aflictivo[85], dicha opinión no se comparte aquí. El hecho de que la expulsión represente en ocasiones un mal para el extranjero o le prive de un derecho que poseía —el de residir en España, si se trataba de un extranjero en situación regular—, y aunque pueda desplegar algún efecto de prevención general negativa o de prevención especial —en este último caso, de inocuización—, ello no basta para considerarla una sanción. Como se ha puesto de manifiesto, una consecuencia jurídica no adquiere naturaleza sancionadora solo porque suponga una privación o restricción de derechos para el individuo que la sufre, sino que es su finalidad punitiva la que le confiere ese carácter. Algunas consecuencias no sancionadoras pueden causar un perjuicio a su destinatario, pero ello no forma parte de su función, aunque aparezca como una consecuencia colateral de su aplicación. En cambio, las

---

85 Véase la doctrina citada en nota 23.

sanciones persiguen directamente la causación de un mal. Lo que permite identificar una sanción, en definitiva, es su función, no su contenido.

Por otra parte, la producción de efectos preventivos tampoco define a las sanciones, sino que, una vez más, hay que atender a su función represiva. Por este motivo debe negarse el carácter sancionador a consecuencias que, aun cumpliendo una utilidad disuasoria o, en general, preventiva, no tienen la finalidad de castigar al autor de la infracción[86]. Es cierto que con la aplicación de la sanción como respuesta a la realización de una infracción culpable se pueden perseguir y desplegar efectos preventivos, pero estos fines y efectos no son útiles por sí solos para definir a las sanciones, dado que son compartidos por consecuencias jurídicas que no tienen carácter sancionador. Así pues, lo que caracteriza a las sanciones no es su efecto preventivo, porque hay otras consecuencias jurídicas no sancionadoras que lo producen también, sino que lo peculiar de las sanciones es que persiguen dicho efecto castigando.

Desde la posición que aquí se mantiene, la extensión del ámbito subjetivo de aplicación de la figura a todo extranjero, con independencia de su situación administrativa, y el obsesivo interés de la ley por asegurar la expulsión en un momento u otro refuerzan su naturaleza de acto de gravamen dirigido a la protección de intereses públicos[87]. En el caso de ciudadanos de la UE se establece que la expulsión solo procederá cuando el extranjero represente «una ame-

---

86 Tampoco debe confundir sobre la naturaleza jurídica de la expulsión el indiscutible efecto inocuizador que se deriva de ella. Porque una consecuencia jurídica que tenga como única finalidad o como finalidad preferente la inocuización del sujeto al que se le aplica, sin que el efecto inocuizador aparezca como una consecuencia colateral de un castigo proporcionado, no puede en modo alguno constituir una sanción.

87 Como dice IGLESIAS RÍO, M. A.: «La expulsión de extranjeros», cit., p. 177, la reforma de 2015 en esta materia acentúa «de forma manifiesta las consideraciones defensistas y de policía».

naza *grave* para el orden público o la seguridad pública»[88], lo que abona la tesis defendida sobre el fundamento de la expulsión, aunque en relación con el resto de los extranjeros no se exige de manera explícita la constatación de dicha amenaza ni, por ende, de su gravedad. Por tanto, como ya indicara el TC en su sentencia 242/1994, de 20 de julio, FJ 4, y reiterara luego en la sentencia 24/2000, de 31 de enero, FJ 3[89], «la expulsión no puede ser calificada como pena (pues) al contrario que ésta no se concibe como modalidad de ejercicio del *ius puniendi* del Estado frente a un hecho tipificado legalmente como delito, sino como medida frente a una conducta incorrecta del extranjero que el Estado en el que legalmente reside puede imponerle en el marco de una política criminal, vinculada a la política de extranjería, que a aquél incumbe legítimamente diseñar»; y añade que esta expulsión sustitutiva de la sanción penal constituye «una posibilidad de suspender la potestad estatal de hacer ejecutar lo juzgado, que se aplica al extranjero para salvaguardar los fines legítimos que el Estado persigue con ello». En consecuencia, el Estado renuncia a la sanción, total o parcialmente, para imponer en su lugar una medida de carácter asegurativo[90].

A este objetivo de política de extranjería basado en consideraciones defensistas o asegurativas se añaden, sin duda, otros de carácter económico: teniendo en cuenta que el extranjero con antecedentes penales será expulsado adminis-

---

88 Véanse los arts. 27 y 28 de la Directiva 2004/38.

89 La misma argumentación puede verse en ATC 106/1997, de 17 de abril, FJ 2, y STC 203/1997, de 25 de noviembre, FJ 3.

90 Como indica CANCIO MELIÁ, M.: «La expulsión...», cit., p. 214, la expulsión es «una causa de levantamiento de la pena cuya finalidad es excluir del sistema jurídico a una categoría de personas». Entienden también que el art. 89 CP establece un mecanismo de renuncia a la sanción, entre otros, RODRÍGUEZ MESA, M.ª J.: «La expulsión...», cit., pp. 274 s.; y TOMÉ GARCÍA, J. A.: *Intervención del juez penal en la expulsión de extranjeros,* Colex, Madrid, 2006, p. 160.

trativamente, no se quieren asumir los costes que conlleva su ingreso en un centro penitenciario[91].

La expulsión que puede ser acordada como sustitutivo de las medidas de seguridad y reinserción social de acuerdo con el art. 108 CP no comparte tampoco, según entiendo, la naturaleza de las consecuencias jurídico-penales a las que sustituye. Es cierto que tiene en común con algunas de ellas su carácter de medida que pretende proteger los bienes jurídicos frente a comportamientos de individuos; además, aquí la peligrosidad criminal del sujeto habrá tenido que demostrarse previamente, pues solo así será posible determinar qué medida de seguridad originaria hubiera sido aplicable al caso concreto. Sin embargo, cuando se sustituye dicha medida por la expulsión se renuncia a perseguir el objetivo al que se orientan todas las medidas de seguridad de naturaleza penal, porque aquella no pretende incidir en la peligrosidad criminal del sujeto.

En suma, la expulsión derivada de la comisión de delitos no es, materialmente, una consecuencia jurídico-penal ni tampoco una sanción administrativa, sino una medida dirigida, en esencia, a la inocuización del extranjero[92], lo que desde luego no es algo mejor que una sanción. Puesto que su aplicación se funda en la consideración del extranjero que ha delinquido como una fuente de peligro que conviene eliminar preventivamente, parece claro que forma parte de un Derecho excluyente, propio del dirigido

---

91 Véanse, por todos, BRANDARIZ GARCÍA, J. A.: *Sistema penal...*, cit., pp. 229 s.; y ODRIOZOLA GURRUTXAGA, M.: *Expulsión penal...*, cit., p. 40.

92 Lo subrayan, entre otros, MUÑOZ LORENTE, J.: «La expulsión del extranjero...», cit., pp. 466, 481 s.; FERNÁNDEZ TERUELO, J. G.: «El proceso social de determinación de la normativa administrativa y penal en materia de inmigración», en Faraldo Cabana (Dir.): *Derecho penal de excepción. Terrorismo e inmigración*, Tirant lo Blanch, Valencia, 2007, p. 235; DAUNIS RODRÍGUEZ, A.: *El Derecho penal...*, cit., pp. 229, 231; BRANDARIZ GARCÍA, J. A.: *Sistema penal...*, cit., pp. 83 s.; 101, 226, 231; TORRES FERNÁNDEZ, M.ª E.: *La expulsión...*, cit., pp. 71 s.; y ODRIOZOLA GURRUTXAGA, M.: *Expulsión penal...*, cit., p. 37.

a los que no son considerados ciudadanos, sino enemigos, tal y como viene indicando un amplio sector doctrinal[93]. De hecho, si se acepta la tesis que defiendo, al expulsar al extranjero que comete un hecho ilícito se le niega incluso el «derecho» a ser sancionado[94].

---

93 Así MAQUEDA ABREU, M.ª L.: «¿Es constitucional la expulsión penal del extranjero?», en: *Los Derechos Humanos. Libro Homenaje al Excmo. Sr. D. Luis Portero García,* Universidad de Granada, 2001, p. 513; LAURENZO COPELLO, P.: «Últimas reformas en el derecho penal de extranjeros: un nuevo paso en la política de exclusión», JD, n.º 50, 2004, p. 30, quien la define como un «mero instrumento ejecutor de una política inocuizadora decidida a deshacerse a toda costa de cuanto extranjero (...) que infrinja las leyes penales en nuestro país». CANCIO MELIÁ, M.: «La expulsión...», cit., pp. 211 ss., también resalta el elemento inocuizador de la expulsión como uno característico del Derecho penal del enemigo. Ciertamente, aunque la versión vigente del art. 89 CP, como enseguida veremos, haya suavizado alguno de los aspectos característicos del Derecho penal del enemigo que eran patentes en la redacción de 2003 —la que *Cancio* toma como referencia— parece mantenerse incólume uno de sus rasgos más significativos, cual es el de la caracterización de un grupo de sujetos como enemigos, porque se les considera peligrosos para el orden jurídico. Sobre la consideración de la expulsión como una manifestación del Derecho penal del enemigo, véase, asimismo, NAVARRO CARDOSO, F.: «Expulsión "penal" de extranjeros...», cit., pp. 9, 24 s.; y, con respecto a su regulación posterior a la reforma de 2015, el mismo, «Análisis del artículo 89...», cit., p. 222; y BOZA MARTÍNEZ, D.: *La expulsión de personas extranjeras...*, cit., pp. 320 ss.

94 Véase, en este sentido GRACIA MARTÍN, L.: *El horizonte del finalismo y el «derecho penal del enemigo»,* Tirant lo Blanch, Valencia, 2005, pp. 104-106, y, en particular, p. 202 s., cuando indica citando a *Jakobs* que, de acuerdo con el discurso del Derecho penal del enemigo —que, entiendo, podría aplicarse igualmente a un Derecho administrativo sancionador del enemigo—, «a determinados individuos se los debe extraer del Derecho de la pena, y, por ello (...) ya no hay que reconocerlos como personas en la comunicación ni, por lo tanto, dialogar con ellos por medio de la pena (porque) de lo que aquí se trata (...) es de que el Estado ya no habla con sus ciudadanos sino que amenaza a sus enemigos».

III. La expulsión judicial

1. EVOLUCIÓN LEGISLATIVA

La expulsión por orden judicial de los extranjeros que han cometido hechos delictivos en sustitución de la pena que les hubiera resultado aplicable está prevista en nuestro ordenamiento jurídico, al menos, desde la vigencia de la Ley de extranjería de 1985, cuyo art. 21.2, en su segundo párrafo, disponía que «si el extranjero fuere condenado por delito menos grave y en sentencia firme, el Juez o Tribunal podrán acordar, previa audiencia de aquél, su expulsión del territorio nacional como sustitutiva de las penas que le fueren aplicables, asegurando en todo caso la satisfacción de las responsabilidades civiles a que hubiere lugar, todo ello sin perjuicio de cumplir, si regresara a España, la pena que le fuere impuesta». El propio precepto indicaba que por delito menos grave debía entenderse el castigado con pena igual o inferior a prisión menor —prisión de seis meses y un día a seis años—[95]. El Código penal de 1995 dotó a la figura de un mayor protagonismo, al incorporarla formalmente al elenco de sustitutivos de la ejecución de las penas privativas de libertad en su art. 89, mediante una regulación más extensa y compleja que desde entonces se ha modificado en cuatro ocasiones, concretamente a través de las Leyes Orgánicas 8/2000, 11/2003, 5/2010 y 1/2015.

La redacción inicial del art. 89 CP[96] establecía la posibilidad de que el juez sustituyese por la expulsión, previa

---

95 Menciona antecedentes más remotos BRANDARIZ GARCÍA, J. A.: *Sistema penal...*, cit., p. 156. Sobre los antecedentes históricos de la expulsión judicial véanse también MONCLÚS MASÓ, M.: *La gestión penal de la inmigración...*, cit., pp. 406 ss.; y RECIO JUÁREZ, M.: *La expulsión de extranjeros...*, cit., pp. 61 ss.

96 Sobre el *iter* legislativo del precepto, véanse, por todos, GONZÁLEZ TASCÓN, M.ª M.: «La cuarta reforma del artículo 89 del CP relativo a la expulsión del extranjero condenado a prisión», EPC, vol. XXX-

audiencia del penado, las penas privativas de libertad inferiores a seis años impuestas a extranjeros sin residencia legal en nuestro país. En el caso de que la pena impuesta al extranjero fuese una prisión igual o superior a seis años, el juez podía acordar la expulsión una vez cumplidas las tres cuartas partes de la condena. Se contemplaban, por tanto, dos modalidades de expulsión: uno de sustitución completa de cualquier pena privativa de libertad inferior a seis años, y otro de sustitución parcial de penas de prisión iguales o superiores a seis años[97]. En ambos casos se trataba de una decisión discrecional que podía adoptar el juez o tribunal respecto de los condenados extranjeros en situación administrativa irregular[98]. La expulsión llevaba aparejada la prohibición de entrada en nuestro país por un plazo de tres a diez años, atendida la duración de la pena impuesta. El quebrantamiento de esta prohibición determinaba el cumplimiento de las penas sustituidas, mientras que si el extranjero era sorprendido en la frontera intentando burlar la prohibición debía ser devuelto por la autoridad administrativa.

El Código penal de 1995 previó también, en paralelo, un mecanismo de sustitución de las medidas de seguridad privativas de libertad impuestas a extranjeros no residentes legalmente en España por su expulsión. Esta modalidad

---

VI, 2016, pp. 138 ss.; y BOZA MARTÍNEZ, D.: *La expulsión de personas extranjeras…*, cit., pp. 238 ss.

97 Véase FLORES MENDOZA, F.: «La expulsión del extranjero…», cit., pp. 115 ss.

98 Ello representaba una novedad respecto a la regulación de la expulsión sustitutiva de la pena en la Ley de extranjería de 1985, que no distinguía entre residentes regulares e irregulares. No obstante, la redacción del art. 89 CP suscitó algunas dudas respecto a su ámbito subjetivo de aplicación, pues cabía entender que en los supuestos de sustitución parcial la expulsión podía acordarse respecto de cualquier extranjero, aunque residiese legalmente en España. Defendía esta tesis, por ejemplo, ASÚA BATARRITA, A.: «La expulsión del extranjero…», cit., p. 87. Consideraba, en cambio, entre otros autores, que en ambos supuestos el extranjero no habría de residir legalmente en España, FLORES MENDOZA, F.: «La expulsión del extranjero…», cit., pp. 112 s.

de expulsión, regulada en el art. 108 CP, fue configurada igualmente como de aplicación potestativa por parte del juez o tribunal. El extranjero expulsado en virtud de este precepto no podría volver a entrar en España durante el plazo que el juez señalase, sin que excediera de diez años. Además, la expulsión del territorio nacional de extranjeros no residentes legalmente en España se incorporó al catálogo de medidas de seguridad no privativas de libertad (art. 96.2, 5.ª). La vinculación entre la expulsión y las medidas de seguridad y reinserción social tampoco representaba una novedad absoluta en nuestro ordenamiento jurídico. El antecedente inmediato de esta regulación podía encontrarse en la Ley 16/1970, de peligrosidad y rehabilitación social, cuyo art. 5 recogía como medida de seguridad duodécima «la expulsión del territorio nacional cuando se trate de extranjeros», y establecía que el extranjero sujeto a dicha medida de seguridad no podía regresar a España en un plazo de cinco años. Según el art. 7 de la citada Ley, si los declarados peligrosos fueran extranjeros, el juez podía imponerles la medida de seguridad que resultase pertinente según la categoría de peligrosidad en que se encontrasen o la de expulsión del territorio nacional, sin perjuicio de aplicarles, además, las medidas que fuesen compatibles con dicha expulsión y estuviesen previstas en el supuesto de peligrosidad correspondiente.

La primera modificación en la regulación penal de la expulsión tuvo lugar por la LO 8/2000. Se trataba de una ley de reforma de la LOEx., que afectó, entre otros aspectos, a la regulación de la expulsión administrativa. Por lo que aquí nos interesa, el nuevo apartado 8 del art. 57 establecía que la expulsión de los extranjeros, residentes o no, condenados por los delitos tipificados en los arts. 312, 318 bis, 515.6.º, 517 y 518 CP, debía llevarse a efecto una vez cumplida la pena privativa de libertad. Esta previsión obligó a introducir un nuevo apartado en el art. 89 CP, el cuarto, que impedía la sustitución de la pena por la expulsión cuando el extranjero con residencia irregular hubiera cometido alguno de esos delitos. El listado de figuras delictivas en las que la expulsión sustitutiva de la pena quedó vedada abarcaba el tráfico ilegal de mano de obra, el empleo de súbditos extranjeros sin permiso de trabajo, delitos contra los derechos de ciudadanos extranjeros y conductas de asociación ilícita para el tráfico ilegal de personas. En palabras del legislador, estas novedades encontraban su razón de ser en la necesidad de combatir la inmigración ilegal y, por tanto, el tráfico y explotación de seres humanos. Desde la perspectiva penal, se pretendía evitar el menoscabo en la satisfacción de los fines de la pena que hubiera supuesto la sustitución de la pena por la expulsión a extranjeros que se encuentran en nuestro país precisamente con la finalidad de cometer delitos de estas características. Sin embargo, con base en el fundamento de la regulación, se objetaba la omisión de la referencia a otras figuras delictivas, como por ejemplo la relativa a la promoción o favorecimiento de la inmigración clandestina de trabajadores a España, tipificada en el art. 313 CP[99].

Posteriormente, la LO 11/2003, pese a autodenominarse «(…) de integración social de los extranjeros», operó una importante modificación de los arts. 89 y 108 CP dirigida a incrementar el número de expulsiones de extranjeros condenados, reforma que el legislador justificó con el argumento de «evitar que la pena y su cumplimiento se conviertan en formas de permanencia en España quebrantando así de manera radical el sentido del ordenamiento jurídico en su conjunto», dado que la expulsión «se alcanzaría de todas maneras por la vía administrativa al tratarse de personas que no residen legalmente en España y que han delinquido». Con esta pretensión, la sustitución, total o parcial, de la pena privativa de libertad por la expulsión pasó a ser imperativa, salvo cuando la naturaleza del delito justificase el cumplimiento de la condena en España. Por tanto, tras esta reforma ya no era factible valorar las circunstancias

---

99 En este sentido, NAVARRO CARDOSO, F.: «Expulsión "penal" de extranjeros…», cit., p. 22; y RODRÍGUEZ MESA, M.ª J.: «La expulsión…», cit., pp. 277 s.

personales del extranjero que el juez, en el margen de su arbitrio, sí podía tener en cuenta aplicando la versión anterior del precepto para optar por la no expulsión. A la vez, fue suprimida la mención al trámite de audiencia al penado. Junto a estas relevantes novedades, se añadieron, en la línea indicada, estas otras: la expulsión debía acordarse en la sentencia; el supuesto de sustitución parcial se amplió a los casos en que el condenado accediera al tercer grado; la discutida cuestión sobre la relación entre la expulsión y los sustitutivos penales regulados en los arts. 80 y siguientes (suspensión de la ejecución de las penas privativas de libertad) y 88 (sustitución de las penas privativas de libertad por otras penas) del CP se zanjó mediante una prohibición expresa de aplicación de estos últimos; y, además, en cuanto a las consecuencias de la expulsión, se estableció un plazo único de prohibición de entrada de diez años, y, en todo caso, mientras no hubiese prescrito la pena, y se eliminó la referencia al cumplimiento de la pena en España en caso de quebrantamiento —en este caso, con dudas— o intento de quebrantamiento de la decisión judicial de expulsión, disponiéndose, en su lugar, la obligación de devolver al extranjero por parte de la autoridad administrativa, empezando a computar desde el principio el plazo de prohibición de entrada. Solo en los supuestos en que no fuese posible llevar a efecto la expulsión habría de cumplirse la pena en España[100].

En el mismo sentido, la reforma transformó en obligatoria la expulsión de extranjeros no residentes legalmente en España regulada en el art. 108 CP, y amplió la sustitución a

---

[100] A la cuestión de si en este caso cabía suspender la ejecución de la pena impuesta o sustituirla por otras penas, respondía afirmativamente la FGE, en su Circular 2/2006. Sobre ello, y a favor de que fuese posible la aplicación de los sustitutivos penales tanto en este caso como en los demás supuestos en que el extranjero no fuera expulsado —porque la naturaleza el delito justificase el cumplimiento de la pena en España, o por haber recaído la condena por alguno de los delitos enumerados en el apartado cuarto— DÍAZ Y GARCÍA CONLLEDO, M. (Dir.): *Protección y expulsión de extranjeros...*, cit., pp. 675 ss.

todas las medidas de seguridad, aunque no fueran privativas de libertad. El plazo de prohibición de regreso pasó a ser también aquí únicamente de diez años, y se recogieron las mismas previsiones que en el art. 89 en materia de quebrantamiento de la prohibición.

Esta nueva regulación de la expulsión, así como su justificación, fueron muy contestadas por la doctrina[101]. El Tribunal Supremo, por su parte, se sumó decididamente a estas objeciones a través de su conocida sentencia n.º 901/2004, de 8 de julio, en la que argumenta sobre la necesidad de realizar una lectura en clave constitucional del art. 89 CP, ampliando las excepciones a la expulsión, incluyendo a tal efecto un estudio de las concretas circunstancias del penado, arraigo y situación familiar, para lo que resulta imprescindible, en su opinión, el trámite de audiencia al penado y la motivación de la decisión (FJ 2)[102]. La doctrina, pese a compartir la opinión crítica de la regulación del art. 89 CP expresada en aquella sentencia, entendió en general que el TS se excedió en sus atribuciones interpretativas, y que debió haber planteado una cuestión de inconstitucionalidad[103].

---

101 Véanse, entre otros, SANZ MORÁN, A. J.: «Reflexión de urgencia sobre las últimas reformas de la legislación penal», RDP, n.º 11, 2004, pp. 35 ss.; MUÑOZ LORENTE, J.: «La expulsión del extranjero…», cit., pp. 401 ss., pp. 452 ss.; NAVARRO CARDOSO, F.: «Expulsión "penal" de extranjeros…», cit., pp. 1 ss.; CANCIO MELIÁ, M.: «La expulsión…», cit., pp. 202 ss.; MONCLÚS MASÓ, M.: *La gestión penal de la inmigración…*, cit., pp. 428 ss.; y MARTÍNEZ ESCAMILLA, M: «Inmigración, derechos humanos y política criminal: ¿hasta dónde estamos dispuestos a llegar?», InDret 3/2009, pp. 19 ss.

102 Esta sentencia inició una línea jurisprudencial que se consolidó en pronunciamientos posteriores, entre los que pueden verse las SsTS 636/2005, de 17 de mayo; 366/2006, de 30 de marzo; 165/2009, de 19 de febrero; 531/2010, de 4 de junio; 588/2012, de 29 de junio; y 479/2014, de 3 de junio.

103 Véanse al respecto NAVARRO CARDOSO, F.: «Expulsión "penal" de extranjeros…», cit., pp. 10 s.; ARIAS SENSO, M.: «Expulsión de extranjeros…», cit., pp. 1 ss.; DURÁN SECO, I.: «El extranjero delincuente "sin papeles" y la expulsión (A propósito de la STS 8-7-2004)», RDPC, n.º 15, 2005, pp. 326 ss.; TOMÉ GARCÍA, J. A.: *Intervención del juez penal…*, cit., p. 159; DÍAZ Y GARCÍA CONLLEDO,

En las dos reformas posteriores, el legislador atendió en parte estas reclamaciones doctrinales y jurisprudenciales, optando por una cierta flexibilización de la rigidez con la que estaba regulada la sustitución de la pena privativa de libertad por la expulsión. Y así, la reforma llevada a cabo por la LO 5/2010[104], aunque mantuvo el carácter imperativo de la sustitución con carácter general, amplió la posibilidad de excepcionarla a los casos en que el juez apreciase «razones que justifiquen el cumplimiento de la condena» en España, lo que permitía atender a las circunstancias que la jurisprudencia venía valorando para decidir sobre la expulsión, entre las que se incluían circunstancias de naturaleza personal, así como el peligro de vulneración de los derechos humanos del extranjero por parte del país receptor. Por otra parte, en algunos aspectos de esta reforma se aprecia un retorno a la regulación de 1995, como por ejemplo en la recuperación formal del trámite de audiencia previa al penado, en el establecimiento de un plazo variable de prohibición de retorno tras la expulsión —de cinco a diez años, atendiendo a la duración de la pena sustituida y a las circunstancias personales del penado— o en la disposición de cumplimiento de la pena en caso de regreso a España antes de transcurrir el plazo señalado. Además, entre otras

---

M. (Dir.): *Protección y expulsión de extranjeros...*, cit., pp. 653 ss.; MONCLÚS MASÓ, M.: *La gestión penal de la inmigración...*, cit., pp. 434 s.; y, muy crítico, SÁNCHEZ TOMÁS, J. M.: «Garantismo e insumisión judicial en la expulsión penal de extranjeros», en *Estudios penales en homenaje a Enrique Gimbernat*, Tomo II, Edisofer, Madrid, 2008, pp. 1566 ss., quien pone la sentencia como ejemplo de «insumisión judicial». Véanse además los comentarios a la sentencia de LÓPEZ LORENZO, V.: «Expulsión de extranjeros (Comentario a la Sentencia de la Sala 2.ª del Tribunal Supremo núm. 901/2004 de 8 de julio)», LLP, n.º 18, 2005 (digital La Ley 848/2005), pp. 1 ss.; y MAGRO SERVET, V.: «La expulsión automática de los inmigrantes en la sentencia penal en el art. 89.1 CP. Sentencia del Tribunal Supremo 901/2004, de 8 de julio», LLP, n.º 14, 2005, (digital La Ley 114/2005), pp. 1 ss.

104 Para una ampliación sobre el contenido de esta reforma, véase GUISASOLA LERMA, C.: «Consideraciones político-criminales para una reformulación de la expulsión penal de condenados sin residencia legal», EPC, vol. XXX, 2010, pp. 206 ss.

novedades, la reforma permite que la expulsión se acuerde en un auto posterior a la sentencia[105], amplía la modalidad de sustitución parcial a todas las penas privativas de libertad, y aclara, en cierto modo, las posibilidades del juez de optar por la suspensión de la ejecución o la sustitución: por un lado, desaparece la exclusión expresa de la aplicación de los arts. 80, 87 y 88, y, por otro lado, el precepto dispone que, si la expulsión no puede llevarse a efecto, cabrá el cumplimiento de la pena, pero también, en su caso, la suspensión de su ejecución o su sustitución con arreglo al art. 88. Finalmente, entre los delitos cuya comisión imposibilita la expulsión se menciona el descrito en el art. 313, cuya omisión, como vimos, se reprochó a la reforma de 2000.

Por su parte, el vigente art. 89 CP, cuyo texto procede de la reforma que tuvo lugar mediante LO 1/2015, requiere ponderar en cada caso las circunstancias del hecho y las personales del extranjero, en particular su arraigo en España, con el fin de evitar que la expulsión resulte desproporcionada. No obstante, esta relajación del automatismo de la expulsión respecto a textos anteriores no significa que la reforma de 2015 plasmase una tendencia legislativa favorable a restringir la orden judicial de expulsión del extranjero que ha delinquido; más bien al contrario, el legislador de 2015 amplió el ámbito subjetivo de aplicación de la figura a todos los extranjeros[106], con independencia de si residen legalmente en España o no y de si son extracomunitarios o pertenecen a la UE, aunque en este último

---

[105] El criterio había sido mantenido en algunas sentencias por el TS —entre otras, 610/2006, de 29 de mayo—, pese a que desde la reforma de 2003 el CP requería que la expulsión fuese acordada en todo caso en sentencia.

[106] El Grupo de Estudios de Política criminal había propuesto esta ampliación en el año 1998, pero en el marco de una regulación mucho más restrictiva que la recogida en el art. 89, y añadiendo la condición de que el consentimiento del extranjero residente legal fuese vinculante, requisito que tampoco contempla el precepto. Véase GRUPO DE ESTUDIOS DE POLÍTICA CRIMINAL, *Alternativas al tratamiento jurídico de la discriminación y de la extranjería*, 1998, pp. 50 ss.

caso se establecen limitaciones a la expulsión basadas en los criterios recogidos en la Directiva 2004/38/CE del Parlamento Europeo y del Consejo, de 29 de abril de 2004. En otro orden de cosas, la reforma modificó la referencia a las penas sustituibles en un doble sentido: por un lado, se limita la sustitución a las penas de prisión —antes, como hemos visto, cualquier pena privativa de libertad— y, por otro lado, en cuanto a la duración de la pena susceptible de ser sustituida, se opta por fijar un límite mínimo de un año. En fin, se configura en el texto vigente un régimen de sustitución total y otro de sustitución parcial de la pena, para cuya aplicación rigen, por expresa disposición del legislador, los criterios de necesidad «de asegurar la defensa del orden jurídico» y de «restablecer la confianza en la vigencia de la norma infringida por el delito»[107]. El preámbulo de la LO 1/2015 justifica de manera muy escueta tan relevante reforma, limitándose a señalar su pretensión de combinar «la búsqueda de la eficacia con un escrupuloso respeto de los derechos individuales». El resto de las líneas que el preámbulo dedica a los cambios en la regulación de la expulsión del extranjero incluyen solo un resumen de las novedades incorporadas al precepto.

---

[107] Enseguida ampliaremos el estudio de estas novedades incorporadas en la reforma de 2015. Véanse también, por ejemplo, CANO CUENCA, A.: «Suspensión de ejecución de la pena condicionada al cumplimiento de prohibiciones y deberes. Especial consideración de la expulsión de los extranjeros. La sustitución de la pena de prisión por la expulsión (arts, 83, 84, 85, 86, 87, 308 bis y 89)», en González Cussac (Dir.): *Comentarios a la reforma del Código penal de 2015*, 2.ª ed., Tirant lo Blanch, Valencia, 2015, pp. 364 ss.; CARDENAL MONTRAVETA, S.: «Art. 89», en Corcoy Bidasolo/Mir Puig (Dirs.): *Comentarios al Código penal*, Tirant lo Blanch, Valencia, 2015, pp. 344 ss.; LEGANÉS GÓMEZ, S.: «La expulsión de los penados en el Código penal de 2015», DLL, n.º 8579, 2015 (digital La Ley 4613/2015), pp. 1 ss.; SÁNCHEZ GARCÍA DE PAZ, I.: «Artículo 89», cit., pp. 791 ss.; GONZÁLEZ TASCÓN, M.ª M.: «La cuarta reforma...», cit., pp. 147 ss.; y PINTO DE BARROS, A.: «Un análisis crítico de la medida sustitutiva de la pena de prisión impuesta al extranjero a la luz del Derecho penal de un Estado social y democrático de Derecho», RGDP, n.º 31, 2019, pp. 2 ss.

En cuanto al art. 108 CP, relativo a la sustitución de las medidas de seguridad impuestas al extranjero por la expulsión, su contenido no fue modificado en las leyes de reforma del Código penal de 2010 y 2015, por lo que el precepto permanece inalterado desde la reforma de 2003. Los incomprensibles desajustes que ello provoca entre ambos supuestos de sustitución de la consecuencia jurídico-penal por la expulsión[108] no han sido subsanados por ninguna de las posteriores leyes de reforma del Código penal.

Para valorar este incesante proceso de reforma en materia de expulsión de extranjeros pueden traerse a colación las palabras del TS (STS 483/2016, de 3 de junio), quien ve en el art. 89 CP uno de los preceptos «que mejor patentiza el vértigo legislativo con el que han sido tratadas muchas de las reformas del Código penal». El TS resalta, asimismo, la tendencia a «un patente endurecimiento de la respuesta», cifrado en el viraje hacia un modelo de imperatividad de la expulsión. Es cierto que en las últimas reformas el legislador se ha visto obligado a incorporar excepciones a la expulsión sustitutiva —aunque solo cuando la expulsión sustituye la ejecución de la pena— por inexcusables razones de respeto a los derechos humanos y a principios constitucionales, o a restringir los supuestos de sustitución completa cuando la satisfacción de los fines de la pena exija, al menos, el cumplimiento de una parte de ella, pero, en cualquier caso, es indiscutible la consolidación de la expulsión como el instrumento preferente de respuesta al delito en la delincuencia de extranjeros de una determinada gravedad. Tras la condena, o tras el cumplimiento de parte de la pena, el acuerdo de expulsión está configurado legalmente como la regla general —«serán sustituidas» (art. 89.1), «se sustituirá» (art. 89.2)»—, se establecen rigurosos mecanismos destinados al aseguramiento de la expulsión, y se refuerza la orden mediante amplios períodos de prohibición de regreso.

---

108 Al respecto, BOZA MARTÍNEZ, D.: *La expulsión de personas extranjeras…*, cit., pp. 340 s.

2. LA EXPULSIÓN SUSTITUTIVA DE LAS PENAS DE PRISIÓN (ART. 89 CP)

2.1. Ámbito de aplicación

2.1.1. Ámbito subjetivo

Como se ha puesto de manifiesto al exponer la evolución legislativa del precepto, la reforma operada en el art. 89 CP por la LO 1/2015 dio lugar a una ampliación del ámbito subjetivo de aplicación de la expulsión sustitutiva de la pena a todos los ciudadanos extranjeros, con independencia de cuál sea su situación administrativa en nuestro país. Ya no se restringe la sustitución, como sucedía desde la entrada en vigor del Código penal hasta la citada reforma, a los casos en que el condenado sea un extranjero sin residencia legal en España. De acuerdo con la nueva regulación, cabe expulsar tanto a residentes temporales como de larga duración, y también a extranjeros comunitarios, aunque en este último caso con una serie de restricciones que indicaremos a continuación. El régimen del art. 89 CP es aplicable, por tanto, a todas las personas que carezcan de nacionalidad española.

Llama la atención que el legislador de 2015 no expusiese las razones de este cambio tan significativo. Es cierto que un sector de la doctrina había denunciado la diferencia de trato entre residentes regulares e irregulares generada por la normativa anterior, pues la combinación del art. 89 CP con el art. 57.2 LOEx. daba lugar a que a los extranjeros sin residencia legal se les sustituyese la pena por la expulsión, mientras que el extranjero en situación regular debía cumplir la condena, sin perjuicio de que fuera expulsado luego administrativamente[109]. A este respecto podríamos afirmar que si la pretensión del legislador con la incorporación de

---

[109] Al respecto, entre otros, RODRÍGUEZ YAGÜE, C.: «El modelo político-criminal español...», cit., pp. 15 y 24; BRANDARIZ GARCÍA, J. A.: *Sistema penal...*, cit., pp. 219 s.; y DÍEZ RIPOLLÉS, J. L.: *Derecho penal...*, cit., p. 698.

la expulsión sustitutiva al Código penal era adelantar el momento de la expulsión de extranjeros que, por carecer del derecho a residir en España, acabarían siendo expulsados, la restricción del ámbito subjetivo de aquella a los extranjeros en situación administrativa irregular impedía la plena satisfacción de dicha pretensión, dado que con carácter general los extranjeros condenados pierden el derecho a permanecer en España. Así las cosas, la ampliación del ámbito de aplicación de la figura a todos los extranjeros supone una adaptación de la legislación penal a la administrativa, teniendo en cuenta que esta permite, por las indicadas razones de defensa de la seguridad colectiva, la expulsión de extranjeros con residencia legal que han cometido delitos de una determinada gravedad (así, los apartados 2 y 8 del art. 57 LOEx. y, para los ciudadanos de la UE, art. 15 RD 240/2007)[110].

Que se haya logrado una mayor coherencia entre la legislación penal y la administrativa en la respuesta a los extranjeros que delinquen[111], reforzada, como veremos, mediante las modificaciones en el ámbito objetivo de aplicación del art. 89 CP, supone una unificación y, si se quiere ver así, clarificación, de los objetivos de política criminal en materia de extranjería. Como vengo indicando, estos pasan por situar a la expulsión en el centro de la respuesta que el ordenamiento jurídico ofrece a toda persona extranjera que delinque[112]. Ahora bien, eso no implica, ni mucho menos, que esta ampliación del ámbito de la expulsión susti-

---

110 En este sentido, GONZÁLEZ TASCÓN, M.ª M.: «La cuarta reforma...», cit., pp. 152 s. Véase una valoración positiva de la ampliación del ámbito subjetivo de aplicación, aunque reconociendo el conflicto que se produce con la satisfacción de los fines del Derecho penal, RECIO JUÁREZ, M.: *La expulsión de extranjeros...*, cit., pp. 99 s.; de otra opinión, por ejemplo, ODRIOZOLA GURRUTXAGA, M.: *Expulsión penal...*, cit., pp. 44 ss. y la doctrina que allí cita.

111 Resalta esta coherencia RECIO JUÁREZ, M.: *La expulsión de extranjeros...*, cit., p. 99.

112 Sobre esta «centralidad» de la expulsión, véanse BOZA MARTÍNEZ, D.: *La expulsión de personas extranjeras...*, cit., pp. 29, 38; y ODRIOZOLA GURRUTXAGA, M.: *Expulsión penal...*, cit., p. 18.

tutiva de la pena sea reflejo de una política criminal acertada[113], pues exacerba la opción defensista e inocuizadora, y consolida un Derecho penal de excepción para el colectivo de extranjeros[114].

Por lo que respecta a la incorporación, entre los extranjeros expulsables, de los ciudadanos de la UE, señala *González Tascón*, oportunamente, las dificultades que existen para explicar su acomodo con el interés de la UE en fomentar el reconocimiento mutuo de los sistemas de justicia de los países que la integran[115]. Nótese que un año antes de la reforma del CP en la materia que tratamos, entró en vigor la Ley 23/2014, de 20 de noviembre, de reconocimiento mutuo de resoluciones penales en la Unión Europea, que incorporó al Derecho español, entre otros textos jurídicos emanados de la UE, la Decisión Marco 2008/909/JAI del Consejo, de 27 de noviembre, relativa a la aplicación del principio de reconocimiento mutuo de sentencias en materia penal por las que se imponen penas u otras medidas privativas de libertad a efectos de su ejecución en la Unión Europea, y la Decisión Marco 2009/299/JAI del Consejo, de 26 de febrero, destinada a reforzar los derechos procesales de las personas y a propiciar la aplicación del principio de reconocimiento mutuo de las resoluciones dictadas a raíz de juicios celebrados sin comparecencia del imputado, que modifica la anterior. Pues bien, el Título III, Capítulo

---

113 DÍEZ RIPOLLÉS, J. L.: *Derecho penal…*, cit., p. 697, la califica como una «errónea decisión político-criminal de gran trascendencia».

114 La extensión de la expulsión sustitutiva de la pena a todos los extranjeros obliga a revisar los planteamientos tradicionales que veían en ella una herramienta más de control de la inmigración ilegal. En este sentido se manifestaban, por ejemplo, FLORES MENDOZA, F.: «La expulsión del extranjero…», cit., pp. 108 ss.; ASÚA BATARRITA, A.: «La expulsión del extranjero…», cit., pp. 54 ss.; NAVARRO CARDOSO, F.: «Expulsión "penal" de extranjeros…», cit., pp. 3 ss.; RODRÍGUEZ MESA, M.ª J.: «La expulsión…», cit., pp. 274 ss.; y TORRES FERNÁNDEZ, M.ª E.: *La expulsión…*, cit., pp. 70 s. Al respecto, véase RECIO JUÁREZ, M.: *La expulsión de extranjeros…*, cit., pp. 93, 98 s.

115 GONZÁLEZ TASCÓN, M.ª M.: «La cuarta reforma…», cit., p. 190 s.

II de la citada Ley regula el procedimiento de transmisión de la resolución judicial por la que se impone una pena (o medida de seguridad) privativa de libertad a la autoridad competente de otro Estado miembro para que proceda a su ejecución, con el fin de facilitar la reinserción social del condenado[116].

Ciertamente, el traslado de extranjeros condenados en España para el cumplimiento de la pena en su país de origen ya era posible al amparo del Convenio sobre traslado de personas condenadas, hecho en Estrasburgo el 21 de marzo de 1983, o de convenios bilaterales, pero las previsiones del Derecho europeo incorporadas a la legislación española permiten —aunque solo, obviamente, en relación con los ciudadanos de la UE— remover algunos obstáculos que mermaban la efectividad del citado instrumento de Estrasburgo, entre los que se cuenta el relativo a la exigencia de consentimiento del condenado para el traslado (art. 3.1. d del Convenio)[117]. En efecto, el art. 67.2 de la Ley 23/2014 permite prescindir del consentimiento del condenado cuando el Estado de ejecución sea: a) el Estado de nacionalidad del condenado en que posea vínculos atendiendo a su residencia habitual y a sus lazos, familiares, laborales o profesionales, b) el Estado miembro al que el condenado vaya a ser expulsado una vez puesto en libertad sobre la base de una orden de expulsión o traslado contenida en la sentencia o en una resolución judicial o administrativa derivada de la sentencia, o c) el Estado miembro al que el condenado se haya fugado o haya regresado ante el procedimiento penal abierto contra él en España o por haber sido condenado en España. Y ello aunque, en todo caso, según el apartado 3 del mismo precepto, se dé la oportunidad al condenado que se encuentra en España de formular su opinión, que será tenida en cuenta al decidir sobre la

---

116 Sobre las características de este sistema y el procedimiento, véase NISTAL BURÓN, J.: *La condición de extranjero en el sistema penitenciario español,* Tirant lo Blanch, Valencia, 2018, pp. 125 ss.

117 Sobre ello, RECIO JUÁREZ, M.: *La expulsión de extranjeros…*, cit., pp. 265 ss.

transmisión y se remitirá a la autoridad del Estado de ejecución.

Como indica *Recio Juárez,* este mecanismo de cooperación judicial internacional presenta indudables ventajas en comparación con la expulsión[118]. Primero, consigue alcanzar los mismos objetivos, confesados o no, que se persiguen con esta: reducir la población reclusa extranjera, con el consiguiente ahorro económico, y neutralizar a los extranjeros que supongan una amenaza para la seguridad y el orden público. Y, segundo y adicionalmente, evita que se orille la consecución de los fines de prevención general y especial. A lo anterior podríamos añadir el evidente interés de los Estados miembros de la UE en que los ciudadanos que representan una amenaza grave para el orden público o la seguridad pública cumplan sus condenas, en lugar de ser expulsados y quedar en libertad en el país del que son nacionales.

Así las cosas, entre la opción de expulsar al extranjero de la UE que representa una amenaza grave para el orden o seguridad públicos tras el cumplimiento de una parte de la pena[119], conforme al régimen del art. 89 CP, cuya aplicación supone dejarle en libertad con una prohibición temporal de regreso al territorio español, y la de iniciar el procedimiento de traslado *ab initio* para que cumpla la condena en el país del que es nacional[120/121], estimo que el juez

---

118 RECIO JUÁREZ, M.: *La expulsión de extranjeros…*, cit., pp. 262 s. Sobre la necesidad de dar prioridad a estos instrumentos de cooperación internacional alternativos a la expulsión, en relación con los extranjeros abarcados por el art. 89 CP en su anterior redacción, véanse, por ejemplo, de entre otros muchos autores en el mismo sentido, las consideraciones de FLORES MENDOZA, F.: «La expulsión del extranjero…», cit., p. 111.

119 Como veremos a continuación, en el caso de extranjeros miembros de la UE no cabe la sustitución íntegra de la pena por la expulsión (art. 89.4 CP, *in fine*).

120 O en otro Estado miembro, conforme a las previsiones del art. 71.2 de la Ley 23/2014.

121 A mi modo de ver, pese a lo que podría deducirse de la lectura de los arts. 67.2 b) y 71.2 b) de la Ley 23/2014, no es posible compatibilizar

debería decantarse por la segunda. De lo contrario podría darse la paradoja de que el traslado para la ejecución de la pena en otro Estado miembro fuese el mecanismo utilizado para condenados nacionales de países de la UE que no supusiesen una amenaza grave para el orden o la seguridad públicos, dado que a estos no se les puede expulsar y, en cambio, se aplicase el art. 89 a aquellos extranjeros que sí representan dicha grave amenaza, con la consecuencia de que solo cumplirían una parte de la condena[122].

En definitiva, y a modo de recapitulación de lo expuesto hasta ahora, la legislación penal, desde la última reforma del art. 89 CP, deja de tratar diferenciadamente a los extranjeros por su situación administrativa, pero introduce un tratamiento jurídico desigual en función de la nacionalidad del penado[123]. No podemos olvidar, sin embargo,

---

ambas figuras. Si el juez dispone en la sentencia que el extranjero será expulsado tras el cumplimiento de una parte de la pena, tras la expulsión no cabe el cumplimiento del resto de la pena en el país receptor, pues aquella se aplica en sustitución de la parte de la condena no cumplida, y lleva aparejada la prohibición de retorno durante un plazo de cinco a diez años. Lo que sí sería posible es que, no habiendo ordenado el juez la expulsión, cumpla el condenado una parte de la condena en España y sea trasladado después a otro Estado miembro para la ejecución de la condena restante.

122 Según los datos que constan en el Informe de la Secretaría General de Instituciones Penitenciarias de 2021, en los últimos años se aprecia un descenso en el número de extranjeros trasladados para cumplir condena en países de la UE (2017:93, 2018:80, 2019:73, 2020:41, 2021:45), aunque no se especifica si se trataba de supuestos que hubiesen entrado en la órbita del art. 89.4, párrafos segundo y siguientes, CP.

123 Sobre ello, MUÑOZ RUIZ, J.: «La expulsión penal…», cit., p. 18. Críticos, por considerar que este trato diferente incurre en discriminación, GARCÍA ESPAÑA, E.: «Extranjeros sospechosos, condenados y excondenados: un mosaico de exclusión», RECPC 19-15 (2017), p. 18; ODRIOZOLA GURRUTXAGA, M.: *Expulsión penal…*, cit., pp. 44 ss.; BOZA MARTÍNEZ, D.: *La expulsión de personas extranjeras…*, cit., p. 277; y SOLAR CALVO, P.: *El sistema penitenciario español en la encrucijada: una lectura penitenciaria de las últimas reformas penales*, Agencia Estatal Boletín Oficial del Estado, Madrid, 2019, pp. 428 s. En sentido similar, DÍEZ RIPOLLÉS, J. L.: *Derecho penal…*, cit., p. 698, considera de dudosa constitucionalidad esta diferencia de trato

que el TC justifica el trato diferenciado por razón de la nacionalidad, alegando al respecto que los extranjeros no tienen derecho a residir en España, salvo en los casos que así establezcan las leyes y los tratados, por lo que es lícito que la legislación de extranjería subordine dicho derecho al cumplimiento de determinadas condiciones, como la de no cometer delitos de cierta gravedad[124]. La tesis está refrendada, además, por el Tribunal Europeo de Derechos Humanos, siempre que se respeten los límites establecidos en el Convenio Europeo de Derechos Humanos, particularmente en su art. 8[125].

El art. 89 CP no establece ninguna limitación específica a la expulsión de los residentes de larga duración. Según el art. 32 LOEx., apartados 1 y 2, esta situación autoriza al extranjero a residir y trabajar en España indefinidamente, en las mismas condiciones que los españoles, y tienen derecho a ella, con carácter general, los que hayan tenido residencia temporal en España durante cinco años de forma continuada, siempre que reúnan las condiciones que se establezcan reglamentariamente. Sin embargo, el art. 12 de la Directiva 2003/109/CE del Consejo, de 25 de noviembre de 2003, relativa al estatuto de los nacionales de terceros países residentes de larga duración, establece que estos extranjeros solo podrán ser expulsados cuando representen una amenaza real y suficientemente grave para el orden público o la seguridad pública, sin que se pueda justificar la decisión sobre la expulsión por razones de orden económico. Así mismo, el citado precepto de la Directiva dispone la obligación de los Estados de considerar, antes de adoptar una decisión de expulsión, la duración de su residencia en el territorio, su edad, las consecuencias para él y para los miembros de su familia, y los vínculos con el

---

respecto a residentes legales. De otra opinión, RECIO JUÁREZ, M.: *La expulsión de extranjeros…*, cit., pp. 196 s.

124 Así ATC 331/1997, de 3 de octubre, FJ 4; STC 24/2000, de 31 de enero, FJ 4; y STC 236/2007, de 7 de noviembre, FJ 14.

125 Al respecto, ROIG TORRES, M.: «La expulsión de los extranjeros…», cit., pp. 428, 466.

país de residencia o la ausencia de vínculos con el país de origen. El art. 57.5 b) LOEx. transpone dicho precepto de la Directiva, y limita la expulsión administrativa de los residentes de larga duración. Pues bien, pese a la ausencia de mención alguna a la situación de residencia de larga duración en el art. 89 CP, dicha circunstancia deberá ser objeto de consideración especial a la hora de valorar los elementos relativos a la proporcionalidad de la expulsión a los que se refiere el párrafo primero del art. 89.4 CP. Es evidente, en efecto, que los residentes de larga duración se encuentran en una especial situación de arraigo, con lo que podrá calificarse de desproporcionada toda expulsión que no se base en una amenaza cierta y grave para el orden o la seguridad pública, en atención a los hechos por los que ha sido condenado el extranjero[126].

En cambio, como señalábamos, la expulsión de los ciudadanos de la UE sí se encuentra expresamente restringida en el art. 89 CP[127]. Según el párrafo segundo del art. 89.4 CP, en ese caso solo es posible la sustitución de la pena por la expulsión cuando el extranjero «represente una amenaza grave para el orden público o la seguridad pública en atención a la naturaleza, circunstancias y gravedad del delito cometido, sus antecedentes y circunstancias personales». También en este punto se ha pretendido acomodar la legislación penal a la administrativa, y ambas, a su vez, a la normativa europea[128]. En efecto, en cuanto a la expulsión administrativa de ciudadanos de Estados miembros de la Unión Europea o de otros Estados parte en el Acuerdo sobre el Espacio Económico Europeo, el art. 15 RD 240/2007

---

126 En el mismo sentido, RECIO JUÁREZ, M.: *La expulsión de extranjeros…*, cit., pp. 104 s. Véase un ejemplo en el que se deja sin efecto la expulsión de un residente de larga duración por razón de su arraigo en la STS 530/2021, de 17 de junio.

127 Sobre esta regulación véase CAMPOS HELLÍN, R.: «La expulsión de extranjeros comunitarios infractores tras la reforma de la LO 1/2015 y la reinserción social», REEPS, n.º 5, 2019, pp. 11 ss.

128 Sin embargo, como pondremos de manifiesto a continuación, dicha acomodación no se ha hecho efectiva en algunos aspectos.

únicamente la permite cuando lo impongan «razones de orden público, de seguridad pública o de salud pública». Por su parte, el Capítulo VI de la Directiva 2004/38/CE del Parlamento Europeo y del Consejo establece límites a los derechos de entrada y de residencia de los ciudadanos de la Unión y miembros de su familia por las mismas razones (art. 27.1). De acuerdo con lo dispuesto en el art. 27.2 de la Directiva, las medidas que se adopten contra estos ciudadanos por razones de orden público o seguridad pública, entre las que se incluye la expulsión judicial o administrativa, han de ajustarse al principio de proporcionalidad —principio que, como veremos, limita la expulsión *ex* art. 89 CP en relación con todos los extranjeros— y basarse exclusivamente en la conducta personal del interesado, sin que la existencia de condenas anteriores pueda constituir por sí sola una razón para adoptar dichas medidas. Dicha conducta —continúa el indicado precepto— «deberá constituir una amenaza real, actual y suficientemente grave que afecte a un interés fundamental de la sociedad», y, añade, «no podrán argumentarse justificaciones que no tengan relación directa con el caso concreto o que se refieran a razones de prevención general». Además, según el art. 28.1, antes de tomar una decisión de expulsión por estas razones de orden público o de seguridad pública, el Estado miembro deberá tener en cuenta la duración de la residencia del interesado en su territorio, su edad, estado de salud, situación familiar y económica, su integración social y cultural en el Estado miembro de acogida y la importancia de los vínculos con su país de origen.

Para la interpretación de los conceptos indeterminados de «seguridad pública» y «orden público» procede acudir a la jurisprudencia del Tribunal de Justicia de la Unión Europea[129]. En la sentencia de 23 de noviembre de

---

129 Véanse GONZÁLEZ TASCÓN, M.ª M.: «La cuarta reforma...», cit., pp. 185 s.; IGLESIAS RÍO, M. A.: «La expulsión de extranjeros», cit., pp. 183 ss.; MARTÍNEZ MUÑOZ, J. C.: *Aproximación crítica a la expulsión de extranjeros. El derecho penal como herramienta de la política migra-*

2010 (asunto C-145/09, Land Baden-Württemberg contra Tsakouridis), apartados 43 a 47, afirma, con cita de jurisprudencia anterior, que la seguridad pública comprende tanto la seguridad interior de un Estado miembro como la seguridad exterior, y que también son susceptibles de afectar a la seguridad pública el ataque al funcionamiento de las instituciones y de los servicios públicos esenciales, así como la supervivencia de la población, el riesgo de una perturbación grave de las relaciones exteriores o de la coexistencia pacífica de los pueblos y el ataque a los intereses militares. Se incluye también en dicho concepto el tráfico de estupefacientes mediante banda organizada. Por su parte, la STJUE de 22 de mayo de 2012 (asunto C-348/09, P. I. contra Oberbürgermeisterin der Stadt Remscheid), apartado 28, considera que cabe incluir entre las infracciones penales susceptibles de afectarla las conductas enumeradas en el art. 83.1 del Tratado de Funcionamiento de la Unión Europea, esto es, el terrorismo, la trata de seres humanos, la explotación sexual de mujeres y niños, el tráfico ilícito de drogas, el tráfico ilícito de armas, el blanqueo de capitales, la corrupción, la falsificación de medios de pago, la delincuencia informática y la delincuencia organizada. En cuanto a los supuestos en los que podría considerarse afectado el orden público, la STJUE de 17 de noviembre de 2011 (asunto C-430/10), apartado 33, indica que el concepto de orden público requiere, aparte de la perturbación del orden social que constituye cualquier infracción de la ley, que exista una amenaza real, actual y suficientemente grave que afecte a un interés fundamental de la sociedad.

Las consideraciones anteriores se reiteran en la STJUE de 2 de mayo de 2018 (asuntos C-331/16 y C-366/16), apartados 40-42, donde, además, el Tribunal indica que, si bien los Estados miembros disponen de libertad para definir, con arreglo a sus necesidades nacionales, que pueden variar de un Estado miembro a otro y de una época a otra, las

---

toria, Aranzadi, Pamplona, 2023, pp. 131 ss.; y la Circular 7/2015 de la Fiscalía General del Estado, apartado 5.1.1.

exigencias de orden público y de seguridad pública, tales exigencias, no obstante, al representar una excepción al principio fundamental de la libre circulación de las personas, deben interpretarse en sentido estricto, de manera que su alcance no puede ser determinado unilateralmente por cada Estado miembro sin control de las instituciones de la Unión.

Nuestro TS, por su parte, también ha tenido ocasión de desarrollar el concepto de orden público, al establecer sus diferencias con el concepto de paz pública. En este sentido, en su sentencia 459/2019, de 14 de octubre[130], señala que la paz pública hace referencia a la normalidad de la convivencia con un uso pacífico de los derechos, especialmente los derechos fundamentales, mientras que el orden público se refiere al funcionamiento normal de las instituciones y de los servicios. El orden público, añade «es el simple orden en la calle», mientras que la paz pública es un concepto más amplio que se integra «por el conjunto de condiciones externas que permiten el normal desarrollo de la convivencia ciudadana, el orden de la comunidad y en definitiva la observancia de las reglas que facilitan esa convivencia (…) y por tanto permiten el ejercicio de los derechos fundamentales de las personas».

Con base en la jurisprudencia anterior, el TS, en su auto 334/2023, de 23 de marzo, entiende que a los efectos de aplicar las restricciones que el art. 89 CP impone a la expulsión de los ciudadanos de la UE, «para considerar que un hecho delictivo ha perturbado gravemente el orden o la paz públicos es necesario que, o bien haya afectado al normal funcionamiento de las instituciones, o bien haya alterado el orden de la calle o la seguridad de los ciudadanos de forma "real, actual y suficientemente grave"». Ello no sucedería en el caso analizado, al tratarse de una entrega de droga puntual y controlada, que no llegó a los consu-

[130] Con cita de las SsTS 1154/2010, de 12 de enero, y 978/2009, de 13 de octubre.

midores, por lo que estima que la sentencia del Tribunal Superior de Justicia, que consideró improcedente la expulsión, se ajusta a los parámetros del art. 89.4 CP.

Por otra parte, de acuerdo con la Circular 7/2015 de la FGE (apartado 5.1.1), con el fin de respetar lo establecido en la Directiva 2004/38/CE, la expulsión judicial de los ciudadanos de la UE no podrá fundamentarse solamente en consideraciones de defensa del orden público o de la seguridad ciudadana, sino que también habrá de atender a la conducta personal del interesado que acredite una amenaza real, actual y suficientemente grave que afecte a un interés fundamental de la sociedad. Es decir, conforme al parecer de la FGE, se trata de criterios cumulativos que han de valorarse conjuntamente. La tesis se alinea, igualmente, con la jurisprudencia del TJUE —así, por ejemplo, STJUE de 2 de mayo de 2018 (asuntos C-331/16 y C-366/16), apartado 48—.

De acuerdo con el art. 89.4, párrafo tercero, CP si el extranjero hubiera residido en España durante los diez años anteriores, para sustituir la pena por la expulsión hará falta, además, que hubiera sido condenado: a) por uno o más delitos contra la vida, libertad, integridad física y libertad e indemnidad sexuales castigados con pena máxima de prisión de más de cinco años y se aprecie fundadamente un riesgo grave de que pueda cometer delitos de la misma naturaleza, o b) por uno o más delitos de terrorismo u otros delitos cometidos en el seno de un grupo u organización criminal. Pese a la deficiente técnica legislativa, en general se considera que esta previsión va referida exclusivamente a los ciudadanos de la UE, y no a cualquier extranjero. En este sentido se manifiesta un numeroso sector doctrinal[131],

---

131 Así, GARCÍA ESPAÑA, E.: «La expulsión como sustitutivo de la pena de prisión en el Código penal de 2015. ¿De la discriminación a la reinserción?», RECPC, 18-07, 2016, p. 22; PINTO DE BARROS, A.: «Un análisis crítico...», cit., p. 3; RECIO JUÁREZ, M.: *La expulsión de extranjeros...*, cit., pp. 112 s.; BOZA MARTÍNEZ, D.: *La expulsión de personas extranjeras...*, cit., p. 286; SÁNCHEZ GARCÍA DE PAZ,

cuya opinión compartimos, la FGE[132] y, en sentencias recientes, el TS[133]. La Directiva 2004/38/CE, en su art. 28.3. a), también establece una protección reforzada contra la expulsión respecto a los ciudadanos europeos que hayan residido en el Estado miembro de acogida durante los diez años anteriores. De acuerdo con lo dispuesto allí, a estos ciudadanos solo se les puede expulsar cuando concurran «motivos imperiosos de seguridad pública». En consecuencia, podríamos decir que las condenas por los delitos enumerados en el art. 89.4, párrafo tercero, CP, así como el juicio de peligrosidad criminal requerido en relación con los grupos de delitos mencionados en la letra a), constituyen una concreción de los motivos a los que alude la citada Directiva.

El art. 28.2 de la Directiva protege asimismo especialmente a los ciudadanos de la UE o miembros de su familia, independientemente de su nacionalidad, que hubieran adquirido un «derecho de residencia permanente en su territorio», esto es, según el art. 10 del RD 240/2007, quienes hayan residido legalmente en España durante un periodo continuado de cinco años. Según la Directiva, solo podrá tomarse una decisión de expulsión contra estos ciudadanos «por motivos graves de orden público o seguridad pública». En cambio, el art. 89 CP no recoge ninguna previsión específica para los residentes con carácter permanente, limitándose a distinguir entre dos niveles de protección fren-

---

I.: «Artículo 89», cit., p. 795; DÍEZ RIPOLLÉS, J. L.: *Derecho penal…*, cit., p. 699; BARQUÍN SANZ, J.: «De las formas sustitutivas de la pena de prisión y de la libertad condicional», en Morillas Cueva (Dir.): *Estudios sobre el Código penal reformado (Leyes Orgánicas 1/2015 y 2/2015)*, Dykinson, Madrid, p. 251; y ODRIOZOLA GURRUTXAGA, M.: *Expulsión penal…*, cit., pp. 53 s. De otra opinión, NAVARRO CARDOSO, F.: «Análisis del artículo 89…», cit., pp. 212 s.; y ORTS BERENGUER, E. / GONZÁLEZ CUSSAC, J. L.: *Compendio…*, cit., p. 550.

132 Circular FGE 7/2015, apartado 5.1.2.

133 Véase STS 368/2020, de 2 de julio. En sentencias anteriores había mantenido un criterio distinto (así, en STS 221/2017, de 29 de marzo).

te a la expulsión de los ciudadanos de la UE: el relativo a los ciudadanos que hayan residido durante los diez años anteriores en España y el del resto de los ciudadanos de la UE[134]. La legislación administrativa (art. 15 RD 240/2007) sí establece, al igual que la Directiva, tres niveles de protección frente a la expulsión de estos ciudadanos.

Según el art. 89.4 *in fine*, «en estos supuestos será en todo caso de aplicación lo dispuesto en el apartado 2 de este artículo». La ley no aclara cuáles son esos «supuestos» en los que solo cabría la sustitución parcial de la pena por la expulsión, conforme al art. 89.2 CP[135]. Descartado el párrafo primero del apartado cuarto, donde se veta la expulsión por razones de proporcionalidad, queda por determinar si se refiere solo a los supuestos del párrafo tercero (ciudadanos de la UE que han residido en España durante los diez años anteriores) o incluye también los del párrafo segundo (todos los ciudadanos de la UE). La Circular 7/2015 FGE interpreta que la previsión se aplica a los dos párrafos anteriores, es decir, a todos los supuestos en que se plantee la expulsión de un ciudadano de la UE. Conforme a ello, estos ciudadanos, cuando se considere procedente su expulsión, habrán de cumplir no obstante una parte de la pena de prisión en España, aunque no se cumpla el requisito de que la pena impuesta o la suma de las impuestas supere los cinco años de duración[136]. Argumenta la FGE que esta previsión se explica por razones de prevención general, teniendo en cuenta que para expulsar a un ciudadano de la UE hace falta que este represente una amenaza grave para el orden público o la seguridad pública[137]. La expulsión, si no se ve impedida por faltar otros requisitos

---

134 Al respecto, BOZA MARTÍNEZ, D.: *La expulsión de personas extranjeras...*, cit., pp. 282, 284; GONZÁLEZ TASCÓN, M.ª M.: «La cuarta reforma...», cit., pp. 187 s.; y ODRIOZOLA GURRUTXAGA, M.: *Expulsión penal...*, cit., pp. 51 s.

135 Véase el epígrafe dedicado al ámbito objetivo de la expulsión sustitutiva de la pena.

136 De otra opinión, DÍEZ RIPOLLÉS, J. L.: *Derecho penal...*, cit., p. 699.

137 Circular FGE 7/2015, apartado 5.1.3.

para poder acordarla, tendrá lugar en estos casos una vez que el extranjero haya cumplido la parte de pena que se hubiera determinado o cuando acceda al tercer grado o a la libertad condicional.

Aparte de los desajustes ya indicados entre la normativa europea relativa a la expulsión de los ciudadanos de la UE y la regulación del art. 89 CP, cabe mencionar otra omisión importante. Obsérvese que el tenor literal del art. 89 CP se refiere exclusivamente a los ciudadanos de la UE. No menciona a los ciudadanos de los Estados parte en el Acuerdo sobre el Espacio Económico Europeo[138], a diferencia del RD 240/2007, que sí hace referencia a ellos, ni tampoco a los nacionales de un tercer Estado miembros de la familia de un ciudadano de la UE, en contraste, también, con el mismo Real Decreto y la Directiva 2004/38/CE, que los recoge como beneficiarios de los derechos contemplados en la misma[139]. La FGE, en la Circular 7/2015, entiende que «cuando el legislador se refiere a "ciudadano de la Unión Europea", alude a todo aquel a quien le es aplicable el régimen de la Unión Europea, lo que comprende a los nacionales de Estados asimilados, y a los nacionales de terceros Estados que sean miembros de la familia de un ciu-

---

138 Forman parte de este Acuerdo, de 2 de mayo de 1992, Islandia, Liechtenstein y Noruega. A estos Estados habría que añadir Suiza, conforme al Acuerdo y la Comunidad Europea y la Confederación Suiza sobre la libre circulación de personas de 21 de junio de 1999 (véase la Disposición Adicional tercera del RD 240/2007).

139 Según el art. 2 de la Directiva 2004/38/CE, por «miembro de la familia» hay que entender: a) el cónyuge; b) la pareja con la que el ciudadano de la Unión ha celebrado una unión registrada, con arreglo a la legislación de un Estado miembro, si la legislación del Estado miembro de acogida otorga a las uniones registradas un trato equivalente a los matrimonios y de conformidad con las condiciones establecidas en la legislación aplicable del Estado miembro de acogida; c) los descendientes menores de 21 años o a cargo y los del cónyuge o de la pareja definida en la letra b); y d) los ascendientes directos a cargo y los del cónyuge o de la pareja definida en la letra b).

dadano de la UE»[140]. A mi modo de ver, mediante una interpretación extensiva del tenor literal del precepto, cabe la aplicación directa del régimen previsto en los párrafos segundo y tercero del art. 89.4 CP a los nacionales de Estados asimilados. Ahora bien, en el caso de los nacionales de terceros Estados familiares de ciudadanos de la UE habría que recurrir a la analogía. Ello nos sitúa ante la necesidad de determinar si la analogía es favorable o perjudicial para el reo. Emerge, una vez más, la tantas veces mencionada ambivalencia aflictiva de la expulsión, por lo que parece inevitable un examen caso por caso, valorando el interés del penado. Cabe pensar, desde luego, que al penado le resulte preferible la aplicación del régimen reforzado de protección contra la expulsión, con el fin de salvaguardar sus relaciones familiares, pero tampoco puede descartarse que le favorezca someterse al régimen común, más proclive a la expulsión[141]. Otra posible opción sería invocar la aplicación directa de lo dispuesto en la Directiva, cuya incorpora-

---

140 De la misma opinión, RECIO JUÁREZ, M.: *La expulsión de extranjeros...*, cit., pp. 108 y 114 s., quien considera extensible la aplicación de este régimen, incluso, a los familiares de terceros países de los nacionales españoles que siempre han residido en España. En contra de que se aplique dicho régimen a estos últimos, la Circular de la FGE, apartado 5.1.1, entendiendo, pese a ello, que la relación de estos extranjeros con el ciudadano español debe ser valorada en el ámbito del principio de proporcionalidad; y también MARTÍNEZ MUÑOZ, C. J.: *Aproximación crítica a la expulsión...*, cit., pp. 129 s., quien considera que tanto de la Directiva como de la jurisprudencia del TJUE se deduce que los sujetos a quienes se extenderá la normativa comunitaria, y podrán beneficiarse de su régimen, serán aquellos miembros de la familia que acompañen o se reúnan con un ciudadano de un Estado miembro de la Unión Europea en un país diferente del que es nacional, pero no quienes son miembros de la familia de un ciudadano comunitario que siempre ha residido en su país de origen y no ha ejercido su derecho de libre circulación.

141 En relación con esta idea, BOZA MARTÍNEZ, D.: *La expulsión de personas extranjeras...*, cit., p. 287, formula como crítica general al régimen de expulsión de ciudadanos de la UE que, «para una medida de menor aflictividad (en comparación, se entiende, con el cumplimiento de la condena) como es la de expulsión a un Estado miembro de la Unión Europea» se exija «un plus de gravedad frente al sistema ordinario».

ción al Derecho español se ha realizado de manera incompleta. En todo caso, debería ser la defensa quien interesase su invocación, por resultar más favorable al condenado el régimen de los nacionales de países de la UE, pues, según reiterada jurisprudencia del TJUE, los Estados miembros no pueden invocar las disposiciones de las directivas cuando creen obligaciones a cargo de particulares[142].

Por otra parte, el art. 89 CP no incorpora ninguna previsión en relación con los apátridas y con los extranjeros beneficiarios de protección internacional. Los primeros se someten al régimen de expulsión judicial establecido en el Código penal, pero hay que tener en cuenta que el art. 18.1 del RD 865/2001, de 20 de julio, por el que se aprueba el Reglamento de reconocimiento del estatuto de apátrida, dispone que su expulsión ha de hacerse en los términos previstos en el art. 31 de la Convención sobre el Estatuto de los Apátridas (28 de septiembre de 1954), por lo que deberán concurrir razones de seguridad nacional o de orden público que justifiquen la expulsión y, además, una vez acordada esta, se les deberá conceder un plazo razonable para gestionar su admisión legal en otro país. Conforme al art. 18.2 del RD 865/2001, este plazo será el máximo que establece la legislación de extranjería, esto es, acudiendo al art. 63 bis LOEx., dispondrán de treinta días para gestionar su admisión en otro país. En caso de no encontrar país de acogida, el apátrida deberá cumplir la pena impuesta o bien, si procede, se valorará suspender su ejecución[143].

En cuanto a los beneficiarios del derecho de asilo o del derecho a la protección subsidiaria, como señala la FGE en la Circular 7/2015, apartado 5.2.2, no les es aplicable el art. 89 CP, dado que, según la Ley 12/2009, de 30 de octubre, reguladora del derecho de asilo y de la protección subsidiaria, la expulsión requiere un acto previo de revocación de

---

142 Por ejemplo, SsTJUE de 26 de febrero de 1986 (asunto C-152/84), apartado 48, de 12 de diciembre de 2013 (asunto C-425/12), apartado 22, y de 8 de octubre de 2020 (asunto C-568/19), apartado 35.

143 Sobre ello, la Circular 7/2015 de la FGE, apartado 5.2.1.

su estatuto de refugiado o de protección subsidiaria, en los casos y conforme al procedimiento establecido en sus arts. 44 y 45. El art. 44.1 c) menciona, como una de las posibles causas de revocación, que la persona beneficiaria constituya, por razones fundadas, un peligro para la seguridad de España, o que, habiendo sido condenada por sentencia firme por delito grave, constituya una amenaza para la comunidad[144].

Para finalizar el análisis del ámbito subjetivo de aplicación de esta modalidad de expulsión sustitutiva, procede poner de manifiesto que la condición de extranjero debe concurrir en el penado en el momento en que se decide su expulsión, y no en el momento en que comete el delito. Por tanto, cuando, aun siendo extranjero al cometer el hecho delictivo, se diese la circunstancia de que adquiriese la nacionalidad española durante la tramitación de la causa, no sería posible su expulsión. Es más, si la expulsión no se ejecuta inmediatamente después de resolverse sobre la misma —piénsese, entre otras posibles situaciones, en los casos de sustitución parcial de la pena—, cualquier cambio respecto a su nacionalidad deberá tenerse en cuenta en el momento en que fuese a hacerse efectiva la expulsión. En el mismo sentido han de valorarse las posibles modificaciones en su estatus de extranjero: si durante la tramitación de la causa pasa de ser nacional de un tercer Estado a nacional de un país de la Unión Europea, le serán de aplicación las restricciones a la expulsión vigentes para estos últimos[145].

---

[144] Sobre el régimen jurídico de los apátridas, refugiados y quienes reciben protección subsidiaria, y las limitaciones que de dichas regulaciones se derivan para la expulsión, véase GONZÁLEZ TASCÓN, M.ª M.: «La cuarta reforma...», cit., pp. 157-160; así como RECIO JUÁREZ, M.: *La expulsión de extranjeros...*, cit., pp. 101-104; y MARTÍNEZ MUÑOZ, C. J.: *Aproximación crítica a la expulsión...*, cit., pp. 138 ss.

[145] Véase, sobre todo ello, RECIO JUÁREZ, M.: *La expulsión de extranjeros...*, cit., pp. 124 ss.

2.1.2. Ámbito objetivo

También el ámbito objetivo de aplicación de la expulsión judicial sustitutiva de la pena fue modificado por la LO 1/2015. Entre las novedades se cuenta, en primer lugar, su restricción expresa a los casos de sustitución de «las penas de prisión». El legislador de 2015 zanjó así la discusión sobre si era posible sustituir también por la expulsión las penas de localización permanente y la responsabilidad personal subsidiaria, dada la referencia genérica a las penas privativas de libertad que efectuaba la anterior redacción[146]. Nunca ha sido posible, por lo demás, sustituir por la expulsión penas no privativas de libertad.

Ahora bien, al haberse introducido en el catálogo de penas privativas de libertad, mediante la misma LO 1/2015, la prisión permanente revisable, se plantea ahora si cabe la

[146] La FGE, en su Circular 5/2011 (apartado VI.3.1.1.1), en contra del criterio que había defendido en la Circular 2/2006, consideraba que era posible sustituir todas las penas privativas de libertad, impuestas tanto por delito como por falta, sin que ello resultase desproporcionado ni discriminatorio, siempre que la decisión que se adoptase tuviese en cuenta las circunstancias concurrentes, entre ellas la gravedad del delito cometido. Y, añadía, no será desproporcionada la expulsión, por ejemplo, cuando la falta o el delito cometido constituyan una manifestación indicadora de una forma de vida patentemente contraria al orden público español. La doctrina, por su parte, defendió la limitación de la expulsión sustitutiva a las penas de prisión —así, DÍAZ Y GARCÍA CONLLEDO, M. (Dir.): *Protección y expulsión de extranjeros...*, cit., pp. 638 ss.—, o, al menos, a las penas impuestas por delitos que implicasen el ingreso en un establecimiento penitenciario, lo que podía deducirse del tenor literal del precepto, que vedaba la expulsión si la naturaleza del *delito* justificaba el cumplimiento de la condena en un *centro penitenciario* en España. De acuerdo con esta última opinión, se excluía en todo caso la sustitución de la localización permanente por la expulsión, así como la responsabilidad personal subsidiaria derivada del impago de una multa impuesta por la comisión de una falta y la derivada del impago de una multa impuesta por un delito menos grave que se cumpliese mediante trabajos en beneficio de la comunidad o localización permanente —así, GRACIA MARTÍN, L. / ALASTUEY DOBÓN, C., en Gracia Martín (Coord.): *Tratado de las consecuencias jurídicas del delito,* Tirant lo Blanch, Valencia, 2006, p. 344—.

sustitución de esta pena por la expulsión, sustitución que, de ser posible, solo cabría efectuar acudiendo a la modalidad del apartado segundo del art. 89 (sustitución parcial de la pena, o expulsión cuando el penado acceda al tercer grado o a la libertad condicional), dada la extrema gravedad de la prisión permanente revisable. La inclusión de la pena de prisión permanente revisable en el régimen del art. 89 resultaría, ciertamente, coherente con la razón de ser de la expulsión, esto es, en esencia, evitar por motivos de seguridad y orden público, así como por razones de ahorro económico, que cumplan condena y permanezcan en España delincuentes extranjeros condenados por delitos de cierta gravedad. Pese a ello, creo que hay motivos de legalidad que lo impiden. En efecto, el precepto no contempla la sustitución en los casos en que la pena impuesta fuese prisión permanente revisable, pues se refiere exclusivamente a «las penas de prisión», y ya es sabido que el art. 35 CP considera a la prisión permanente revisable una pena distinta de la prisión, y no una modalidad de esta[147]. Cabría plantear, a lo sumo, una aplicación del precepto por analogía en estos supuestos, aunque, dadas las particulares características de la figura, tal y como vengo indicando, resulta complejo determinar si es analogía favorable o perjudicial. En cualquier caso, conviene reseñar que un sector de la doctrina y la FGE no descartan la aplicación del art. 89.2 CP a las condenas a prisión permanente revisable[148], aunque suele rechazarse, por las razones de prevención general y reafirmación del ordenamiento jurídico mencionadas en el precepto, que la sustitución de la pena pueda tener lugar antes de la concesión del tercer grado o de la libertad condicional[149].

---

147 Al respecto, RECIO JUÁREZ, M.: *La expulsión de extranjeros...*, cit., p. 218.

148 Véanse DÍEZ RIPOLLÉS, J. L.: *Derecho penal...*, cit., p. 700; NAVARRO CARDOSO, F.: «Análisis del artículo 89...», cit., p. 210; GONZÁLEZ TASCÓN, M.ª M.: «La cuarta reforma...», cit., pp. 167 s.; ODRIOZOLA GURRUTXAGA, M.: *Expulsión penal...*, cit., p. 73; y la FGE, en su Circular 7/2015, apartado 4.1.

149 En opinión de DÍEZ RIPOLLÉS (*ibidem*), solo debería ser posible la expulsión cuando el condenado hubiese alcanzado la libertad con-

No está vedada, en cambio, en las condenas a prisión permanente revisable, la expulsión administrativa posterior al cumplimiento de la pena —lógicamente, en los casos en que el penado haya conseguido la remisión definitiva de la pena tras la suspensión de su ejecución (art. 92.3 CP en relación con el art. 87 CP)—, pues el art. 57.2 LOEx. abarca las condenas por delitos sancionados con cualquier pena privativa de libertad, lo que reiteraremos en el epígrafe correspondiente.

En segundo lugar, la citada reforma estableció un límite mínimo en la duración de las penas de prisión objeto de sustitución, de manera que esta solo cabe cuando se trate de penas de «prisión de más de un año», esto es, al menos, prisión de un año y un día. El legislador de 2015 declaró en el Preámbulo de la LO 1 haber querido «ajustar» el límite de pena a partir del cual se puede acordar la expulsión a la regulación administrativa de extranjería. Se refería al art. 57.2 LOEx., que, como ya sabemos, considera causa de expulsión, aplicable tras el cumplimiento de la pena, «que el extranjero haya sido condenado, dentro o fuera de España, por una conducta dolosa que constituya en nuestro país delito sancionado con pena privativa de libertad superior a un año, salvo que los antecedentes penales hubieran sido cancelados»[150]. Aun así, lo cierto es que dicho ajuste

---

dicional. Por su parte, la FGE recomienda que, cuando el extranjero sea condenado por un delito para el que esté prevista dicha pena, se acuerde el cumplimiento total de la misma, pero cabría la expulsión judicial al acceder el penado al tercer grado o serle concedida la libertad condicional (Circular 7/2015, apartado 4.1).

150 No obstante, un sector de la doctrina critica que la nueva regulación del art. 89 CP provoca desajustes con el art. 57.7 LOEx. —sobre ello, desde una perspectiva crítica con la decisión del legislador de establecer un límite mínimo a las penas sustituibles por la expulsión (véase a continuación en el texto), SOLAR CALVO, P.: *El sistema penitenciario español...*, cit., p. 424; y MUÑOZ RUIZ, J.: «La expulsión penal...», cit., p. 23—. En realidad, la coordinación del art. 57.7 LOEx. con el art. 89 CP nunca ha sido plena. El precepto de la LOEx. ha facultado la expulsión administrativa en casos de procesamiento o investigación del extranjero por delitos castigados con penas no privativas de libertad, que en ningún momento ha sido po-

no pasa de ser aproximado, porque, como expondré en su momento, la pena privativa de libertad superior a un año mencionada en el art. 57.2 LOEx. es una referencia a la pena abstracta, de acuerdo con el criterio jurisprudencial consolidado[151], mientras que las penas de prisión de más de un año a las que alude el art. 89 CP son las concretas penas impuestas en sentencia[152].

La combinación de estas dos novedades introducidas por la reforma de 2015 —restricción de la sustitución a las penas de prisión y establecimiento de una pena suelo de un año y un día de prisión— deja fuera de la expulsión judicial regulada en el art. 89 CP la denominada «delincuencia de baja intensidad», lo que en general ha sido valorado por la doctrina positivamente[153]. El cambio fue, no obstante, criticado por el Consejo Fiscal quien, durante la tramitación parlamentaria de la reforma, opinó en su informe al Anteproyecto que la expulsión debería abarcar todas las penas privativas de libertad «con el fin de abordar adecuadamente los casos en que la norma penal se utiliza

---

sible sustituir por la expulsión judicial. Por lo demás, el cambio del límite máximo de seis años de prisión para la sustitución íntegra por otro mínimo de un año supone un desajuste muy limitado con el art. 57.7 LOEx. En efecto, si para que proceda la expulsión administrativa, previa autorización judicial, el delito por el que el extranjero está procesado ha de estar *castigado por la ley con pena privativa de libertad inferior a seis años*, la pena abstracta no tendrá un límite máximo superior a cinco años, y este es, precisamente, el límite por encima del cual no cabe la sustitución íntegra de la pena por la expulsión. Lo que sí será posible es que el juez autorice la expulsión administrativa en caso de procesamiento o investigación por delitos que tengan prevista pena de prisión no superior al año, aunque esta pena no sea sustituible ahora judicialmente.

151 Desde la STS 893/2018, de 31 de mayo. Así lo indica también la Circular 7/2015 de la FGE, apartado 3.1.

152 Como dice RECIO JUÁREZ, M.: *La expulsión de extranjeros…*, cit., p. 199, sobre esto último no existe discusión.

153 Véanse entre otros GONZÁLEZ TASCÓN, M.ª M.: «La cuarta reforma…», cit., pp. 161 s.; SÁNCHEZ GARCÍA DE PAZ, I.: «Artículo 89», cit., p. 791; BOZA MARTÍNEZ, D.: *La expulsión de personas extranjeras…*, cit., p. 298; y ODRIOZOLA GURRUTXAGA, M.: *Expulsión penal…*, cit., p. 62.

como burladero para eludir el cumplimiento de la norma administrativa»; y entendió también que en la delincuencia de menor gravedad es «donde más justificada se halla la prevalencia de los fines de la política migratoria sobre los fines de política criminal», por lo que, a su modo de ver es criticable que la comisión de infracciones penales se convierta «en un medio útil de eludir la aplicación de la normativa de extranjería al que podrían recurrir extranjeros en situación irregular»[154]. Esta argumentación del Consejo Fiscal es compartida por un sector de la doctrina[155].

La referida decisión del legislador tiene como consecuencia, ciertamente, que el Estado renuncia al ejercicio del *ius puniendi*, total o parcialmente, y, por tanto, a la satisfacción de los fines que se persiguen mediante la ejecución de las condenas, solo en los delitos que alcanzan una determinada gravedad. Ello resulta paradójico desde la perspectiva de la función del Derecho penal, pero no puede decirse que sea incoherente con los objetivos de política de extranjería procurados mediante la expulsión. Como vengo señalando a lo largo de este trabajo, la finalidad que se pretende conseguir con la expulsión —o, al menos, el objetivo prioritario— no es luchar contra la inmigración ilegal, como lo demuestra el hecho de que su aplicación *ex* art. 89 CP esté prevista para todos los extranjeros, sino evitar que permanezcan en España extranjeros que cometen delitos de una cierta entidad, por considerar que representan un peligro para el orden público o la seguridad pública. Ello a costa, desde luego, de la satisfacción de los fines de la pena, a los que solo se atiende de manera excepcional y, en cualquier caso, parcial.

---

154 Informe del Consejo Fiscal al Anteproyecto de Ley Orgánica por la que se modifica la LO 10/1995, de 24 de noviembre, del Código penal, FGE, Madrid, 2013, pp. 68 ss.

155 Véanse RECIO JUÁREZ, M.: *La expulsión de extranjeros…*, cit., p. 198; MUÑOZ RUIZ, J.: «La expulsión penal…», cit., pp. 23 s.; y SOLAR CALVO, P.: *El sistema penitenciario español…*, cit., pp. 423 s.

Respecto al efecto criminógeno que habría de provocar la restricción de la expulsión a los casos en que se impongan penas de prisión superiores al año, porque, se aduce, los extranjeros en situación de irregularidad recurrirían a la comisión de delitos leves para evitar la aplicación de la expulsión administrativa, puede contestarse, primero, que la tesis no está avalada empíricamente[156], y, segundo, que la Ley de extranjería ya cuenta con un precepto, el art. 57.7, que consigue conjurar ese riesgo —de existir este—[157]. En efecto, el expediente de expulsión abierto a un extranjero con motivo de su situación de irregularidad en España *ex* art. 57.1, en relación con el art. 53.1 a) LOEx., no se verá paralizado por el hecho de que el extranjero esté siendo investigado o procesado por un delito para el que la ley prevea una pena privativa de libertad inferior a seis años o una pena de distinta naturaleza. El art. 57.7 LOEx., requiere en estos casos autorización judicial para la expulsión, que ha de ser emitida «en el plazo más breve posible y en todo caso no superior a tres días», salvo que el juez aprecie circunstancias que justifiquen su denegación. Pero, además, si por alguna razón el extranjero no es expulsado durante la instrucción del procedimiento penal y resulta condenado, en caso de que la pena impuesta no sea sustituible por la expulsión, tras el cumplimiento de la condena seguirá siendo expulsable administrativamente en virtud del art. 57.1 LOEx. En este caso, su previa situación de irregularidad se verá consolidada por la posesión de antecedentes penales, y ello en un doble sentido: por un lado, estos impedirán o supondrán una traba para su regularización y, por otro lado, serán tenidos en cuenta por la autoridad administrativa para avalar la decisión de expulsión. Tampoco puede descartarse, finalmente, que concurra la causa de expul-

---

156 Así, CANCIO MELIÁ, M.: «La expulsión…», cit., pp. 191 s., respecto al similar argumento alegado por el legislador para justificar la reforma de 2003 en la materia que nos ocupa.

157 Véase, sobre las pretensiones del legislador al introducir esta regulación, TOMÉ GARCÍA, J. A.: *Intervención del juez penal…*, cit., pp. 115 s.

sión del art. 57.2 LOEx., en el caso de que el extranjero hubiese cometido un delito doloso y la pena abstracta fuese superior a un año[158].

Pues bien, con los reseñados puntos de partida, referidos a la naturaleza y extensión de las penas que pueden ser sustituidas por la expulsión, los apartados primero y segundo del art. 89 CP establecen dos regímenes o modalidades de sustitución, en función de cuál sea la duración de la pena o penas de prisión impuestas al extranjero. Analizaré a continuación el contenido de estos apartados.

a) De acuerdo con el apartado primero del precepto, «las penas de prisión de más de un año impuestas a un ciudadano extranjero *serán sustituidas* por su expulsión del territorio español. *Excepcionalmente,* cuando resulte necesario para asegurar la defensa del orden jurídico y restablecer la confianza en la vigencia de la norma infringida por el delito, el juez o tribunal podrá acordar la ejecución de una parte de la pena que no podrá ser superior a dos tercios de su extensión, y la sustitución del resto por la expulsión del penado del territorio español. En todo caso, se sustituirá el resto de la pena por la expulsión del penado del territorio español cuando aquél acceda al tercer grado o le sea concedida la libertad condicional»[159].

Nos encontraremos en el ámbito de aplicación de este apartado cuando el extranjero haya sido condenado a una única pena de prisión superior a un año o, si es condenado en la misma sentencia por la comisión de varios delitos, a varias penas de prisión superiores a un año, siempre que ni la pena única ni la suma de las penas superen los cinco años de duración, pues, de ser así, habría que acudir al régimen

---

158 Véase, sobre ello, por ejemplo, ODRIOZOLA GURRUTXAGA, M.: *Expulsión penal…*, cit., pp. 61 s. quien señala, con razón, que si el extranjero cumple la condena, la comisión del delito le servirá para retrasar la expulsión, pero no para impedirla. En el mismo sentido, MUÑOZ LORENTE, J.: «La expulsión del extranjero…», cit., pp. 409 s.

159 La cursiva ha sido añadida.

del apartado segundo. De la regulación puede deducirse que no cabe la sustitución por la expulsión de varias penas de prisión que no superen el año de duración, aunque sumadas sí rebasen ese límite[160]. Se plantea, en cambio, la duda de cómo proceder si en la sentencia se impone una pena de prisión de más de un año junto con otra u otras penas que no alcanzan dicha duración. Entiende la FGE[161] que la expulsión abarcará a todas ellas, con el argumento de que «no es lógico que la renuncia al ejercicio del *ius puniendi* afecte solo a las penas de más entidad», pero lo cierto es que precisamente esa es la lógica que guía con carácter general la regulación. Si solo pueden ser sustituidas por la expulsión «penas de prisión de más de un año», las penas de menor duración deberían cumplirse. Ello no supone ningún impedimento para la expulsión, como alega la FGE, pues esta tendrá lugar, una vez cumplidas las otras penas, en sustitución de la pena superior al año[162].

En estos casos, la regla general es que se sustituya la totalidad de la pena por la expulsión del extranjero del territorio español. Solo excepcionalmente puede acordar el juez o tribunal que se cumpla en España una parte de esa pena, que no podrá ser superior a los dos tercios de su duración. El resto de la pena deberá sustituirse por la expulsión del penado del territorio español. Además, si el penado accede al tercer grado o se le concede la libertad condicional durante el cumplimiento de la parte de la pena que se haya establecido, la expulsión tendrá lugar en ese momento.

---

160 Véanse, por todos, BOZA MARTÍNEZ, D.: *La expulsión de personas extranjeras...*, cit., p. 299; y PINTO DE BARROS, A.: «Un análisis crítico...», cit., p. 8., así como la FGE (Circular 7/2015), apartado 3.1., alegando un argumento literal («las penas de prisión de más de un año») y otro sistemático basado en que el art. 89.1, a diferencia del art. 89.2, no se refiere a la posibilidad de sumar las penas.

161 Así, la Circular 7/2015 de la FGE, *ibidem*.

162 Sobre el problema relativo a cómo aplicar el régimen de la expulsión en casos de acumulación de penas o de condenas véase *infra*, al final de este apartado dedicado al ámbito objetivo de la expulsión.

La excepción del cumplimiento parcial de la pena de prisión se aplica cuando este se considere necesario por razones de reafirmación del ordenamiento jurídico y de prevención general. Mediante esta previsión se pretende compaginar los objetivos de política de extranjería, favorables a la expulsión de los extranjeros que delinquen, con los fines del Derecho penal y de las sanciones que constituyen el instrumento idóneo para la satisfacción de los mismos. Sin embargo, dicha pretensión resulta fallida, en la medida en que se trata de objetivos irreconciliables. Dado que la expulsión, según lo expuesto en apartados anteriores, no satisface los fines de la pena, siempre resultará necesaria la ejecución de esta última por dichos motivos, o la aplicación de un sustitutivo penal que los cumpla subsidiariamente[163]. Por eso, en realidad, el legislador plantea el supuesto en el que la desatención de los fines de la pena motivada por la renuncia a la sanción resulte insoportable[164]. El juez habrá de valorar en cada caso cuándo se produce esta circunstancia, para lo cual dispone de un amplio grado de discrecionalidad[165].

---

163 Véase, en similares términos, GONZÁLEZ TASCÓN, M.ª M.: «La cuarta reforma...», cit., p. 170.

164 Antes de la reforma de 2015, la FGE había mantenido en sus circulares 2/2006 y 5/2011 la necesidad de atender a la gravedad y naturaleza del delito para no sustituir la pena por la expulsión cuando ello generase una sensación de impunidad y/o cuando no lo aconsejasen razones de prevención general y especial. Citaba como ejemplos, entre otros, los delitos vinculados a la delincuencia organizada y, particularmente, el tráfico de drogas, salvo en casos de relevancia menor. El criterio había sido asumido por el TS, negando la sustitución automática en delitos de especial gravedad por razones de prevención general. El TS venía rechazando con carácter general la sustitución de la pena de prisión por la expulsión en el delito de tráfico de drogas, salvo en casos de escasa entidad. Al respecto pueden verse las SsTS 1249/2004, de 28 de octubre; 1546/2004, de 21 de diciembre; 906/2005, de 8 de julio; 1189/2005, de 28 de octubre; 531/2010, de 4 de junio; 245/2011, de 21 de marzo; 588/2012, de 29 de junio; 132/2014, de 20 de febrero; y 927/2016, de 14 de diciembre.

165 Ahora bien, desde el punto de vista procesal, en relación con los límites del principio acusatorio, procede mencionar el contenido de

En la decisión sobre la sustitución total o parcial, el TS tiene en cuenta, como criterios generales, «la gravedad y entidad del delito, su forma de ejecución o los motivos del acusado y los objetivos que pretendía con la conducta delictiva»[166]. Por su parte, la FGE considera que la sustitución completa será «asumible, salvo circunstancias especiales», cuando la pena impuesta pudiera ser objeto de suspensión (arts. 80 ss. CP). Si la pena es superior a dos años y no supera los cinco, cabe la expulsión cuando la conducta no presente, por su gravedad intrínseca o por la forma en que ha sido ejecutada, rasgos que hagan necesario el cumplimiento de la pena. Además, aunque la FGE reconoce la necesidad de realizar una valoración singularizada del concreto supuesto, propone rechazar la sustitución completa de la pena en, al menos, estos casos: a) delitos que llevan

---

la STC 113/2018, de 29 de octubre. En el caso que motiva el recurso de amparo, el Ministerio Fiscal había solicitado la sustitución íntegra de la pena de prisión de dos años y seis meses por la expulsión, pero la Audiencia Provincial de Barcelona decidió hacer uso de la excepción contemplada en el art. 89.1 CP, sin abrir trámite alguno para hacer alegaciones sobre tal posibilidad, y resolvió que se cumpliera una parte de la pena y se sustituyera el resto por la expulsión. El TC se pronuncia en esta sentencia sobre si dicho modo de proceder supone una vulneración del derecho a ser informado de la acusación y a no sufrir indefensión (art. 24.1 y 2 CE). Entiende el TC que en este caso no se ha visto afectado el principio de congruencia con la pretensión punitiva de las partes, pero sí se encuentra concernido el derecho de defensa (FJ 4). A este respecto, opina que para tomar la decisión excepcional de hacer cumplir una parte de la pena para asegurar la defensa del orden jurídico y restablecer la confianza en la vigencia de la norma infringida por el delito, es necesario «abrir un nuevo trámite de alegaciones en el caso de que las partes y el Ministerio Fiscal sólo se hubiesen pronunciado acerca de la medida de expulsión obligatoria para penas superiores de un año de prisión. De esta manera posibilita que el acusado pueda ejercer su derecho constitucional de defensa sobre la concreta forma de cumplimiento de la pena que se le va a imponer, pudiendo alegar acerca de cualquier circunstancia que estime conveniente» (FJ 5). Al no proceder así la Audiencia Provincial de Barcelona, concluye el TC que se ha vulnerado el derecho de defensa y, por ende, a un proceso con todas las garantías (24.2 CE).

166 Véanse, por ejemplo, SsTS 164/2018, de 6 de abril, y 716/2022, de 13 de julio.

en su ejecución o resultado el uso de una violencia o intimidación de especial intensidad; b) delitos que entrañen vejación, degradación o ensañamiento sobre la víctima; c) delitos que expongan a la víctima a un peligro concreto y grave para su vida o integridad física o psíquica; d) delitos que afecten a bienes jurídicos personales de especial valor; e) delitos cometidos sobre una víctima desamparada, discapacitada o vulnerable; f) delitos cometidos en el seno de organizaciones o grupos criminales; g) delitos que tengan asignada una pena mínima de prisión superior a cinco años, pero hayan sido castigados con una pena igual o inferior a dicha extensión por aplicación de las reglas de determinación de la pena; y h) delitos contra la salud pública que excedan el mero menudeo de pequeñas cantidades de sustancia ilícita, conforme al criterio que viene utilizando el TS.

Rechazada, conforme a la excepción contemplada en el art. 89.1 CP, la sustitución completa de la pena por la expulsión, también queda a criterio judicial determinar la parte de pena que deberá ejecutarse, siempre que se respete el límite máximo legal de los dos tercios[167]. No se ha establecido en la ley ningún límite mínimo de cumplimiento[168], pero carecería de sentido que se ordenase el ingreso en un establecimiento penitenciario por un breve periodo de tiempo con carácter previo a la expulsión. Resultaría in-

---

167 La STS 133/2019, de 12 de marzo, refrenda la expulsión en un caso de condena a pena de prisión de tres años por un delito de tráfico de drogas cuando el penado acceda al tercer grado o a la libertad condicional. Sin embargo, por tratarse de un supuesto de aplicación del art. 89.1 CP, el TS debió precisar que el máximo de cumplimiento son dos tercios de la pena, por lo que, alcanzado ese límite, deberá procederse a la expulsión, aunque el penado no estuviese clasificado en tercer grado ni hubiese obtenido la libertad condicional. Así lo indica, acertadamente, la STS 120/2020, de 12 de marzo.

168 Lo critica RECIO JUÁREZ, M.: *La expulsión de extranjeros...*, cit., p. 202, quien considera que, con el fin de atender adecuadamente a la satisfacción de los fines de la pena, debería ordenarse el cumplimiento de la mitad de la condena o, al menos, de un tercio de la misma.

coherente, en efecto, que el juez considerase necesaria la ejecución de una parte de la condena por razones de reafirmación del ordenamiento jurídico y prevención general y, al mismo tiempo, obligase al extranjero a cumplir una pena que, por su duración, atendiendo a las circunstancias del caso concreto, fuese incapaz de satisfacer dichas finalidades[169].

Una vez cumplida la parte de condena que se hubiera establecido, el resto de la pena será sustituido por la expulsión[170]. Pero si durante la ejecución de aquella el condenado accede al tercer grado o se le concede la libertad condicional, la expulsión se adelantará a ese momento[171]. La expulsión opera en esos casos como sustitutivo del cumplimiento de la pena en régimen abierto o del periodo de libertad condicional derivado de la suspensión de la ejecución de la última parte de la condena. La ley parece querer otorgar al juez la facultad de decidir en cada caso si

---

169 En las sentencias del TS referidas a casos de aplicación del art. 89.1 CP, no se encuentra ningún supuesto en el que se acuerde una sustitución parcial de la pena antes de que el penado haya cumplido dos tercios de la condena (SsTS 164/2018, de 6 de abril, y 120/2020, de 12 de marzo) o la mitad (SsTS 608/2017, de 11 de septiembre, y 213/2021, de 10 de marzo, aunque en estos dos últimos casos el TS deja sin efecto la expulsión por falta de ponderación del arraigo del extranjero).

170 En estos casos, según la Instrucción 3/2019 SGIP, p. 14, «se comunicará con tres meses de antelación al juzgado o tribunal sentenciador, al Ministerio Fiscal y a la Comisaría Provincial de Policía, la fecha prevista de la parte de la pena que se hubiera determinado para la sustitución del cumplimiento del resto de la pena por la expulsión».

171 Según la Instrucción 3/2019 SGIP, p. 15, la Administración penitenciaria ha de comunicar el acceso a dichas situaciones al juzgado o tribunal sentenciador a los efectos de la posible sustitución de la pena impuesta por la expulsión. Además, según el art. 197.2 RP «con el fin de poder dar cumplimiento a la medida de expulsión prevista en el artículo 89 del Código penal, con antelación suficiente, se comunicarán al Ministerio Fiscal las propuestas de libertad condicional de penados extranjeros junto con un breve resumen de su situación penal y penitenciaria, en el que se harán constar expresamente las fechas de cumplimiento de las dos terceras partes y de las tres cuartas partes de su condena o condenas».

la expulsión ha de tener lugar en un momento o en otro, pero teniendo en cuenta que la concesión de la libertad condicional requiere la previa clasificación del penado en el tercer grado de tratamiento penitenciario (art. 90.1 CP) —con la excepción de que exista un peligro patente para la vida del interno a causa de su enfermedad o de su avanzada edad, según el art. 91.3 CP—, si el extranjero es expulsado al acceder al tercer grado nunca llegará a plantearse la concesión de la libertad condicional. Por este motivo, la referencia a la libertad condicional que efectúa el art. 89.1 CP —lo mismo rige para el art. 89.2— tendrá un alcance limitado[172]. Por otra parte, si el juez acuerda en la sentencia que la expulsión ha de tener lugar cuando el penado obtenga la libertad condicional, este accede al tercer grado, pero no se llega a suspender la ejecución de la pena, no parece que haya inconveniente en que quepa la expulsión en cualquier momento, mientras el extranjero permanezca en régimen abierto, y sin necesidad de esperar a la extinción de la condena.

La vinculación de la expulsión con el acceso al tercer grado y la concesión de la libertad condicional genera ciertas paradojas, habida cuenta de la orientación a la prevención especial positiva de estas figuras y, en contraposición, del absoluto abandono de esta perspectiva por parte de la expulsión. Tanto el acceso al tercer grado como la concesión de la libertad condicional precisan el cumplimiento de una serie de requisitos y la valoración de criterios que, en general, pretenden asegurar o reforzar el proceso de reinserción social del penado, y que no están pensados para condenados que van a ser expulsados[173]. Recordemos

---

172 En este sentido, DÍEZ RIPOLLÉS, J. L.: *Derecho penal...*, cit., p. 700. Véanse también, sobre el problema, entre otros, GONZÁLEZ TASCÓN, M.ª M.: «La cuarta reforma...», cit., p. 172; y SOLAR CALVO, P.: *El sistema penitenciario español...*, cit., p. 426.

173 SOLAR CALVO, P.: *El sistema penitenciario español...*, cit., p. 425, critica, por esta razón, la instrumentalización de estas figuras eminentemente tratamentales para el logro de objetivos de política de extranjería. Sobre las dificultades de compatibilizar la expulsión con

brevemente cuáles son estos. La clasificación en tercer grado, competencia de la Administración penitenciaria, solo cabe respecto de los internos que, «por sus circunstancias personales y penitenciarias, estén capacitados para llevar a cabo un régimen de vida en semilibertad» (art. 102.4 RP). A los efectos de la clasificación, «las Juntas de Tratamiento ponderarán la personalidad y el historial individual, familiar, social y delictivo del interno, la duración de las penas, el medio social al que retorne el recluso y los recursos, facilidades y dificultades existentes en cada caso y momento para el buen éxito del tratamiento» (art. 102.2 RP). Además, el art. 72, apartado 5 LOGP requiere que el penado haya satisfecho la responsabilidad civil derivada del delito para proceder a su clasificación o progresión al tercer grado de tratamiento penitenciario[174]. Por lo que respecta a la libertad condicional, su concesión por parte del juez de vigilancia penitenciaria exige, en su régimen general, que el penado se encuentre clasificado en tercer grado, que haya extinguido las tres cuartas partes de su condena y que haya observado buena conducta. Así mismo, se requiere la satisfacción de la responsabilidad civil derivada del delito. Para resolver sobre la concesión de la libertad condicional, el juez ha de valorar una serie de criterios, como son la personalidad del penado, sus antecedentes, las circunstancias del delito cometido, la relevancia de los bienes jurídicos que podrían verse afectados por una reiteración en el delito, su conducta durante el cumplimiento de la pena, sus circunstancias familiares y sociales y los efectos que quepa esperar de la propia suspensión de la ejecución y del cumplimiento de las medidas que fueren impuestas (art. 90.1 CP).

---

las normas reguladoras de la libertad condicional, véase también SERRANO PASCUAL, M.: *Las formas sustitutivas...*, cit., pp. 387 s.

174 Lo mismo dispone el apartado 6 del mismo precepto en relación con los delitos de terrorismo. Salvo algún supuesto excepcional, vinculado con descensos de la pena en grado, dada la duración de las penas previstas para estos delitos, no entrará en aplicación el art. 89.1 CP, pero sí cabe la aplicación del art. 89.2 CP.

Si la expulsión ha de tener como presupuesto el acceso del extranjero a estas situaciones, deberá verificarse la previa concurrencia de los citados requisitos, aunque carezca de sentido la valoración de algunos de los criterios en los que ha de basarse la decisión de la autoridad competente para resolver sobre su concesión —como, por ejemplo, la atención al medio social al que regrese el recluso respecto a la progresión al tercer grado, o los efectos que quepa esperar del cumplimiento de las medidas impuestas en el caso de la libertad condicional—. Lo que en ningún caso debe hacerse es progresar al penado al tercer grado o concederle la libertad condicional a los meros efectos de su expulsión, sin que se hayan cumplido sus presupuestos legales o reglamentarios[175]. Por otra parte, el hecho de que se proceda a la expulsión de extranjeros con un buen pronóstico de reinserción social demuestra que la expulsión no se fundamenta en la peligrosidad individual constatada, sino en consideraciones defensistas que se aplican haciendo tabla rasa.

Por lo que respecta al cómputo de las tres cuartas partes para la concesión de la libertad condicional, debe tomarse como referencia la duración de la parte de la condena que el juez hubiese señalado[176] pues, en caso contrario, esto es, de referirse a toda la condena, incongruentemente, no sería posible la concesión de la libertad condicional cuando el juez hubiese ordenado el cumplimiento de las dos terceras partes de la pena impuesta, dado que aquella requiere con carácter general el cumplimiento de las tres cuartas partes de la condena[177].

---

175 Al respecto, PÉREZ ARNALDO, L.: *La extranjería en prisión. Estudio jurídico desde la perspectiva resocializadora,* Ministerio del Interior, Madrid, 2022, pp. 50 s., con cita en el mismo sentido de un Auto de la Audiencia Provincial de Granada, de 10 de diciembre de 2020, donde se indica como motivo que, en ese caso, «las variables del interno permiten depositar en el mismo un mayor grado de confianza».

176 En este sentido, RECIO JUÁREZ, M.: *La expulsión de extranjeros…*, cit., p. 203.

177 Critica esta incoherencia SOLAR CALVO, P.: *El sistema penitenciario español…*, cit., p. 426.

La concesión de la libertad condicional como presupuesto de la expulsión no ha de confundirse con el cumplimiento de la libertad condicional por parte del penado extranjero en su país de origen, posibilidad que contempla el art. 197.1 del RP[178/179]. No estamos en este último caso ante una expulsión con la consiguiente prohibición de regreso, sino ante un mecanismo que permite al penado, una vez suspendida la ejecución del resto de la pena, disfrutar de la libertad condicional en su país de origen, quedando sujeto al control del Estado de recepción[180]. En cualquier caso, no está claro qué criterios han de orientar la opción entre uno u otro sistema. Dado el carácter imperativo de la expulsión, plasmado en el tenor literal del art. 89.1 CP («se sustituirá»), parece que la ley prioriza la sustitución de la libertad condicional por la expulsión. En cambio, a mi parecer, sería preferible optar, en la medida de lo posible, por el traslado del extranjero a su país de origen, siempre que

---

178 De acuerdo con allí dispuesto, «en el caso de internos extranjeros no residentes legalmente en España o de españoles residentes en el extranjero, previa conformidad documentada del interno, se elevará al Juez de Vigilancia su expediente de libertad condicional recabando autorización para que aquél pueda disfrutar de esta situación en su país de residencia, así como de las cautelas que hayan de adoptarse, en su caso, al objeto de que dicha libertad se disfrute efectivamente en el país fijado. A estos efectos, y siempre que las normas de Derecho Internacional lo permitan, se podrá solicitar a las autoridades competentes del Estado del país fijado la aplicación de las medidas de seguimiento y control de la libertad condicional previstas en su legislación interna».

179 Defiende otra opinión DÍEZ RIPOLLÉS, J. L.: *Derecho penal...*, cit., pp. 697 y 700. A su modo de ver, la expulsión que tiene lugar, según el art. 89 CP, cuando el extranjero accede a la libertad condicional, constituye «una modalidad específica de libertad condicional», con lo que se equipara en su naturaleza a la modalidad regulada en el art. 197.1 RP.

180 Transcurrido el plazo de suspensión sin que esta sea revocada, se producirá la remisión definitiva de la pena. Sobre el extranjero no pesará ninguna prohibición de entrada en nuestro país, pero durante la vigencia de los antecedentes penales no podrá regularizar su situación administrativa.

quede garantizado el respeto a sus derechos humanos[181]. Ya me he referido *supra* a lo conveniente de potenciar los instrumentos de cooperación internacional.

Al mecanismo regulado en el art. 197.1 RP se suele objetar, con razón, que en la práctica existen muchas dificultades para controlar el periodo de suspensión de la ejecución de la pena en el país de origen, por lo que, en última instancia, estaríamos ante una expulsión encubierta[182]. A este problema trata de poner remedio, en el ámbito de la Unión Europea, la Decisión Marco 2008/947/JAI, del Consejo, de 27 de noviembre, relativa a la aplicación del principio de reconocimiento mutuo de sentencias y resoluciones de libertad vigilada con miras a la vigilancia de las medidas de libertad vigilada y las penas sustitutivas, así como la Ley 23/2014, de 20 de noviembre, de reconocimiento mutuo de resoluciones penales en la Unión Europea, que la incorpora a nuestro ordenamiento jurídico en sus arts. 93 y siguientes[183].

Finalmente, en otro orden de cosas, cabe preguntarse por la posibilidad de suspender la ejecución de la pena de acuerdo con lo establecido en los arts. 80 y siguientes CP. El art. 89 CP no prohíbe ahora expresamente la suspensión de la ejecución de las penas impuestas a los extranjeros, como sí hacía antes de la reforma operada por la LO 5/2010. Sin embargo, la aplicación de este sustitutivo penal no tiene operatividad en la práctica cuando la pena impuesta entra en el ámbito objetivo del vigente art. 89: si

---

181 Según la tabla comparativa del Informe de la Secretaría General de Instituciones Penitenciarias del año 2021, en el año 2019 se ordenó la expulsión de 119 extranjeros con posterioridad al acceso al tercer grado o a la concesión de la libertad condicional, frente a 151 penados que fueron excarcelados para cumplir la libertad condicional en su país de residencia, en 2020, 71 expulsados frente a 75 trasladados a esos efectos, y, en 2021, 106 frente a 62.

182 Véase, sobre el problema, SOLAR CALVO, P.: *El sistema penitenciario español...*, cit., pp. 415 ss.

183 Para una ampliación sobre esta regulación, véase RECIO JUÁREZ, M.: *La expulsión de extranjeros...*, cit., pp. 275 ss.

la pena de prisión es inferior a dos años (aunque superior al año), con carácter general se sustituye la pena completa por la expulsión, esto es, prevalecen los objetivos de política de extranjería, mientras que en los casos en que se considere necesaria la ejecución de una parte de la pena por exigencias de prevención general, faltarán los presupuestos de aplicación de la suspensión[184]. No obstante, la suspensión de la ejecución de la pena podrá plantearse en los casos en que no se acuerde la expulsión por motivos de arraigo del extranjero, así como en los supuestos de imposibilidad de ejecución de la orden judicial de expulsión. A estas situaciones me referiré más adelante.

b) El art. 89.2 CP, por su parte, dispone lo siguiente: «Cuando hubiera sido impuesta una pena de más de cinco años de prisión, o varias penas que excedieran de esa duración, el juez o tribunal acordará la ejecución de todo o parte de la pena, en la medida en que resulte necesario para asegurar la defensa del orden jurídico y restablecer la confianza en la vigencia de la norma infringida por el delito. En estos casos, se sustituirá la ejecución del resto de la pena por la expulsión del penado del territorio español, cuando el penado cumpla la parte de la pena que se hubiera determinado, acceda al tercer grado o se le conceda la libertad condicional».

La redacción de este apartado segundo es deficiente, por lo que plantea algunos problemas de interpretación. En principio, diríamos que esta modalidad de sustitución de la prisión por la expulsión es aplicable cuando se imponga una pena que supere los cinco años de duración o varias que, (habrá que entender) sumadas[185], excedan de cinco años. Pero, cuando se trate de varias penas, surge la duda de si cada una de ellas, individualmente consideradas, ha de superar el límite de un año o si, por el contrario,

---

184 Así, la Circular 7/2015 FGE, apartado 4.1.

185 Porque, como dice GONZÁLEZ TASCÓN, M.ª M.: «La cuarta reforma...», cit., pp. 166 s., cabría sostener que se está pensando en una pluralidad de penas de prisión superiores a cinco años.

cabe sumar penas de duración inferior. Considero a este respecto, en coherencia con la interpretación realizada del apartado primero del precepto, que solo pueden entrar en el cómputo penas de más de un año de duración[186]. En el régimen del art. 89.2 CP la ley no establece ningún límite máximo de duración de la pena de prisión.

Por otra parte, aunque el tenor literal permite defender que incluso en los supuestos que entran en la órbita de este apartado es posible una sustitución total, recurriendo subsidiariamente al art. 89.1 CP[187], entiendo que aquí los criterios de la defensa del orden jurídico y de restablecimiento de la confianza en la vigencia de la norma infringida han de ser utilizados por el juez exclusivamente para decidir si ordena que la pena se ejecute en España por completo o que se ejecute solo parcialmente y, en este último caso, en qué medida. Es decir, según la interpretación que aquí se sostiene, en las penas de esta duración las necesidades de reafirmación del ordenamiento jurídico y de prevención general demandarán siempre el cumplimiento, al menos, de una parte de la pena impuesta[188]. Los mismos motivos

---

186 En el mismo sentido, GONZÁLEZ TASCÓN, M.ª M.: «La cuarta reforma…», cit., p. 167; NAVARRO CARDOSO, F.: «Análisis del artículo 89…», cit., p. 209; y ODRIOZOLA GURRUTXAGA, M.: *Expulsión penal…*, cit., p. 73.

187 Así, GONZÁLEZ TASCÓN, M.ª M.: «La cuarta reforma…», cit., pp. 167, 173 s. Sobre las dudas interpretativas en este punto, véase BARQUÍN SANZ, J.: «De las formas sustitutivas…», cit., pp. 253 s.

188 En contra de que quepa la sustitución de toda la pena por la expulsión en estos casos se manifiestan también, por ejemplo, NAVARRO CARDOSO, F.: «Análisis del artículo 89…», cit., pp. 207 s.; MACÍAS ESPEJO, B.: «Sustitución…», cit., p. 274; ODRIOZOLA GURRUTXAGA, M.: *Expulsión penal…*, cit., pp. 72 s.; RECIO JUÁREZ, M.: *La expulsión de extranjeros…*, cit., pp. 197, 213 s.; MUÑOZ CONDE, F. / GARCÍA ARÁN, M.: *Derecho Penal. Parte General*, 11.ª ed., Tirant lo Blanch, Valencia, 2022, p. 544; y la FGE en su Circular 7/2015, apartado 4.1. Véase también, en este sentido, la STS 238/2018, de 22 de mayo.

pueden llevar al juez a exigir el cumplimiento de la totalidad de la pena[189].

Cuando se acuerde la ejecución parcial de la prisión, la expulsión tendrá lugar una vez cumplida la parte de pena que se hubiera determinado. A diferencia de lo que sucede en el supuesto excepcional de cumplimiento parcial del art. 89.1 CP, en este caso la ley no constriñe en absoluto la decisión judicial respecto a la parte de condena que el extranjero debe cumplir en España, lo que amplia considerablemente el margen de discrecionalidad del juez[190]. Además, tanto en los supuestos en que se ordene la ejecución de toda la pena, como en aquellos en que se disponga el cumplimiento de parte de la misma, el extranjero será expulsado cuando acceda al tercer grado o se le conceda la libertad condicional. En este punto, pueden trasladarse las consideraciones realizadas al comentar la modalidad de expulsión del apartado primero del art. 89 CP. Por lo que respecta al acceso al tercer grado, téngase en cuenta que, al tratarse de penas de prisión superiores a cinco años, será de aplicación lo dispuesto en el art. 36.2 CP relativo al periodo de seguridad.

Si el juez acuerda la ejecución total de la pena y el sujeto no es clasificado en tercer grado ni se le concede la libertad condicional, ya no será posible la expulsión judicial, pero

---

189 En opinión de la FGE (Circular 7/2015, apartado 4.1), debe exigirse el cumplimiento total de la pena en supuestos especialmente cualificados, tales como la delincuencia organizada, actos que afecten a la seguridad exterior o interior del Estado, o al funcionamiento de los servicios esenciales para la comunidad, así como los ataques más graves susceptibles de generar un grave sentimiento de inseguridad en la sociedad, entre los que incluye los delitos castigados con prisión permanente revisable.

190 Lo critican, entre otros, TAMARIT SUMALLA, J. M.ª: «Art. 89», cit., p. 669; MUÑOZ RUIZ, J.: «La expulsión penal…», cit., p. 26; y RECIO JUÁREZ, M.: *La expulsión de extranjeros…*, cit., pp. 214 s. Parece que en la práctica se tiende a exigir el cumplimiento de tres cuartas partes de la condena —así, en SsTS 238/2018, de 22 de mayo, y 368/2020, de 2 de julio—.

sí la administrativa, mientras el sujeto posea antecedentes penales[191].

Entre la doctrina, es muy frecuente criticar la acumulación de la expulsión judicial, y también, como veremos, la administrativa, al cumplimiento total o parcial de la pena, con el argumento de que ello supone conculcar el principio *non bis in idem*. La objeción sería válida también para el régimen del art. 89.1 CP, cuando se acuerde que la expulsión tenga lugar con posterioridad al cumplimiento de parte de la pena[192]. Esta crítica parte de la consideración de la expulsión como una sanción que se impone al extranjero por los mismos hechos y con el mismo fundamento que la pena[193]. Considero, por el contrario, conforme a lo ya expuesto, que ni la expulsión judicial ni la administrativa poseen naturaleza sancionadora, y que no existe identidad entre el fundamento de la pena y el de la expulsión[194].

Finalmente, respecto al ámbito objetivo de la expulsión, se plantea la interesante y compleja cuestión de cómo pro-

---

191 Sobre ello véase *infra*, IV.1.1.

192 Véanse, entre otros, BOZA MARTÍNEZ, D.: *La expulsión de personas extranjeras...*, cit., pp. 301 y 366 ss.; NAVARRO CARDOSO, F.: «Análisis del artículo 89...», cit., p. 208; MACÍAS ESPEJO, B.: «Sustitución...», cit., p. 272; MUÑOZ RUIZ, J.: «La expulsión penal...», cit., p. 13; y ODRIOZOLA GURRUTXAGA, M.: *Expulsión penal...*, cit., pp. 67 ss. y 74 ss.

193 El TS resulta confuso en este punto cuando afirma en varias sentencias (así SsTS 601/2006, de 31 de mayo, 617/2010, de 22 de abril, y 716/2022, de 13 de julio) que cuando la pena está prácticamente cumplida en España «no puede resultar pertinente la expulsión como sustitución de aquella, pues en ese caso la sustitución se transformaría en un incremento de la sanción uniendo una medida de seguridad a una pena ya cumplida». Si efectivamente la expulsión fuese una medida de seguridad de naturaleza penal —lo que no compartimos— su acumulación a la pena no daría lugar a un incremento de la sanción, dado que las medidas de seguridad no tienen carácter sancionador. Podría criticarse que al cumplimiento de la pena se añada una nueva consecuencia con contenido aflictivo, pero en ese caso los mismos argumentos servirían para rechazar el art. 57.2 LOEx.

194 Niega también la coincidencia en el fundamento, RECIO JUÁREZ, M.: *La expulsión de extranjeros...*, cit., p. 230.

ceder cuando a un extranjero se le han impuesto, y tiene pendientes de cumplimiento, varias penas privativas de libertad superiores al año, en el mismo o en distintos procedimientos, pero solo alguna o algunas de ellas han sido sustituidas, total o parcialmente, por su expulsión. Desde mi punto de vista, debería seguirse el mismo criterio que en los casos en que se impongan penas que entran en el ámbito de aplicación del art. 89, y son sustituidas, junto con otras que no pueden sustituirse por tener una duración inferior al año. En estos casos, según entiendo, la sustitución de algunas penas no puede dar lugar, de facto, al incumplimiento de las que no han sido sustituidas o no son sustituibles. Siendo así, habrán de cumplirse en primer lugar las penas que no hayan sido objeto de sustitución, y ello aunque no sean las más graves, pues el art. 75 CP, que dispone el cumplimiento sucesivo de las penas por «orden de su respectiva gravedad», regula un sistema de *cumplimiento* de penas, pero no se ocupa de las penas que no han de cumplirse[195]. Lo dicho debe regir, sin duda, para los casos en que una de las condenas lo sea por alguno de los delitos que se enumeran en el art. 89.9 CP. De esta manera, por ejemplo, si el extranjero ha sido condenado a una pena de dos años de prisión por tráfico ilegal de mano de obra (pena que, conforme al art. 89.9 CP, no puede ser sustituida) y a otra pena de tres años por un robo con violencia sustituida totalmente por la expulsión, habrá de ejecutarse la pena de dos años antes de proceder a su expulsión.

Por otra parte, si han sido impuestas varias penas parcialmente sustituidas, entiendo que deberán ser objeto de

---

195 Entiende, por el contrario, que en este caso también debe aplicarse el art. 75 CP, GARCÍA DEL BLANCO, V.: «Acumulación de condenas a pena privativa de libertad sustituidas por expulsión», RCPP, n.º 18, 2019, pp. 9 ss., de manera que si la pena sustituida es la más grave de las impuestas, sería la primera en ejecutarse, por lo que «debería intentarse la expulsión desde el primer momento en caso de que la sustitución sea total». En supuestos de sustitución parcial, «cumplido el tiempo de pena establecido en la sentencia debería de procederse a la expulsión»; y la misma, «La expulsión de extranjeros…», cit., p. 26.

acumulación las partes no sustituidas de cada una de ellas, por lo que la expulsión tampoco será posible antes de su cumplimiento[196]. El Acuerdo del Pleno de la Sala Segunda del TS de 27 de junio de 2018, sobre fijación de criterios en caso de acumulación de condenas, excluye de la acumulación el periodo de prisión sustituido por la expulsión, salvo si la expulsión se frustra, en cuyo caso deberá efectuarse una nueva liquidación[197].

2.2. *Límites a la expulsión*

El párrafo primero del apartado 4 y el apartado 9 del art. 89 recogen límites a la expulsión judicial sustitutiva de la pena que, a diferencia de otras restricciones que han sido analizadas en los epígrafes precedentes, afectan a todos los extranjeros y a los dos regímenes de sustitución. Se

---

196 En la práctica, se encuentran ejemplos de sustitución parcial en casos de imposición conjunta de penas de prisión superiores al año con otras de menor duración. En estas situaciones, parece que las dos penas se toman como una única condena a efectos de calcular la parte que ha de cumplirse. Así, por ejemplo, en el caso tratado en la STS 716/2022, de 13 de julio: condenado a seis años de prisión y multa por un delito contra la salud pública y a seis meses de prisión por pertenencia a grupo criminal; se acuerda la sustitución «una vez cumplidas las 2/3 partes de la pena o penas de prisión impuestas». Y, similar, el supuesto analizado en el ATS 334/2023, de 23 de marzo, aunque aquí el TS confirma la decisión del TSJ de dejar sin efecto la expulsión porque se trataba de un ciudadano de la UE y no se consideró que se diese el requisito de amenaza grave para el orden público o la seguridad pública.

197 La Instrucción 3/2019 SGIP relativa a las normas generales sobre internos extranjeros, se refiere al supuesto en que el penado esté cumpliendo ya una pena privativa de libertad correspondiente a otra causa penal en el momento en que se acuerde la sustitución de la prisión por la expulsión. En ese caso, establece como protocolo de actuación la comunicación de la resolución judicial de expulsión a la autoridad judicial que impuso la pena que no fue sustituida y que se encuentra, por tanto, en cumplimiento, «a fin de que dicha autoridad judicial pueda valorar la opción de ordenar también la expulsión judicial en esa causa que se halla cumpliendo el interno» (p. 13).

trata, en ese sentido, de límites absolutos a la expulsión. Trataremos también en este apartado la limitación a la expulsión derivada del principio de *non refoulement*, aceptado universalmente en el Derecho internacional.

2.2.1. Por el arraigo del extranjero u otras circunstancias del caso concreto

De acuerdo con el art. 89.4 CP, en su párrafo primero, no procederá la sustitución de la pena «cuando, a la vista de las circunstancias del hecho y las personales del autor, en particular su arraigo en España, la expulsión resulte desproporcionada». La introducción de este límite a la expulsión, que obliga al juez a realizar un examen individualizado de las circunstancias del caso concreto, constituye una de las principales novedades de la reforma operada por la LO 1/2015 en la regulación que estudiamos. Como se puso de manifiesto al exponer la evolución legal del precepto, con la reforma de 2003 quedó anulada la posibilidad de que el juez valorase circunstancias personales en la decisión sobre la expulsión. Por su parte, la redacción del precepto conforme a la LO 5/2010 permitía excepcionar la expulsión cuando se apreciasen «razones» —sin especificar cuáles podían ser estas— que justificasen el cumplimiento de la condena en España. Pese a ello, incluso antes de la reforma de 2010, el TS había elaborado una serie de criterios jurisprudenciales dirigidos a desterrar todo automatismo en la expulsión de extranjeros condenados, en los que atendía, fundamentalmente, a las circunstancias personales del extranjero[198]. Dado que estos criterios se basan en el respeto

---

198 Al respecto, entre otros, ROIG TORRES, M.: «La expulsión de los extranjeros…», cit., p. 499; ODRIOZOLA GURRUTXAGA, M.: *Expulsión penal…*, cit., pp. 85 s.; y RECIO JUÁREZ, M.: *La expulsión de extranjeros…*, cit., p. 128. El ATC 180/2015, de 3 de noviembre, inadmite la cuestión de constitucionalidad planteada por la Sección cuarta de la Audiencia Provincial de Barcelona en relación con el art. 89.1 CP en su versión posterior a 2010 porque, en opinión de la Audiencia, el precepto no permitía valorar el arraigo que el ex-

a los derechos humanos y a principios constitucionalmente reconocidos, se nutren, a su vez, de la jurisprudencia del TEDH y del TC, cuyas líneas esenciales se exponen a continuación.

En efecto, el TEDH ha modulado el rigor con el que se aplicaba la expulsión en muchos países, al analizar la posible vulneración del art. 8 CEDH, cuyo apartado primero reconoce el derecho a la vida familiar y a la vida privada[199]. En esta jurisprudencia, el Tribunal, como se ha puesto de manifiesto en otros apartados de este trabajo, reitera que los Estados tienen derecho, sin perjuicio de las obligaciones emanadas de los tratados, a controlar la entrada, residencia y expulsión de extranjeros en su territorio, y recuerda, igualmente, que el Convenio no garantiza el derecho de un extranjero a entrar y residir en un país particular. Por tanto, los Estados están legitimados para expulsar a un delincuente extranjero. Ahora bien, en la medida en que la decisión de expulsión puede interferir en los derechos protegidos en el art. 8 CEDH, la expulsión debe tener una base legal, perseguir un fin legítimo —como, entre otros, prevenir la comisión de infracciones penales—, y ser necesaria en una sociedad democrática[200]. A partir de ahí, el Tribunal

---

tranjero tuviese en España. Entiende el TC, por el contrario, que el precepto era «susceptible de una evidente interpretación conforme a la Constitución», pues a través del inciso «razones que justifiquen el cumplimiento de la condena en un centro penitenciario en España» era posible dar cauce a las circunstancias personales y de arraigo del condenado con efectos excluyentes de la expulsión.

199 Véanse otras referencias a los criterios que establece el TEDH para resolver el conflicto entre el interés público en que el extranjero sea expulsado y el respeto a los derechos consagrados en el art. 8 del Convenio, por ejemplo, en ROIG TORRES, M.: «La expulsión de los extranjeros…», cit., pp. 427 ss.; BOZA MARTÍNEZ, D.: *La expulsión de personas extranjeras…*, cit., pp. 185 ss.; y ODRIOZOLA GURRUTXAGA, M.: *Expulsión penal…*, cit., pp. 79 ss.

200 Así, por ejemplo, entre otras muchas, en las SsTEDH de 2 de agosto de 2001, en el caso Boultif contra Suiza, 18 de octubre de 2006, en el caso Üner contra Países Bajos, y 13 de diciembre de 2012, en el caso Souza Ribeiro contra Francia. En efecto, de acuerdo con el apartado 2 del art. 8 CEDH, la injerencia del Estado en el ejercicio de los dere-

pondera los intereses en conflicto con el fin de determinar en qué casos prevalece el respeto a la vida familiar y en cuáles, por el contrario, se considera que debe concederse prioridad al interés del Estado en expulsar al extranjero.

Para efectuar dicha ponderación se atiende fundamentalmente a la naturaleza y gravedad del delito cometido —a los efectos de determinar si la persona supone una amenaza para el orden público—, a la duración de la estancia del demandante en el país del que debe ser expulsado, al tiempo transcurrido desde que se cometió el delito y al comportamiento del demandante durante ese periodo, a la solidez de los vínculos sociales, culturales y familiares en el país de acogida y con el país de destino, así como a la duración de la prohibición de regreso, particularmente a si esta tiene una duración limitada o ilimitada. Además, en el supuesto de que el extranjero esté casado y tenga hijos, valora la edad de estos, las dificultades que pueda tener el cónyuge en el país de origen, así como el interés superior y bienestar de los hijos, particularmente las dificultades que probablemente tengan en el país de origen[201].

La aplicación de estos criterios a los diferentes asuntos ha generado una variadísima casuística que, por su complejidad, resulta muy difícil de sistematizar, teniendo en cuenta que muchas veces la decisión se sustenta en particu-

---

chos consagrados en ese apartado solo estará justificada cuando esté reconocida por la ley y constituya una medida que, en una sociedad democrática, sea necesaria para la seguridad nacional, la seguridad pública, el bienestar económico del país, la defensa del orden y la prevención del delito, la protección de la salud o de la moral, o la protección de los derechos y las libertades de los demás.

201 El TEDH suele mencionar como sentencias de referencia respecto al establecimiento de estos criterios la de los casos Boultif contra Suiza, de 2 de agosto de 2001, Üner contra Países Bajos, de 18 de octubre de 2006 y Maslov contra Austria, de 23 de junio de 2008. Entre las más recientes que los aplican, pueden verse también las relativas al caso Otite contra Reino Unido, de 27 de septiembre de 2022, caso Loukili contra Baíses Bajos, de 14 de abril de 2023, y caso Azzaqui contra Países Bajos, de 30 de mayo de 2023.

laridades del caso concreto[202]. Sirvan como muestra unos ejemplos extraídos de la jurisprudencia reciente.

Entre los supuestos en que la expulsión se considera contraria al art. 8 CEDH y, en consecuencia, desproporcionada, cabe citar la STEDH de 5 de septiembre de 2023, en el caso Noorzae contra Dinamarca. El demandante había nacido en Afganistán, pero entró en Dinamarca cuando tenía cinco años y había residido legalmente en el país durante aproximadamente dieciocho años. Cuenta con un amplio historial delictivo por varios delitos violentos y otros relacionados con el tráfico de drogas. Tras cumplir prisión, retomó sus estudios, pero fue condenado de nuevo por amenazas con arma blanca y se ordenó su expulsión con prohibición de regreso durante doce años. No está casado ni tiene hijos, pero tiene a su padre, madre y hermanos en Dinamarca. El tribunal danés se basó fundamentalmente en la gravedad de los delitos cometidos para inclinarse por la expulsión. Aunque reconoció que los vínculos personales y culturales del acusado con Dinamarca eran mucho más fuertes que sus vínculos con Afganistán, donde no había regresado nunca, apreció que conocía la lengua y la cultura a través de su familia, por lo que contaba con los requisitos básicos para establecer su vida allí. El TEDH, por su parte, concedió que el tribunal danés había valorado adecuadamente la mayoría de los criterios, pero señaló que no había tenido en cuenta, en primer lugar, que el demandante, tras su ingreso en prisión, había seguido terapia y retomado sus estudios y, en segundo lugar, que los delitos más graves, que implicaban violencia, los había cometido cuando era menor de edad. Por el contrario, los delitos cometidos siendo adulto no indicaban que el demandante representase en general una amenaza para el orden público. Estos dos factores, unidos a la inexistencia de vínculos del

---

[202] Al respecto, poniendo de manifiesto la inseguridad jurídica que este análisis tan casuístico genera, BOZA MARTÍNEZ, D.: *La expulsión de personas extranjeras…*, cit., p. 187.

demandante con Afganistán, determinaron que el TEDH entendiese desproporcionada la expulsión en ese caso[203].

En cambio, se consideró proporcionada la expulsión en el caso Goma contra Dinamarca, sentencia de 5 de septiembre de 2023. Se trataba de un caso muy similar al anterior, de una persona nacida en la República del Congo, pero criada en Dinamarca y con fuertes vínculos con este país. Sin embargo, en este supuesto, el tribunal prioriza la gravedad de los delitos cometidos por el extranjero y tiene en cuenta, sobre todo, que uno de ellos se realizó durante el periodo de prueba de una orden de expulsión anterior que había sido suspendida, lo que en su opinión permitiría justificar, incluso, que la prohibición de retorno a Dinamarca fuese permanente. Valora, asimismo, la falta de voluntad del demandante de cumplir la legislación danesa, y concluye que la decisión de los tribunales daneses no supone una violación del art. 8 del Convenio[204].

En cuanto a nuestro TC, en su sentencia 242/1994, de 20 de julio, tuvo ocasión de analizar los requisitos de constitucionalidad que habría de cumplir la expulsión sustitutiva de la pena conforme al art. 21.2, párrafo segundo de la antigua Ley de extranjería (LO 7/1985). Al respecto indica que si bien el art. 13 CE autoriza al legislador a restringir y limitar los derechos fundamentales que pueden disfrutar los extranjeros en España, esta posibilidad de restricción no puede afectar a los derechos «que pertenecen a la persona en cuanto tal, y no como ciudadano», es decir,

---

203 Similar, las SsTEDH en los casos Abdi contra Dinamarca, de 14 de septiembre de 2021, Ezzouhdi contra Francia, de 13 de febrero de 2001, Keles contra Alemania, de 25 de octubre de 2005 y Bousarra contra Francia, de 23 de septiembre de 2010. En estas tres últimas sentencias el TEDH tiene muy en cuenta para considerar desproporcionada la expulsión que el periodo de prohibición de regreso era ilimitado.

204 Similares, los casos Al-Masudi contra Dinamarca, STEDH de 5 de septiembre de 2023, Loukili contra Países Bajos, STEDH de 14 de abril de 2023 y Otite contra Reino Unido, STEDH de 27 de septiembre de 2022.

a «aquellos que son imprescindibles para la garantía de la dignidad humana» (FJ 4). Por lo que respecta a las condiciones de la expulsión de un extranjero que resida legalmente en España, el TC apela a los límites recogidos en el art. 13 PIDCP, a saber, primero, dichas condiciones deben estar predeterminadas en la ley, y, segundo, han de abrirse posibilidades de defensa del extranjero, exponiendo las razones que le asisten contra su expulsión (FJ 5). Con base en todo ello, considera que la legitimidad de la expulsión pasa, además de por la comprobación de los presupuestos legales que autorizan su aplicación, por la valoración por parte de los órganos judiciales de «las circunstancias del caso, y la incidencia de valores o bienes con relevancia constitucional (como el arraigo del extranjero en España, o la unificación familiar, art. 39.1 CE), que deban ser necesariamente tenidos en cuenta para una correcta adecuación entre el derecho del extranjero a residir en nuestro país conforme a la Ley, y el interés del Estado en aplicar la medida de expulsión». Para lograr esta ponderación, y salvaguardar los valores relevantes que puedan estar en juego, resulta fundamental la audiencia del extranjero, que le ofrezca una oportunidad adecuada de exponer sus razones a favor o en contra de la expulsión (FJ 6)[205].

En la STC 29/2017, de 27 de febrero, en relación con la redacción del art. 89 CP posterior a la reforma de 2010, considera también que las situaciones de arraigo familiar deben ponderarse en la decisión sobre la expulsión sustitutiva de la pena, pues de lo contrario se vería conculcado el derecho a la tutela judicial efectiva (art. 24.1 CE), en su faceta del derecho a obtener una resolución judicial motivada y fundada en Derecho, que no incurra en arbitrariedad, irracionalidad o error patente, vulneración que en

---

205 La STC 24/2000, de 31 de enero, FJ 4, parte de estas mismas premisas, aunque en este caso se trataba de valorar la constitucionalidad de una expulsión administrativa con autorización del juez penal conforme al art. 21.2, párrafo primero, de la antigua Ley de extranjería.

opinión del TC tuvo lugar en el caso que motivó el recurso de amparo (FF JJ 3-5)[206].

Por lo que respecta a la Sala 2.ª del TS, como se ha señalado, desde su sentencia 901/2004, de 8 de julio, ha venido insistiendo en la necesidad de «realizar una lectura en clave constitucional» del precepto que ampliase las excepciones a la expulsión, a cuyo efecto habrían de estudiarse las circunstancias concretas del penado, su arraigo y situación familiar y laboral, así como los riesgos que el extranjero pudiera correr ante la posibilidad de ser objeto de tortura o tratos degradantes en su país de origen[207]. La introducción de la excepción a la expulsión por razones de proporcionalidad por parte del legislador de 2015 supuso, por tanto, la plasmación legal de la praxis habitual de los tribunales que, como es lógico, se ha mantenido con posterioridad a la reforma[208].

Así, por ejemplo, en la sentencia 213/2021, de 10 de marzo, el TS considera desproporcionada la expulsión que la AP había acordado, y el TSJ confirmado, respecto de una condena a cuatro años y seis meses de prisión por tráfico de drogas. La sentencia de instancia había dispuesto que la expulsión se llevase a cabo una vez cumplida la mitad de la condena o cuando el extranjero accediese al tercer grado o le fuese concedida la libertad condicional. El TS reitera en su argumentación (FJ 4) que la expulsión debe ser una medida proporcionada y nunca automática. Según indica «se trata de una decisión en la que deben ponderarse los intereses y derechos en juego, entre los que se encuentran las concretas circunstancias personales y de arraigo del penado, tales como tiempo de residencia en España, situa-

---

206 Así también la STC 113/2018, de 29 de octubre, FJ 5.

207 Así también, entre otras muchas, SsTS 636/2005, de 17 de mayo; 366/2006, de 30 de marzo; 165/2009, de 19 de febrero; 531/2010, de 4 de junio; 853/2010, de 15 de octubre; 588/2012, de 29 de junio; 738/2013, de 4 de octubre; y 479/2014, de 3 de junio.

208 Véanse, además de las que se citan en el texto a continuación, las SsTS 927/2016, de 14 de diciembre; 608/2017, de 11 de septiembre; 147/2018, de 22 de marzo; y 1000/2022, de 22 de diciembre.

ción de arraigo familiar en función de convivencia, tipo de parentesco y obligaciones de dependencia material y económica, entre otras». Y, añade, «también habrá de valorarse el arraigo laboral, profesional o cultural, la vinculación con el país de procedencia, los riesgos que pueda comportar la expulsión y, en general, cualesquiera circunstancias que permiten una adecuada ponderación de los bienes jurídicos en conflicto». Se exige, en definitiva, «ponderar el grado de integración en la sociedad española del extranjero afectado para poder decidir sobre la imposición de la expulsión sustitutiva. En el caso concreto, se apoya en pronunciamientos del TEDH para concluir que la larga trayectoria vital del extranjero en nuestro país y, sobre todo, el hecho de que tuviera un hijo de once años viviendo en España, desaconsejan la expulsión.

En cambio, la STS 576/2023, de 10 de julio, también en un caso de condena por tráfico de drogas, considera proporcionada la expulsión posterior al cumplimiento de las dos terceras partes de la condena, o del acceso al tercer grado o a la libertad condicional, por no haberse acreditado que el penado contase con vínculos familiares en España, ni ocupaciones laborales estables, ni obligaciones a su cargo frente a terceras personas, ni siquiera una estancia prolongada en España.

Por lo que respecta al concepto de arraigo, ha señalado la STS 221/2017, de 29 de marzo[209] que «no es sino la intensidad del establecimiento en nuestro país de un individuo», y que «usado como instrumento de medida para evaluar la proporcionalidad de la medida de expulsión, el arraigo obliga a contemplar dos vectores: 1) Principalmente, los perjuicios que para el penado puede suponer la expulsión del país. Eso involucra el esfuerzo vital (medido en años y calibrado por la expectativa de futuro) que el condenado haya consumido en asentarse en nuestro país; así

---

209 En el mismo sentido, por ejemplo, SsTS 344/2021, de 26 de abril, y 1000/2022, de 22 de diciembre.

como el agravio que la medida de expulsión entraña para su vida familiar o afectiva, para su actividad laboral o para otros intereses patrimoniales que pueden resultar afectados. (...) 2) En todo caso, existe una consideración colectiva del arraigo, que (...) hace referencia a si el extranjero condenado participa de los principios fundamentales en los que se asienta constitucionalmente nuestra convivencia social y en qué medida puede llegar a percibir nuestra comunidad como propia. Ambos factores —el personal y el colectivo— permiten mesurar el arraigo y ponderar el grado de afectación de una eventual decisión de expulsión, desvelando si puede resultar o no desproporcionada como respuesta punitiva, en atención al delito cometido y a las circunstancias por las que se impone».

En definitiva, y en resumen, para formular el juicio de proporcionalidad de la expulsión ocupa un lugar destacado la ponderación de las circunstancias personales del autor, en particular su arraigo en España. Las circunstancias personales que han de ser atendidas pueden ser muy variadas, e incluyen la edad, el estado de salud, su situación familiar y económica, su integración social y cultural en el Estado de acogida, así como los vínculos que mantenga con el país de origen[210]. En cuanto al arraigo, se refiere a los vínculos de tipo familiar, laboral, económico o social que pongan de manifiesto un elevado grado de integración socio-cultural del penado con nuestro país[211].

Por lo demás, no debemos olvidar que el art. 89.4 CP exige también la valoración de las circunstancias del hecho. Hasta el momento, el TS ha prestado menos atención

---

210 Al respecto, RECIO JUÁREZ, M.: *La expulsión de extranjeros...*, cit., pp. 130, 132 ss.; y NAVARRO CARDOSO, F.: «Análisis del artículo 89...», cit., p. 214.

211 Sobre ello, ampliamente, CAMPOS HELLÍN, R.: «El arraigo...», cit. pp. 2 ss.; y GARCÍA ESPAÑA, E.: «El arraigo de presos extranjeros: más allá de un criterio limitador de la expulsión», Migraciones, n.º 44, 2018, pp. 130 ss. Véanse también los criterios referidos en la Circular 7/2015 FGE, apartado 4.2.

a este aspecto, más allá de alguna mención general[212]. Ello ha conducido a que en la práctica se considere proporcionada la expulsión en casos de falta de arraigo y desproporcionada cuando el arraigo está constatado, pero no se ha planteado todavía si, aun habiendo arraigo, la naturaleza o gravedad del delito pueden inclinar la balanza en favor de la expulsión por razones de orden público, algo que, en cambio, sí tiene en cuenta el TEDH. La FGE propone atender a la gravedad del delito cometido y a la relevancia de los bienes jurídicos afectados, de manera que «cuando el delito afecte de modo grave a la seguridad interior o exterior del Estado, y genere un sentimiento de inseguridad y zozobra en la población, pudiera no ser desproporcionada la expulsión sustitutiva del ciudadano extranjero aunque hubiera acreditado una situación de arraigo personal»[213].

En fin, si se rechaza la expulsión por considerarla desproporcionada, el penado deberá cumplir la condena, sin perjuicio de que el juez o tribunal acuerde la suspensión de la ejecución de la pena cuando concurran sus requisitos. En efecto, aunque el art. 89 CP solo se refiera expresamente a la posibilidad de suspender la ejecución de la pena en el caso de que la expulsión, pese a haber sido ordenada, no ha podido llevarse a efecto (apartado 8 del precepto), no existe ningún impedimento legal para acordar la suspensión de la ejecución cuando la pena no sea sustituida por la

---

212 Por ejemplo, en la STS 644/2022, de 27 de junio, se refiere a la necesidad de atender, en el marco de las «circunstancias del hecho», a la duración de la pena impuesta y al tipo de delito por el que ha sido condenado el extranjero.

213 V. Circular 7/2015, apartado 4.2. En un sentido similar, RECIO JUÁREZ, M.: *La expulsión de extranjeros...*, cit., p. 145, quien considera que en casos en que se aplique la agravante de reincidencia, si se trata de delitos en los que se haya empleado violencia contra las personas, que revistan especial gravedad, o se trate de delitos relacionados con la criminalidad organizada, «deberán ser muy excepcionales las razones de arraigo o vida familiar que se invoquen para no acordar la expulsión».

expulsión por aplicación del párrafo primero del art. 89.4 CP[214].

En este supuesto de imposibilidad de sustitución de la pena por la expulsión se plantea la cuestión de si sería posible la expulsión administrativa del extranjero una vez satisfecha la responsabilidad penal, por aplicación del art. 57.2 LOEx. Debe entenderse que si se mantienen las circunstancias de arraigo que determinaron la no sustitución de la pena por la expulsión, no procederá tampoco la expulsión administrativa, pues esta modalidad de expulsión no es de aplicación automática, como veremos en el epígrafe que le dedicamos.

2.2.2. Por el respeto al principio de «non refoulement»

De acuerdo con el principio de «non refoulement» o de no devolución, una persona no puede ser expulsada, devuelta o extraditada a un país donde su vida o libertad se encuentre amenazada. Se trata de un principio reconocido en numerosos textos internacionales, que resulta de aplicación a todas las modalidades de expulsión, tanto judicial como administrativa[215]. Por esa razón, aunque el art. 89.4 CP no se refiera a ello, el riesgo de que el extranjero sufra torturas o tratos degradantes en su país de origen constituye un límite a la expulsión que se deriva directamente del art. 3 CEDH, así como del art. 15 CE. En relación con el respeto al art. 3 CEDH, el TEDH, tras reiterar la potestad de los Estados a establecer sus propias normas relativas al control de la entrada, residencia y expulsión de extranjeros,

---

214 En este sentido, NAVARRO CARDOSO, F.: «Análisis del artículo 89...», cit., p. 215. La FGE (Circular 7/2015) se muestra asimismo favorable a la aplicación de los arts. 80 ss. CP cuando la expulsión se haya rechazado por razones de arraigo del extranjero.

215 Véanse las interesantes consideraciones que sobre este principio recoge la STS (Sala 3.ª, sec. 5.ª) 1634/2022, de 12 de diciembre, donde anula la expulsión acordada por aplicación del art. 57.2 LOEx. a un ucraniano en régimen de protección temporal.

entiende que la expulsión puede suponer una violación de dicho precepto, y por tanto comprometer la responsabilidad del Estado en virtud del Convenio, cuando se hayan demostrado razones fundadas para creer que la persona afectada, si es deportada, se enfrenta a un riesgo real de ser sometida a un trato contrario al art. 3, en cuyo caso existe la obligación de no deportar a la persona en cuestión a ese país[216]. El TEDH ha declarado en numerosas ocasiones que el art. 3 CEDH consagra uno de los valores de mayor rango en el seno de las sociedades democráticas. Se trata de una prohibición absoluta de la tortura y los tratos o penas inhumanos o degradantes que no admite ninguna excepción, sin que quepa, a diferencia del modo de proceder en el marco del art. 8 CEDH, entrar a ponderar el comportamiento del demandante[217].

Para evaluar si existen motivos fundados para creer que el demandante se enfrenta a ese riesgo se requiere inevitablemente un examen por parte del Tribunal de las condiciones en el país de destino. Para considerar vulnerado el art. 3 del Convenio hará falta que los malos tratos a los que el demandante alega que se enfrentará alcancen un nivel mínimo de gravedad. La evaluación de este nivel es relativa y depende de las circunstancias del caso[218].

El TS, en su aplicación del art. 89 CP, se refiere reiteradamente a la necesidad de valorar los riesgos de ser objeto

---

216 Así, por ejemplo, SsTEDH de 3 de abril de 2014, caso A. A. contra Suecia. Véanse, además, sobre la importancia del principio de no devolución (non-refoulement), SsTEDH de 21 de enero de 2011, caso M. S. S. contra Bélgica y Grecia, y de 23 de julio de 2013, caso M. A. contra Chipre.

217 En este sentido, entre otras muchas, STEDH de 6 de abril de 2000, en el caso Labita contra Italia. Sobre ello, véanse BOZA MARTÍNEZ, D.: *La expulsión de personas extranjeras…*, cit. pp. 181 ss.; y RECIO JUÁREZ, M.: *La expulsión de extranjeros…*, cit. 147.

218 Así, SsTEDH en el caso Hilal contra Reino Unido, de 6 de marzo de 2001, y en el caso J. K. y otros contra Suecia, de 23 de agosto de 2016.

de torturas o de tratos degradantes en el país de origen con el fin de excepcionar la expulsión[219].

2.2.3. Por la naturaleza del delito cometido

El art. 89.9 CP impide que sean sustituidas por la expulsión las penas que se hubieran impuesto por la comisión de los delitos tipificados en los arts. 177 bis —añadido por la LO 1/2015—, 312, 313 y 318 bis. En consecuencia, se excluye la expulsión judicial, tanto total como parcial, de los extranjeros condenados por el delito de trata de seres humanos o por delitos relacionados con el tráfico, emigración e inmigración ilegal de personas[220].

Se trata de un límite a la expulsión basado en la satisfacción de los fines de la pena. Como hemos visto, en las penas de prisión de más de un año y hasta cinco años, el juez puede decidir que se sustituya por la expulsión solo parte de la pena, en atención a las necesidades de reafirmación del ordenamiento jurídico y de prevención general. Y, en el caso de penas de prisión de más de cinco años, también se basará en estas consideraciones para acordar el cumplimiento total o parcial de la pena impuesta al extranjero en un centro penitenciario español. Desde luego, la naturaleza del delito cometido, así como su gravedad, serán factores muy relevantes, que deberán tenerse en cuenta para resolver a favor de la ejecución total o parcial de la pena de prisión con el fin de «asegurar la defensa del orden jurídico y restablecer la confianza en la vigencia de la norma infringida por el delito». No obstante, el legislador ha decidido

---

219 Por ejemplo, SsTS 901/2004, de 8 de julio; 906/2005, de 17 de mayo; 366/2006, de 30 de marzo; 165/2009, de 19 de febrero; 791/2010, de 28 de septiembre; 156/2011, de 21 de marzo; 738/2013, de 4 de octubre; 486/2016, de 3 de junio; 716/2022, de 13 de julio; y 576/2023, de 10 de julio.

220 Como dice la Fiscalía General del Estado en la Circular 7/2015, apartado 3, y hemos visto *supra*, la prohibición proyecta su eficacia sobre los delitos conexos enjuiciados en la misma causa.

excluir del régimen general de la sustitución el grupo de delitos referido en el apartado 9 del precepto, eliminando así cualquier posibilidad de valoración por parte del juez. Junto a los aspectos de reafirmación del ordenamiento jurídico y prevención general, cobran peso, sin duda, elementos de la prevención especial, pues el retorno a sus países de origen de los extranjeros que cometen este tipo de delitos puede producir un efecto criminógeno[221]. Por tanto, en este caso la inocuización pasa por el cumplimiento de la totalidad de la pena en España, sin posibilidad de que la expulsión tenga lugar tampoco al acceder el condenado al tercer grado o al serle concedida la libertad condicional.

La doctrina considera que fue acertada la introducción de la referencia al art. 177 bis CP en la reforma de 2015, pero se critica que no se añadiese el tráfico de drogas de cierta entidad, al entender que concurren en ese caso las mismas razones para prohibir la expulsión que en el resto de los delitos enumerados. Lo mismo podría afirmarse respecto de otras tipologías delictivas relacionadas con la delincuencia organizada transnacional[222]. En cualquier caso, el problema se planteaba en mayor medida en las versiones anteriores del precepto, en las que solo excepcionalmente era admitido el cumplimiento de penas inferiores a seis años. En cambio, conforme a la regulación vigente, las penas de prisión graves impuestas a extranjeros se someten al régimen del art. 89.2, en el que es obligatorio, al menos, el cumplimiento de una parte de la pena. Por lo demás, dado

---

221 Véanse consideraciones similares en BOZA MARTÍNEZ, D.: *La expulsión de personas extranjeras…*, cit., pp. 309 ss.; DÍEZ RIPOLLÉS, J. L.: *Derecho penal…*, cit., p. 699; RECIO JUÁREZ, M.: *La expulsión de extranjeros…*, cit., p. 148; GARCÍA ESPAÑA, E.: «La expulsión…», cit., pp. 20 s.; MACÍAS ESPEJO, B.: «Sustitución…», cit., p. 293; DÍAZ Y GARCÍA CONLLEDO, M. (Dir.): *Protección y expulsión de extranjeros…*, cit., pp. 660 s.; y NAVARRO CARDOSO, F.: «Análisis del artículo 89…», cit., p. 215.

222 En este sentido, GARCÍA ESPAÑA, E.: «La expulsión…», cit., p. 21; DÍEZ RIPOLLÉS, J. L.: *Derecho penal…*, cit., p. 699; RECIO JUÁREZ, M.: *La expulsión de extranjeros…*, cit., pp. 148 s.; y ODRIOZOLA GURRUTXAGA, M.: *Expulsión penal…*, cit., p. 95.

que el fenómeno del tráfico de drogas abarca una nutrida casuística, el juez puede valorar, a través de la cláusula de defensa del orden jurídico y de restablecimiento de la confianza en la vigencia de la norma infringida, qué cuantía de pena conviene que se ejecute en el caso concreto, o incluso decidir su completa ejecución.

Nuestro ordenamiento jurídico quiere asegurar, no obstante, que no permanezcan en España, una vez cumplida la pena, los extranjeros condenados por la comisión de los citados ilícitos penales, por lo que el art. 57.8 LOEx. dispone que «cuando los extranjeros, residentes o no, hayan sido condenados por conductas tipificadas como delitos en los arts. 312.1, 313.1 y 318 bis del Código penal, la expulsión se llevará a efecto una vez cumplida la pena privativa de libertad». Como se verá al analizar esta modalidad de expulsión administrativa, la ausencia de la mención al delito de trata de seres humanos provoca una descoordinación entre el contenido de dicho precepto y el art. 89.9 CP, subsanable mediante el recurso al art. 57.2 LOEx.

2.3. Procedimiento

Por lo que respecta al procedimiento que ha de seguirse para acordar la expulsión, indica el art. 89.3 CP, en términos prácticamente idénticos a los establecidos en el art. 82.1 CP para la suspensión de la ejecución de las penas privativas de libertad, que «el juez o tribunal resolverá en sentencia sobre la sustitución de la ejecución de la pena siempre que ello resulte posible. En los demás casos, una vez declarada la firmeza de la sentencia, se pronunciará con la mayor urgencia, previa audiencia al Fiscal y a las demás partes, sobre la concesión o no de la sustitución de la ejecución de la pena».

La ley prioriza la sentencia como momento procesal oportuno para adoptar la resolución sobre la expulsión, aunque el juez solo podrá tomar la decisión en la sentencia cuando al dictarla cuente con los datos necesarios para ello, particularmente los relativos a las circunstancias personales del extranjero. Como señala la doctrina con razón, por mucho que el legislador haya omitido la referencia al trámite de audiencia al penado cuando se resuelve sobre la expulsión en sentencia, este debe considerarse vigente, tal y como sostuvo el TS durante el periodo entre las reformas de 2003 y 2010, en el que la dicción del art. 89 no lo recogía expresamente[223]. Por tanto, en los casos en que la sustitución de la pena por la expulsión se acuerde en sentencia, la cuestión deberá ser objeto de contradicción en el acto del plenario, y el acusado deberá poder pronunciarse sobre cualquier circunstancia que estime conveniente relativa a su expulsión, sin que sea suficiente al respecto con que el extranjero sea oído al prestar declaración en el juicio en relación con los hechos objeto de acusación ni cuando se le concede la última palabra[224]. En cualquier caso, el extranjero no tiene un derecho subjetivo a ser expulsado, ni tampoco a cumplir la condena, por lo que su conformidad o disconformidad con la expulsión no vincula al tribunal a la hora de tomar la decisión correspondiente[225].

En relación con el trámite de audiencia en esa fase, se plantea la cuestión de cómo proceder en los supuestos de

---

223 Véanse, por todos, DÍEZ RIPOLLÉS, J. L.: *Derecho penal...*, cit., p. 702; CANO CUENCA, A.: «Suspensión de ejecución de la pena...», cit., p. 374; MACÍAS ESPEJO, B.: «Sustitución...», cit., pp. 281-283; NAVARRO CARDOSO, F.: «Análisis del artículo 89...», cit., p. 215; SÁNCHEZ GARCÍA DE PAZ, I.: «Artículo 89», cit., p. 796; y ODRIOZOLA GURRUTXAGA, M.: *Expulsión penal...*, cit., pp. 103 s.; así como, entre otras, SsTS 901/2004, de 8 de julio; 636/2005, de 17 de mayo; 366/2006, de 30 de marzo; 165/2009, de 19 de febrero; 531/2010, de 4 de junio; 588/2012, de 29 de junio; 479/2014, de 3 de junio; y 644/2022, de 27 de junio.

224 Al respecto, por ejemplo, RECIO JUÁREZ, M.: *La expulsión de extranjeros...*, cit., pp. 168 s.; y la FGE en la Circular 7/2015, apartado 6, con cita de la STS 17/2002, de 21 de enero. Véase también la ya citada STC 113/2018, de 29 de octubre, FF JJ 5 y 6, que otorga el amparo por no haberse dado audiencia a las partes dentro del plenario, con la consiguiente vulneración del derecho de defensa.

225 En este sentido, GARCÍA DEL BLANCO, V.: «Acumulación de condenas...», cit., p. 110.

celebración del juicio oral en ausencia del acusado. En opinión de *Recio Juárez*, no hay obstáculo para acordar la expulsión sustitutiva siempre que en el escrito de acusación se solicitase, permitiendo así al acusado y a su defensa practicar una contradicción efectiva. Se ampara, para fundamentar su parecer, en lo establecido en el párrafo segundo del art. 786.1 LECrim., y afirma en este sentido que «si emplazado el acusado con las debidas garantías no comparece, y resulta posible su enjuiciamiento y la imposición de una pena de hasta 2 años de privación de libertad, resultaría incongruente que al juzgador le estuviese vedado acordar la sustitución de dicha pena en la misma sentencia»[226]. La misma opinión ha defendido el TS en su sentencia 617/2022, de 22 de junio, donde entiende que no hay motivo para revocar la expulsión impuesta en sentencia, posponiendo la resolución sobre la procedencia de la sustitución a la fase de ejecución de la sentencia, como pretendía la Audiencia, cuando el acusado fue debidamente citado al acto del juicio, pero prefirió no comparecer, sin aducir en ningún momento razón que se lo impidiera[227]. En el mismo sentido, la STS 644/2022, de 27 de junio, casa la sentencia de la Audiencia Provincial que dejó sin efecto la sustitución de

---

226 RECIO JUÁREZ, M.: *La expulsión de extranjeros...*, cit., p. 169.

227 Argumenta el TS, entre otras cosas, que si se pudo, sin objeción legal alguna, celebrar el juicio, practicar la prueba, determinar los hechos, calificarlos jurídicamente e imponer una pena privativa de libertad en ausencia del acusado, con la misma razón ha de entenderse conforme a Derecho la decisión sobre la sustitución de la pena por la expulsión. Añade, a mayor abundamiento, que la acusada tuvo la oportunidad de aducir lo que estimase conveniente sobre las circunstancias del hecho y las personales, en particular su arraigo. «Pudo expresarlas en su escrito de defensa y proponer al respecto las pruebas que juzgase oportunas. Pudo comparecer personalmente al juicio, al que resultó debidamente citada con expreso apercibimiento de que el mismo podría celebrarse en su ausencia, y exponer entonces cuanto le conviniese. Y pudo hacerlo también a través de su abogado, aportando al Tribunal cuantos elementos le pareciesen oportunos al respecto. Pudo, incluso, invocarlas al tiempo de recurrir en apelación la sentencia dictada en primera instancia. Resolvió no hacerlo. (...). Una cosa es tener derecho a ser oído; y otra tener que ser oído cuando no se quiere hablar».

la pena de prisión por la expulsión con el argumento de que no se había sustanciado el trámite de audiencia al no haber acudido el acusado al acto del juicio. Considera el TS, por el contrario, que, si el acusado no comparece injustificadamente al acto del juicio oral, habiendo sido citado personalmente para el acto, no puede considerarse que se haya vulnerado su derecho de audiencia, ni, por tanto, su derecho a la tutela judicial efectiva, pues «la situación de indefensión que pudiera padecer el acusado es imputable a él mismo».

La cuestión, es, no obstante, controvertida, como lo demuestra el hecho de que ambas sentencias cuenten con sendos votos particulares firmados por cuatro magistrados. Estos no cuestionan la posibilidad legal de decidir sobre la expulsión tras un juicio en ausencia si se ha salvaguardado la posibilidad de hacer alegaciones respecto a ella, pero consideran «preferible y hasta aconsejable» celebrar «una específica audiencia materialmente más garantista, que permita valorar circunstancias actualizadas y supla los déficits de información sobre datos esenciales». Dado que la resolución sobre la expulsión se somete a un juicio de oportunidad discrecional, en el que deben valorarse las circunstancias personales del extranjero a la luz del principio de proporcionalidad, si el acusado no ha sido escuchado nunca sobre sus circunstancias de arraigo, les parece procesal y constitucionalmente irreprochable a estos magistrados la decisión de la Audiencia Provincial de posponer la decisión a un momento en el que pueda celebrarse la audiencia en presencia del acusado.

A mi modo de ver, tal y como indican los magistrados discrepantes del criterio sustentado por el Pleno, no es comparable la imposición de la pena con la decisión sobre su sustitución por la expulsión. En este último caso, la ley obliga a ponderar las circunstancias personales del extranjero. Si durante el plenario el juez desconoce, por el motivo que sea, los datos en los que ha de basar el juicio de proporcionalidad de la expulsión, no contará con suficientes elementos de prueba para decidir sobre la sustitución de la pena, por lo que deberá abstenerse de hacerlo[228]. Precisamente por eso, el art. 89.3 CP le faculta posponer la resolución al respecto, que adoptará la forma de auto, al momento en que adquiera firmeza la sentencia. Será necesario entonces arbitrar un trámite procesal que permita al Ministerio Fiscal, al penado —aunque tampoco es mencionado expresamente en el precepto— y, en caso de haberlas, a las demás partes personadas, exponer lo que consideren oportuno sobre la expulsión.

Por otra parte, la decisión judicial favorable a la expulsión, en los supuestos en que su ejecución se demore en el tiempo, puede revertirse si se produce un cambio en las circunstancias del penado. La demora en la materialización de la expulsión puede tener lugar por diversos motivos, entre los que se cuentan los supuestos de sustitución parcial de la pena y aquellos en los que la expulsión tiene lugar cuando el penado accede al tercer grado o a la libertad condicional. Como recuerda la Circular 7/2015 FGE, si durante ese tiempo se han producido modificaciones relevantes en la situación del reo que permitan considerar desproporcionada la expulsión, esta no podrá llevarse a cabo. Además, por lo que respecta a los ciudadanos de la UE, según el art. 33.2 Directiva 2004/38/CE, cuyo contenido incomprensiblemente no ha sido transpuesto, es obligatorio revisar la orden de expulsión cuando esta «vaya a ejecutarse más de dos años después de haberse dictado», con el fin de «comprobar la actualidad y realidad de la amenaza para el orden público o la seguridad pública que representa el interesado y examinar cualquier cambio material de circunstancias que pudiera haberse producido desde el momento en que se emitió la orden de expulsión».

---

228 La Circular 7/2015 FGE, apartado 6, menciona los juicios celebrados en ausencia del acusado como ejemplo de situación que impide la práctica adecuada durante el plenario de la prueba de los hechos que condicionan la expulsión.

2.4. *Efectos de la decisión judicial de expulsión*

El acuerdo judicial de expulsión conlleva, en primer lugar, la salida forzosa del condenado del territorio nacional, con una prohibición de regresar a España en un plazo de cinco a diez años contados desde la fecha de su expulsión[229]. Para fijar el plazo concreto debe atenderse a la duración de la pena sustituida y a las circunstancias personales del penado (art. 89.5 CP). La Circular 7/2015 FGE propone que se acuerde una prohibición de regreso de cinco años cuando la pena de prisión impuesta sea inferior a dos años, de seis a nueve a años cuando la pena sea de dos a cinco años de prisión, y de diez años cuando la pena sea superior a los cinco años de prisión. Por lo demás, el plazo establecido ha de computarse desde el momento en que se materializa la expulsión, y no desde la fecha de la firmeza de la resolución que la acuerda[230].

No se contempla en este punto ninguna previsión específica respecto a los extranjeros nacionales de países de la UE, y ello pese a que el art. 32 de la Directiva 2004/38 dispone que la persona que tenga prohibida la entrada en el territorio por razones de orden público, seguridad pública o salud pública «podrá presentar una solicitud de levantamiento de la prohibición tras un plazo razonable en función de las circunstancias y, en cualquier caso, tres años después de la ejecución de la decisión definitiva de prohibición que haya sido válidamente adoptada a efectos del Derecho comunitario, alegando motivos que puedan demostrar un cambio material de las circunstancias que justificaron la prohibición de entrada en el territorio».

---

229 Conforme al art. 96 del Convenio de Aplicación del Acuerdo de Schengen, la expulsión constituye uno de los motivos de no admisibilidad en el espacio Schengen de nacionales de terceros Estados ajenos a la Unión Europea. Véanse, al respecto, BRANDARIZ GARCÍA, J. A.: *Sistema penal...*, cit., p. 212; y RECIO JUÁREZ, M.: *La expulsión de extranjeros...*, cit., pp. 233 s.

230 En este sentido, RECIO JUÁREZ, M.: *La expulsión de extranjeros...*, cit., p. 243.

En segundo lugar, la decisión judicial de expulsión trae consigo, según el art. 89.6 CP, «el archivo de cualquier procedimiento administrativo que tuviera por objeto la autorización para residir o trabajar en España»[231].

2.5. *Aseguramiento de la expulsión*

Nuestro ordenamiento jurídico establece varias normas dirigidas a asegurar el cumplimiento del acuerdo judicial de expulsión. Según la Disposición Adicional 17.ª de la LO 19/2003, de 23 de diciembre, de modificación de la LOPJ, en su párrafo segundo, la sentencia que acuerde la sustitución de la pena privativa de libertad impuesta por la expulsión del extranjero del territorio nacional «dispondrá la ejecución de la pena privativa de libertad (...) originariamente impuesta hasta tanto la autoridad gubernativa proceda a materializar la expulsión. A estos efectos, la autoridad gubernativa deberá hacer efectiva la expulsión en el plazo más breve posible y, en todo caso, dentro de los treinta días siguientes, salvo causa justificada que lo impida, que deberá ser comunicada a la autoridad judicial». Además, de acuerdo con el art. 89.8, párrafo primero, CP «cuando al

---

231 Y, como dice RECIO JUÁREZ, M.: *La expulsión de extranjeros...*, cit., p. 234, aunque el precepto no lo mencione expresamente, también quedará extinguida la autorización previamente concedida, por lo que el extranjero perderá su estatus de residente legal. En el mismo sentido, CARDERNAL MONTRAVETA, S.: «Art. 89», cit., p. 351. Lo cuestiona BOZA MARTÍNEZ, D.: *La expulsión de personas extranjeras...*, cit., pp. 278 s. El autor, a la vista de que el art. 57.4 LOEx. sí explicita que la expulsión administrativa conlleva la extinción de cualquier autorización para permanecer legalmente en España, considera que, para salvar la coherencia del sistema, una vez acordada la expulsión judicial hará falta un procedimiento administrativo que declare extinguida la autorización para residir en España. Dada que la competencia para resolver sobre estas cuestiones no es del juez, sino del órgano administrativo, no creemos que su opinión difiera en la práctica de la aquí defendida. Es más, como dice *Iglesias Río*, al tratarse de una consecuencia administrativa de la expulsión, el Código penal podría haber prescindido de esta referencia (véase IGLESIAS RÍO, M. A.: «La expulsión de extranjeros», cit., p. 176).

acordarse la expulsión en cualquiera de los supuestos previstos en este artículo, el extranjero no se encuentre o no quede efectivamente privado de libertad en ejecución de la pena impuesta, el juez o tribunal podrá acordar, con el fin de asegurar la expulsión, su ingreso en un centro de internamiento de extranjeros, en los términos y con los límites y garantías previstos en la ley para la expulsión gubernativa».

El aseguramiento de la expulsión ha de llevarse a cabo, por tanto, como regla general, mediante el ingreso del penado en un establecimiento penitenciario hasta el momento en que se materialice aquella. Este ingreso no podrá durar más de treinta días, prorrogables por causa justificada. El ingreso en un centro de internamiento de extranjeros (CIE)[232] se plantea como modalidad subsidiaria y, en cualquier caso, opcional («podrá acordar»). De acuerdo con el art. 62.2 LOEx., el tiempo máximo de duración del internamiento en un CIE es de sesenta días.

Por lo que respecta a la posibilidad de ingresar a los condenados en un CIE, entiende la FGE (Circular 7/2015) que debería hacerse un uso restrictivo de ella, teniendo en cuenta que se trata de establecimientos públicos sin carácter penitenciario, que no disponen de medidas de seguridad adecuadas ni de personal especializado en el tratamiento de presos, y cuyo régimen de funcionamiento se ve alterado por la necesidad de separar los internos condenados de los que han cometido una mera infracción administrativa. Por ello, aconseja que el ingreso en un CIE se acuerde para condenados a penas de prisión cuya ejecución podría ser susceptible de suspensión, por su duración y demás circunstancias del hecho y de su autor, conforme a los arts. 80 y siguientes CP. La razón es que, en esos casos, el condenado presenta un escaso grado de peligrosidad que le permite asimilar más fácilmente las condiciones y régimen de vida de un CIE.

---

232 Sobre la regulación, estructura y deficiencias de los centros de internamiento de extranjeros, véase, por ejemplo, MUÑOZ RUIZ, C. J.: *Aproximación crítica a la expulsión...*, cit., pp. 176 ss.

No obstante, de acuerdo con el criterio de la FGE, expresado en la citada Circular, el internamiento del extranjero para asegurar cautelarmente la expulsión no tiene que llevarse a cabo en todo caso, por lo que propone una interpretación flexible de la Disposición Adicional 17.ª de la LO 19/2003, de 23 de diciembre, de modificación de la LOPJ, redactada de un modo imperativo («dispondrá»). Conforme a la opinión de la Fiscalía, que se comparte aquí, si se trata de penados que se encuentran en libertad provisional y merecen confianza, con el fin de ahorrarles los efectos traumáticos que comporta una privación de libertad, se les puede conceder un plazo para que abandonen voluntariamente el territorio nacional, siempre que ofrezcan garantías de que van a hacerlo. La FGE se ampara en lo establecido en el art. 63 bis, apartado 2, LOEx. en relación con el procedimiento ordinario de expulsión, donde se habilita un plazo de cumplimiento voluntario de la resolución que oscilará entre siete y treinta días, prorrogable «durante un tiempo prudencial en atención a las circunstancias que concurran en cada caso concreto».

Respecto a los ciudadanos de Estados miembros de la Unión Europea, el art. 18.2 RD 240/2007 dispone, en el mismo sentido, que las resoluciones de expulsión han de establecer un plazo para abandonar el territorio español que no podrá ser inferior a un mes a partir de la fecha de notificación.

2.6. Imposibilidad de ejecutar la expulsión

El párrafo segundo del art. 89.8 CP plantea el supuesto de que, una vez acordada la sustitución de la pena por la expulsión, esta no pueda llevarse a efecto. Piénsese en los casos en que se desconozca la nacionalidad del condenado, sea imposible documentarlo, el país de origen no colabore o no acepte el retorno, o se plantee cualquier otro obstáculo legal o diplomático que impida la materialización de la expulsión[233]. En estos casos, según el art. 89.8 CP, en su párrafo segundo, «se procederá a la ejecución de la pena originariamente impuesta o del período de condena pendiente, o a la aplicación, en su caso, de la suspensión de la ejecución de la misma». A la duración de la pena originariamente impuesta ha de abonarse el tiempo que el sujeto haya permanecido en prisión provisional, si fue el caso, y también el tiempo de internamiento en un centro penitenciario o en un CIE con la finalidad de asegurar la expulsión, aunque este abono sea más discutido en el caso de ingreso en CIE[234].

En los supuestos en que, pese a haberse acordado la sustitución de la pena, la expulsión no haya podido ejecutarse, el precepto prevé también la posibilidad de acordar la suspensión de la ejecución de la pena conforme a lo establecido en los arts. 80 y siguientes del CP. La previsión expresa de la posibilidad de suspender la ejecución de la pena, o de sustituirla por otras penas, cuando la expulsión no pudiera llevarse a efecto fue introducida en el art. 89 CP en virtud de la LO 5/2010. Se seguía así el criterio del ATC 132/2006, de 4 de abril, según el cual «el extranjero cuya expulsión no haya podido realizarse en el plazo máximo legal establecido tiene acceso, en la medida en que reúna los requisitos legalmente exigidos para ello en los arts. 80, 87 y 88 CP, a la posible suspensión de la ejecución de la pena privativa de libertad que le haya sido impuesta, o a su sustitución por otras menos gravosas, en las mismas condiciones que los penados de nacionalidad española y que los penados extranjeros con residencia legal en España». La reforma de 2015 mantuvo esta previsión, aunque referida

233 Véase, por todos, DÍAZ Y GARCÍA CONLLEDO, M. (Dir.): *Protección y expulsión de extranjeros…*, cit., pp. 683 ss. Respecto a otros posibles obstáculos a la ejecución de la expulsión que, más que impedirla, podrían representar, en su caso, un retraso, véase también RECIO JUÁREZ, M.: *La expulsión de extranjeros…*, cit., pp. 244 ss.

234 Véanse, sobre ello, inclinándose por la postura favorable al abono, SÁNCHEZ GARCÍA DE PAZ, I.: «Artículo 89», cit., p. 798; y RECIO JUÁREZ, M.: *La expulsión de extranjeros…*, cit., pp. 251 s.

únicamente a la suspensión de la ejecución, dada la derogación del régimen de sustitución de las penas privativas de libertad hasta entonces regulado en el art. 88 CP.

2.7. *Quebrantamiento consumado o intentado de la prohibición de regreso*

El art. 89.7 CP regula las consecuencias del quebrantamiento de la prohibición de regreso a España, que varían en función de si dicho quebrantamiento se ha consumado o se ha intentado. Si el extranjero expulsado regresa a España antes de transcurrir el plazo fijado, esto es, si se ha consumado el quebrantamiento, deberá cumplir las penas que fueron sustituidas. Por tanto, la regla general es que se ejecute la pena impuesta o la que quedaba por cumplir, si la sustitución fue parcial, sin que se deduzca testimonio por quebrantamiento de condena. Excepcionalmente, se permite que el juez o tribunal reduzca la duración de la pena «cuando su cumplimiento resulte innecesario para asegurar la defensa del orden jurídico y restablecer la confianza en la norma jurídica infringida por el delito, en atención al tiempo transcurrido desde la expulsión y las circunstancias en las que se haya producido su incumplimiento». Mediante esta última previsión el legislador parece haber atendido las opiniones doctrinales que reclamaban algún criterio de compensación del tiempo durante el cual el extranjero ha permanecido fuera de España[235]. Por su parte, la FGE estima congruente el criterio con la teoría de la pena, pues el transcurso de los años atenúa la necesidad de su cumplimiento en la conciencia social. Se critica, no obstante, con razón, que el legislador no haya ofrecido pautas más concretas para determinar la cuantía de esa rebaja[236].

---

[235] Así, por ejemplo, GUISASOLA LERMA, C.: «Consideraciones político-criminales...», cit., p. 212.

[236] Véanse ROIG TORRES, M.: «La expulsión de los extranjeros...», cit., pp. 495 s., quien critica en general la medida, al considerar que favorece desigualdades injustificadas: «permite premiar al extranje-

En relación con esta cuestión, se plantea la duda de cómo proceder si el extranjero que es localizado en España estando vigente la prohibición de regreso había sido expulsado tras acceder al tercer grado o a la libertad condicional. Parece que lo más adecuado en esa situación sería ingresar al extranjero en régimen ordinario de cumplimiento, y proceder a valorar si continúan en ese momento vigentes los requisitos que motivaron la progresión en grado o la concesión de la libertad condicional[237].

Si es sorprendido en la frontera, esto es, si intenta quebrantar la decisión judicial de expulsión «será expulsado directamente por la autoridad gubernativa, empezando a computarse de nuevo el plazo de prohibición de entrada en su integridad». La consecuencia prevista para este supuesto no es exactamente una expulsión, pese a que el legislador la denomine así, sino que se trata de la devolución a la que se refiere el art. 58.3 LOEx., en virtud del cual no será preciso expediente de expulsión para la devolución de extranjeros que: a) habiendo sido expulsados, contravengan la prohibición de entrada en España o b) pretendan entrar ilegalmente en el país. El apartado 7 del mismo precepto establece que la devolución acordada en el supuesto a) del apartado 3 conlleva la reiniciación del cómputo del plazo de prohibición de entrada que hubiese acordado la resolución de expulsión quebrantada. En consecuencia, el art. 89 CP equipara la consecuencia del intento de quebrantamiento de la decisión judicial de expulsión con la solución que ofrece la LOEx. para los casos de quebrantamiento de una expulsión administrativa.

---

ro que desobedece una orden judicial, frente al que por su arraigo o circunstancias personales cumple la totalidad de la condena en España»; RECIO JUÁREZ, M.: *La expulsión de extranjeros...*, cit., pp. 255 s.; PINTO DE BARROS, A.: «Un análisis crítico...», cit., p. 12; y GARCÍA DEL BLANCO, V.: «La expulsión de extranjeros...», cit., p. 34.

237 En opinión de RECIO JUÁREZ, M.: *La expulsión de extranjeros...*, cit., p. 257, el quebrantamiento debe dar lugar a la ejecución de la pena pendiente de cumplimiento referida al momento anterior a la concesión de dichos beneficios, porque, de no revocarse estos, el expulsado podría burlar sin consecuencias la prohibición judicial.

3. LA EXPULSIÓN SUSTITUTIVA DE LAS MEDIDAS DE SEGURIDAD (ART. 108 CP)

El art. 108 CP regula la sustitución de las medidas de seguridad aplicables a extranjeros que hayan delinquido por su expulsión del territorio nacional. Como vimos en el epígrafe dedicado a la evolución legislativa de la expulsión judicial, el legislador ha mantenido inalterado el texto del art. 108 CP desde la reforma del precepto operada por LO 11/2003. Esto explica que el régimen de sustitución que dicho precepto contempla difiera considerablemente del establecido para los casos en que la expulsión sustituye a las penas de prisión.

De acuerdo con el art. 108.1 CP, en su primer párrafo, «si el sujeto fuera extranjero no residente legalmente en España, el juez o tribunal acordará en la sentencia, previa audiencia de aquél, la expulsión del territorio nacional como sustitutiva de las medidas de seguridad que les sean aplicables, salvo que el juez o tribunal, previa audiencia del Ministerio Fiscal, excepcionalmente y de forma motivada, aprecie que la naturaleza del delito justifica el cumplimiento en España». El punto de partida de esta regulación es que al extranjero le sea aplicable una medida de seguridad. De acuerdo con nuestro Código penal, ello es posible en los supuestos en que el extranjero haya sido declarado inimputable (arts. 101 a 103 CP) o semiimputable (art. 104 CP), y también cuando, aun siendo imputable, haya cometido alguno de los delitos para los que está prevista la imposición de la medida de libertad vigilada para su cumplimiento postpenitenciario (art. 106.2 CP). En este último caso, el hecho de que la libertad vigilada sea una medida no privativa de libertad no supone un obstáculo para aplicar el régimen del art. 108 CP, pues este no queda restringido, como enseguida veremos, a las medidas de seguridad privativas de libertad. Ahora bien, teniendo en cuenta que en dichos supuestos será ejecutada antes la pena de prisión, la expulsión habrá podido actuar como sustitutivo total o parcial de aquella, sin necesidad de que llegue a plantearse, cuando así sea, la sustitución de la medida por la expulsión.

En los otros dos supuestos, lo que el ordenamiento jurídico *impone* es, simple y llanamente, la expulsión sin previo tratamiento de personas con trastornos mentales, con adicción al alcohol o a estupefacientes, o con alteraciones en la percepción. No hace falta repetir lo ya dicho en el epígrafe dedicado a la naturaleza jurídica de la expulsión sobre la ausencia de perspectiva preventivo-especial en la figura, más allá de la dirigida a la mera inocuización. Al extranjero se le abandona a su suerte, pues no está contemplada ninguna actuación de coordinación con las autoridades del país receptor en orden a programar un tratamiento destinado a incidir en su peligrosidad criminal. Por este motivo, comparto la opinión que aboga de *lege ferenda* por la derogación del precepto[238]. Entre tanto, por si se presenta la oportunidad de aplicarlo, se impone, en la medida de lo posible, realizar una interpretación restrictiva del mismo.

En lo referido al ámbito subjetivo de aplicación de esta modalidad de expulsión, se mantiene la exigencia, otrora vigente para todos los supuestos de expulsión judicial, de que el extranjero no resida legalmente en España. Debemos determinar, por tanto, en qué extranjeros concurre dicha circunstancia, para lo que es preciso acudir a la normativa administrativa. Según el art. 30 bis LOEx., se encuentran en España en situación de residencia los extranjeros que sean titulares de una autorización de residencia temporal o de residencia de larga duración. A grandes rasgos, y limitándonos al régimen ordinario, la residencia temporal autoriza a residir en España por un periodo superior a noventa días e inferior a cinco años (art. 31.1

---

[238] En este sentido, entre otros, ASÚA BATARRITA, A.: «La expulsión del extranjero...», cit., p. 94; MARTÍNEZ ESCAMILLA, M.: «Inmigración...», cit., p. 21; TORRES FERNÁNDEZ, M.ª E.: *La expulsión...*, cit., p. 262; BOZA MARTÍNEZ, D.: *La expulsión de personas extranjeras...*, cit., pp. 340 s.; y ARIAS SENSO, M.: «Expulsión de extranjeros...», cit., p. 17.

LOEx.), mientras que la residencia de larga duración, a la que tienen derecho quienes hayan tenido residencia temporal continuada durante cinco años, autoriza a residir y trabajar en España indefinidamente, en las mismas condiciones que los españoles (arts. 32.1 y 2 LOEx.). En consecuencia, no residirán legalmente en España quienes no hayan obtenido nunca esas autorizaciones, generalmente por haber entrado en territorio nacional incumpliendo las formalidades legalmente establecidas, ni tampoco quienes, siendo inicialmente titulares de un permiso de residencia, lo hayan perdido posteriormente, al no haber obtenido la prórroga del permiso o tenerlo caducado.

En relación con lo anterior, dado que la legislación administrativa en materia de extranjería distingue entre situación de residencia y situación de estancia, se plantea la cuestión de si sería expulsable un extranjero en régimen de estancia, esto es, según el art. 30 LOEx., aquel que permanezca legalmente en territorio español por un tiempo no superior a noventa días, salvo prórroga. A esta pregunta responde afirmativamente la FGE[239], así como un sector de la doctrina[240]. Por el contrario, coincido con otro sector doctrinal en que el término «no residente legalmente» debe interpretarse como referido a extranjeros en situación de irregularidad, por lo que los extranjeros en situación administrativa regular, aunque no tengan permiso de residen-

---

239 De acuerdo con la Circular 2/2006, apartado I.2, «no puede confundirse residencia legal y estancia regular. No residen legalmente en España ni los extranjeros que se encuentran en situación irregular ni los que se encuentran en situación de estancia, pese a que estos últimos se encuentran legalmente en España». Y, en el mismo sentido, la Circular 5/2011, apartado VI. 2.1.

240 RECIO JUÁREZ, M.: *La expulsión de extranjeros…*, cit., p. 121, con el argumento de que si no se ha alcanzado la situación de residente no existe todavía un mínimo arraigo. Ahora bien, en su opinión quedarían fuera del ámbito de la expulsión los supuestos de estancia por razón de estudios, intercambio de alumnos, prácticas no laborales o servicios de voluntariado, «en atención a la situación de cierto arraigo» que implican.

cia, no pueden ser expulsados[241]. Como vengo indicando, las objeciones que cabe plantear a la regulación reclaman una interpretación restrictiva del precepto[242]. Por otra parte, tampoco residirán legalmente en España los nacionales de otros Estados de la UE que no hayan cumplido los requisitos de entrada o no posean derecho de residencia en los términos indicados en el RD 240/2007.

Por lo que respecta al ámbito objetivo de aplicación del art. 108 CP, desde la reforma del precepto operada por LO 11/2003, la ley permite la sustitución de cualquier medida de seguridad, sea o no sea privativa de libertad, y con independencia de su duración. Además, solo se contempla la sustitución íntegra de la medida de seguridad. Todo ello contrasta claramente con el régimen de la expulsión sustitutiva de la pena, y pone de manifiesto las incoherencias en la regulación de la expulsión judicial. Pese a las diferencias apreciables en el tenor literal de los preceptos que la regulan, la FGE sostiene que la sustitución del art. 108 solo debe regir para las medidas de seguridad privativas de libertad, de acuerdo con «una interpretación sistemática, a la luz de los criterios sentados por el art. 89 y del principio de proporcionalidad»[243]. Sin embargo, es discutible que mediante una interpretación sistemática pueda excluirse la posibilidad de sustituir medidas de seguridad no privativas de libertad por la expulsión, lo que no impide transitar

---

241 Véanse, respecto a la regulación de la expulsión judicial anterior a 2015, ARIAS SENSO, M.: «Expulsión de extranjeros...», cit., p. 11; y PUENTE SEGURA, L.: *Suspensión y sustitución de las penas,* La Ley, Madrid, 2009, cit., p. 380.

242 De todas formas, a no ser que se considere expulsables a quienes gocen de una modalidad especial de estancia, la cuestión tendrá una relevancia limitada. Téngase en cuenta en este sentido, primero, la escasa duración temporal de la situación de estancia, y segundo, que el momento en el que entra en consideración la situación administrativa del extranjero es el de la materialización de la expulsión.

243 Circulares FGE 2/2006, apartado I. 9, y 7/2015, apartado 12. Es de esta opinión también DÍAZ Y GARCÍA CONLLEDO, M. (Dir.): *Protección y expulsión de extranjeros...*, cit., pp. 641 s.; y RECIO JUÁREZ, M.: *La expulsión de extranjeros...*, cit., p. 206.

otras vías que permitan restringir este supuesto de expulsión. *García Albero* opina, en este sentido, que solo cabe recurrir a la expulsión sustitutiva de las medidas de seguridad cuando el delito cometido por el extranjero tenga prevista una pena privativa de libertad. En consecuencia, no podrían sustituirse por la expulsión medidas de seguridad no privativas de libertad en los casos en que el juez, teniendo en cuenta lo dispuesto en los arts. 6.2 y 95.2 CP, tuviese vedada la imposición de una medida privativa de libertad, por no tener esa naturaleza la pena establecida por la ley para el delito cometido[244]. La tesis resulta convincente. En efecto, desde la orientación defensista o de protección de la sociedad que fundamenta la expulsión judicial, cabe entender que únicamente procede ordenarla cuando el delito cometido por el extranjero alcance una determinada gravedad[245]. De ahí se extrae que la pena prevista por la ley para ese delito tendrá que ser privativa de libertad, pues solo entonces podrá afirmarse que concurren las razones de orden público o seguridad pública que motivan la expulsión[246].

En caso de que el extranjero residente ilegalmente en España sea semiimputable y peligroso criminalmente, se le impondrá la pena atenuada (art. 68 CP) y una medida de seguridad. Se plantea entonces el problema de cómo compatibilizar el cumplimiento de la pena con la sustitución de

---

244 GARCÍA ALBERO, R.: «Art. 108», cit., p. 764.

245 Y ello, por cierto, con independencia de cuál sea el grado de peligrosidad criminal del individuo concreto. La regulación de la expulsión no tiene en cuenta este elemento en ninguna de sus modalidades, lo que resulta evidente en la que analizamos ahora.

246 *García Albero* (*ibidem*), considera, en cambio, que la razón por la que debe exigirse, para aplicar esta modalidad de expulsión, que la pena prevista para el delito sea privativa de libertad, es que en caso contrario se infringiría el principio de proporcionalidad en materia de medidas de seguridad consagrado en el art. 6.2 CP, en virtud del cual las medidas de seguridad no pueden ser más gravosas (ni de mayor duración) que la pena abstractamente aplicable al hecho cometido. Sin embargo, no parece que la comparación de la gravedad de la expulsión con la de las penas arroje resultados útiles.

la medida de seguridad por la expulsión, sin olvidar que la pena impuesta puede ser, a su vez, objeto de sustitución conforme a la regulación del art. 89 CP. No es sencillo determinar cuál es la solución más adecuada a cada una de las situaciones que pueden presentarse. Es posible que, junto a la medida de seguridad, privativa o no privativa de libertad, le sea impuesta al extranjero una pena no sustituible por la expulsión, por ejemplo, porque su extensión no supere el año. En ese caso, para evitar que la sustitución afecte tanto a la medida como a la pena, debería cumplirse esta antes de aplicar el art. 108 CP. La solución no es, desde luego, plenamente satisfactoria, pero, al menos, durante el cumplimiento de la pena puede intentarse poner en práctica algún programa de tratamiento (v. gr. en casos de drogodependencia)[247].

También puede concurrir la medida de seguridad con una pena sustituible, en cuyo caso podrá plantearse la aplicación tanto del art. 108 CP como del art. 89 CP. Si la pena no se sustituye íntegramente por la expulsión, estimo que debería darse preferencia al art. 89 CP, dado que se trata de un régimen más estricto —es decir, menos favorable a la expulsión y, como enseguida veremos, más limitado en sus efectos—. Así se logra, además, que la medida de seguridad despliegue sus efectos. Por tanto, si el juez considera que, por razones de prevención general, debe cumplirse una parte de la pena (art. 89.1) o si, por tratarse de una pena

[247] No creo que el sistema vicarial previsto en el art. 99 CP suponga ningún obstáculo a la opinión defendida en el texto. Es decir, no puede considerarse que, en el supuesto analizado, el art. 99 CP, al disponer que debe cumplirse primero la medida, obligue a aplicar preferentemente el art. 108 CP, con la consecuencia de que la expulsión sería ordenada, sin posibilidad de que pudiese plantearse la ejecución de la pena (cfr., sobre el problema, RODRÍGUEZ CANDELA, J. L.: «La expulsión del extranjero…», cit., p. 69; y BOZA MARTÍNEZ, D.: *La expulsión de personas extranjeras…*, cit., p. 341, nota 17). Lo que regula el art. 99 CP es una forma de *cumplimiento* de penas y medidas de seguridad privativas de libertad que concurren conjuntamente, mientras que aquí la medida de seguridad dejará de cumplirse, al ser sustituida por la expulsión.

de prisión superior a cinco años, esta ha de ejecutarse total o parcialmente (art. 89.2), cuando la medida de seguridad sea privativa de libertad deberá procederse como dispone el art. 99 CP: se cumplirá primero la medida de seguridad, abonándose el tiempo de cumplimiento para el de la pena, sin perjuicio de que la expulsión tenga lugar tras el tiempo que el juez hubiera determinado, el acceso al tercer grado, o a la libertad condicional. Si la medida de seguridad no es privativa de libertad, podrá intentarse su cumplimiento simultáneo a la ejecución de la pena. En fin, la expulsión solo podrá llevarse a cabo *ab initio* cuando se considere que la pena es sustituible íntegramente por la expulsión, a no ser que lo impidan los apartados cuarto o noveno del art. 89 CP[248].

El tenor literal del art. 108 CP parte de la imperatividad de la sustitución salvo que, excepcionalmente, el juez aprecie que la naturaleza del delito justifica el cumplimiento de la medida de seguridad. Tal y como ha señalado la doctrina, desde la perspectiva de la aplicación de las medidas de seguridad no puede explicarse que la naturaleza del delito sea el criterio al que haya que atender para optar por la no expulsión del extranjero[249]. Esta referencia es una muestra más de que la regulación del art. 108 CP parte de postulados defensistas, y está totalmente alejada de los parámetros rectores de la imposición y ejecución de las medidas de seguridad. En cambio, a diferencia de lo previsto en el art. 89 CP, el precepto no recoge límites a la expulsión relacionados con las circunstancias personales del extranjero. Pero ya vimos que el TS tenía en cuenta estas consideraciones antes de decidir sobre la expulsión sustitutiva de la pena aun cuando la redacción del art. 89 CP no lo exigía. Siendo así, carecería de sentido aplicar aquí un criterio distinto,

---

248 Véase una solución similar, aunque referida a la regulación posterior a 2003 y anterior a 2010, en DÍAZ Y GARCÍA CONLLEDO, M. (Dir.): *Protección y expulsión de extranjeros...*, cit., pp. 668-670; y, en el mismo sentido, RECIO JUÁREZ, M.: *La expulsión de extranjeros...*, cit., p. 208.

249 En este sentido, GARCÍA ALBERO, R.: «Art. 108», cit., p. 764; y TORRES FERNÁNDEZ, M.ª E.: *La expulsión...*, cit., p. 258.

amén de que la falta de ponderación de dichas circunstancias incrementaría las objeciones que cabe formular al precepto por su desatención a los derechos humanos del extranjero[250]. A este respecto, procede poner de manifiesto que el TEDH, en supuestos de expulsión de extranjeros con enfermedades mentales que han delinquido, a la hora de ponderar si la expulsión resultó desproporcionada por haber violado el art. 8 CEDH, además de aplicar los criterios que tiene en cuenta en los demás casos de expulsión[251], tiene particularmente en cuenta el estado de salud mental del extranjero para limitar el peso que se le atribuye a la naturaleza y gravedad de los delitos que ha cometido. Así lo hace, por ejemplo, en las sentencias de 30 de mayo de 2023, caso Azzaqui contra Países bajos, y de 7 de diciembre de 2021, caso Savran contra Dinamarca. Nuestro TC, por su parte, ha considerado en su sentencia 14/2017, de 30 de enero, que el estado de salud mental del extranjero, que motiva una situación de especial vulnerabilidad, debe ser ponderado a la hora de decidir sobre la procedencia de la expulsión. En el caso analizado, la falta de valoración de dicha circunstancia y de los elementos probatorios del arraigo motivaron la anulación de la sentencia que confirmó la expulsión, *ex* art. 57.2 LOEx., de un extranjero con una discapacidad psíquica del sesenta y cinco por ciento por trastorno esquizotípico de la personalidad y por esquizofrenia paranoide.

En definitiva, podríamos decir que la expulsión sustitutiva de las medidas de seguridad también se encuentra limitada por el arraigo del extranjero y otras circunstancias personales. Tampoco será posible la expulsión cuando no haya garantías de respeto a los derechos humanos del extranjero en el país de origen.

Por lo demás, en los casos en que el delito cometido sea uno de los enumerados en el apartado 9 del art. 89 CP, bien

---

250 Así, GARCÍA ALBERO, R. «Art. 108», cit., p. 765; y RECIO JUÁREZ, M.: *La expulsión de extranjeros...*, cit., p. 211.

251 Véase *supra* III.2.2.1.

puede considerarse que la naturaleza del delito justifica el cumplimiento de la medida de seguridad en España.

En cuanto a los efectos de esta modalidad de expulsión, es criticable que se haya mantenido un plazo único de diez años de prohibición de entrada (art. 108.2 CP). El juez no dispone aquí, por ende, de la posibilidad de modular la duración de esta prohibición en atención a las circunstancias del caso concreto, a diferencia de lo establecido en el régimen de expulsión sustitutiva de la pena (art. 89.5 CP). Dicho plazo de diez años se computa desde la fecha de la expulsión. Por otra parte, como consecuencia administrativa de la expulsión, se contempla también la referencia al archivo de cualquier procedimiento que tuviera por objeto la autorización para residir o trabajar en España (art. 108.1, segundo párrafo CP)[252].

De acuerdo con el párrafo tercero del art. 108.1 CP, cuando, acordada la sustitución de la medida de seguridad por la expulsión, esta no pudiera llevarse a efecto, deberá cumplirse la medida de seguridad originariamente impuesta.

Finalmente, el art. 108 CP, en su apartado tercero, regula cómo proceder cuando el extranjero intentara quebrantar la decisión judicial de expulsión y prohibición de entrada. En esta situación, «será devuelto por la autoridad gubernativa, empezando a computarse de nuevo el plazo de prohibición de entrada en su integridad». Por tanto, la solución que se ofrece es la devolución del extranjero, sin necesidad de que se sustancie expediente de expulsión. Nada se dice, en cambio, sobre la consecuencia de un quebrantamiento consumado, esto es, no está prevista una respuesta expresa para el caso en que el extranjero no solo intente regresar a España antes del plazo fijado, sino que lo consiga. En el periodo temporal entre las reformas de 2003 y 2010, coincidía en este punto la regulación de las dos modalidades de expulsión. Debía sostenerse entonces, según

[252] Crítico, GARCÍA ALBERO, R.: «Art. 108», cit., p. 766.

entiendo, que la consecuencia del efectivo quebrantamiento de la prohibición de entrada tenía que coincidir con la ofrecida para el intento de quebrantamiento: devolución y nuevo comienzo del cómputo del plazo[253]. Pero ahora la laguna puede cubrirse aplicando por analogía lo establecido en el art. 89.7 CP en relación con la expulsión sustitutiva de la pena. De todas formas, ello no implica que el extranjero deba cumplir necesariamente la medida de seguridad que fue sustituida por la expulsión, sino que habrá de valorarse su estado de peligrosidad criminal para determinar si procede el cumplimiento de alguna medida de seguridad y, en su caso, cuál[254]. La expulsión tendrá lugar, no obstante, por la vía administrativa, al tratarse de un extranjero sin residencia legal en España.

---

253 En este sentido, con cita de otros autores a favor y en contra de esta tesis, DÍAZ Y GARCÍA CONLLEDO, M. (Dir.): *Protección y expulsión de extranjeros...*, cit., pp. 680-682.

254 Considera, en cambio, que lo procedente es también aquí la devolución y el reinicio del cómputo del plazo, RECIO JUÁREZ, M.: *La expulsión de extranjeros...*, cit., pp. 211 s. y 257.

IV. La expulsión administrativa

La legislación administrativa en materia de extranjería contempla varios supuestos de expulsión vinculados, directa o indirectamente, con la comisión de delitos o con los antecedentes penales no cancelados que son consecuencia de aquellos. Si la condena fue dictada en España, estas modalidades de expulsión administrativa entrarán en consideración cuando no haya tenido lugar la expulsión judicial, bien porque esta no fue ordenada por no concurrir los requisitos necesarios, bien por no haberse podido ejecutar materialmente, en ese momento, la orden de expulsión. Por tanto, la aplicación de la expulsión administrativa, en los supuestos que tratamos, parte del cumplimiento previo de la condena por parte del extranjero.

Dentro de las vías de expulsión administrativa reguladas en la LOEx. que traen causa de la realización de una infracción penal por parte de un extranjero, cabe distinguir los supuestos de expulsión del art. 57, apartados 2 y 8, en los que la expulsión es consecuencia directa de la comisión de delitos (expulsión «directa»), y el supuesto de expulsión que se vincula con la no obtención o la no renovación del permiso de residencia por contar el extranjero con antecedentes penales (expulsión «indirecta»). En este último caso, la condición de residente irregular en España —art. 53.1 a) LOEx.— dará lugar a la apertura de un expediente de expulsión administrativa, conforme a lo dispuesto en el art. 57.1 del mismo texto legal, que podrá desembocar en la salida obligatoria del extranjero del territorio nacional. Además, como se verá, el hecho de que el extranjero en situación irregular haya delinquido refuerza la decisión favorable a la expulsión.

Por otra parte, debe tenerse en cuenta, que, con carácter general, la LOEx. no es de aplicación a los ciudadanos de la UE[255]. Por tanto, en cuanto a las posibilidades de expulsión administrativa de estos ciudadanos por la comisión de delitos, habrá que estar a lo dispuesto en el art. 15 del RD 240/2007, de acuerdo con lo establecido en el Capítulo VI de la Directiva 2004/38/CE del Parlamento Europeo y del Consejo.

A continuación se estudia, en el orden indicado, el ámbito de aplicación y la problemática de estas modalidades de expulsión administrativa.

1. LA EXPULSIÓN «DIRECTA»

1.1. La modalidad del art. 57.2 LOEx.

1.1.1. Ámbito de aplicación

De acuerdo con el art. 57.2 LOEx. «constituirá causa de expulsión, previa tramitación del correspondiente expediente, que el extranjero haya sido condenado, dentro o fuera de España, por una conducta dolosa que constituya en nuestro país delito sancionado con pena privativa de libertad superior a un año, salvo que los antecedentes penales hubieran sido cancelados». Se trata de una modalidad de expulsión administrativa aplicable a todos los extranjeros que se encuentran bajo el paraguas de la LOEx., con independencia de cuál sea su situación administrativa en España. También pueden incurrir en esta causa de expulsión, por tanto, los residentes de larga duración (art. 32 LOEx.), aunque estos gozan de protección reforzada frente a la expulsión, de conformidad con lo establecido en el art. 57.5 b) LOEx., que transpone el art. 12 de la Directiva 2003/109/CE del Consejo, de 25 de noviembre de 2003.

---

[255] Conforme al art. 1.3 LOEx., «Los nacionales de los Estados miembros de la Unión europea y aquellos a quienes sea de aplicación el régimen comunitario se regirán por las normas que lo regulan, siéndoles de aplicación la presente Ley en aquellos aspectos que pudieran ser más favorables».

En cuanto a los requisitos objetivos, el extranjero ha de haber sido condenado[256] por un juez o tribunal español o extranjero, sin que hayan sido cancelados aún los antecedentes penales[257]. La condena ha de haber recaído por un delito doloso que esté sancionado en nuestro país con una pena privativa de libertad superior a un año. Esta mención a las penas privativas de libertad *superiores a un año* es una referencia a la pena abstracta. Aunque ello se deduce claramente del tenor literal del precepto[258], los tribunales superiores de justicia no habían mantenido un criterio uniforme sobre el particular[259], por lo que el TS (Sala 3.ª) tuvo que aclararlo en su sentencia 893/2018, de 31 de mayo. En este pronunciamiento sienta el criterio de la pena abstracta, y puntualiza que dicha pena privativa de libertad ha de ser superior al año tanto en su límite mínimo como en su límite máximo[260]. El TS apela, en primer lugar, al argu-

---

256 Si el extranjero está siendo investigado por un delito sancionado con la pena referida en el art. 57.2 LOEx. no es posible acudir a esta modalidad de expulsión. Ahora bien, dicha situación no obstaculiza una expulsión administrativa basada en los supuestos del art. 57.1 LOEx., como veremos más adelante (*infra* IV.4).

257 Habrá que entender que los antecedentes penales no cancelados pero cancelables no pueden dar lugar tampoco a la aplicación de este precepto.

258 En este sentido, BATUECAS, J. M.: *La expulsión…*, cit., p. 43; SELMA PENALVA, A.: «La expulsión de los extranjeros…», cit., p. 23; y TORRES FERNÁNDEZ, M.ª E.: *La expulsión…*, cit., p. 133.

259 Así, por ejemplo, el criterio de la pena abstracta había sido defendido en STSJ de Madrid, sec. 3.ª, 218/2016, de 8 de junio; STSJ de Baleares, sec. 1.ª, 383/2016, de 22 de junio; STSJ del País Vasco, sec. 3.ª, 350/2016, de 22 de julio; STSJ de Andalucía (Sevilla), sec. 2.ª, 1093/2016, de 13 de octubre; y STSJ de Navarra, sec. 1.ª, 69/2018, de 26 de febrero. En cambio, mantenían el criterio de la pena concreta, entre otras, las siguientes: STSJ de Madrid, sec. 6.ª, 188/2016, de 4 de abril; STSJ de Andalucía (Sevilla), sec. 4.ª, 1175/2016, de 23 de diciembre; y STSJ de Madrid, sec. 2.ª, 420/2017, de 6 de junio.

260 Así, en su FJ 9, tras analizar las diferentes opiniones que habían sido vertidas en la jurisprudencia anterior, concluye lo siguiente: «consideramos como interpretación más acertada del art. 57.2 de la Ley Orgánica sobre Derechos y libertades de los extranjeros en España y su integración social (LOEX) —y, en concreto, su inciso "delito sancionado con pena privativa de libertad superior a un año"— debe

mento literal, y entiende al respecto que «del precepto no se deduce ninguna referencia a la concreta condena que —efectivamente— le fuera impuesta al ciudadano extranjero, pues, lo único que el precepto exige y requiere es que la sanción prevista, en el Código Penal español, para el delito por el que se le condena, sea una pena privativa de libertad superior al año, aunque la pena privativa de libertad, en concreto impuesta, sea inferior al año». Entiende, además, que la valoración subjetiva de los hechos determinantes de la condena penal, en atención al grado de ejecución y circunstancias modificativas de la responsabilidad criminal, entre otros, ya fue realizada por el tribunal penal, y no le corresponde realizarla de nuevo a la Administración al imponer la expulsión administrativa, pues el legislador solo le permite comprobar que el delito por el que fue condenado el extranjero está sancionado con una pena privativa de libertad superior al año. En su opinión, de tener en cuenta dichas circunstancias a la hora de tomar la decisión sobre la expulsión, «la aplicación del precepto en cuestión quedaría al arbitrio de que la acusación solicite mayor o menor pena o de que el Tribunal del orden penal la imponga en efecto por encima o no de dicho umbral»[261]. Esta doctrina

---

ser interpretado en el sentido de que el precepto se refiere a la pena prevista en abstracto en el Código Penal para el delito correspondiente, si bien, sólo en aquellos supuestos en los que la totalidad de la pena establecida en el Código Penal sea "una pena privativa de libertad superior a un año", esto es, excluyendo aquellos delitos en los que, con independencia del máximo previsto para la pena de privación de libertad, el mínimo, igualmente previsto, es de un año o menos».

261 La sentencia cuenta con dos votos particulares. El primero, formulado por el magistrado Fernández Valverde, parte de la naturaleza sancionadora de esta modalidad de expulsión, y entiende, por ello que «el ejercicio de tal potestad sancionadora no puede concebirse como una actividad estrictamente objetiva, sin referencias a los elementos subjetivos de la actuación desarrollada, y sin relación con las circunstancias concurrentes y con el entorno o realidad concreta en que tal actuación tuvo lugar». Considera, en definitiva, que la actuación administrativa referida en el art. 57.2 LOEx. no puede llevarse a cabo sin tomar en consideración la conducta personal del afectado y el principio de proporcionalidad. El segundo voto parti-

jurisprudencial se ha consolidado en sentencias posteriores[262].

Las penas privativas de libertad a las que se refiere el art. 57.2 LOEx. se limitan a la prisión y a la prisión permanente revisable. En efecto, quedan excluidos del ámbito de aplicación de este precepto los casos en que la pena prevista para el delito doloso sea una localización permanente, pues esta pena no alcanza el requisito de duración establecido en el art. 57.2 LOEx. Por otra parte, si el condenado quedó sujeto a una responsabilidad personal subsidiaria por impago de multa, dado que no estamos ante una pena abstracta —en el sentido de originaria— no podrá dar lugar a la aplicación del art. 57.2 LOEx.[263]. Tampoco es posible aplicar esta causa de expulsión si la condena recayó por un delito para el que se prevé una pena de otra naturaleza (multa o privativa de derechos). Como se verá, en los supuestos

---

cular lo firma Suay Rincón. Aunque este magistrado no comparte la fundamentación de Fernández Valverde basada en la atribución de carácter sancionador a la expulsión, entiende que, al tratarse de una consecuencia asociada a la realización de una infracción penal, su imposición debe someterse al juicio de proporcionalidad, para lo cual debe partirse del grado de reprochabilidad de la concreta conducta realizada. En su opinión, si la atención al criterio de proporcionalidad resulta exigible respecto de cualquier acto de gravamen, resulta más difícil eludir su toma en consideración en la medida de expulsión, habida cuenta de su incidencia directa y grave en la esfera de libertad personal de sus destinatarios, que incluso pueden ser residentes de larga duración.

262 Así, por ejemplo, SsTS (Sala 3.ª) 962/2018, de 11 de junio; 1135/2018, de 3 de julio; 1011/2020, de 16 de julio; 753/2021, de 25 de mayo; y 873/2021, de 17 de junio. De entre las citadas, la sentencia 1011/2020, de 16 de julio, se refiere a un supuesto de condena en concurso medial de delitos; en esos casos, entiende el TS que la aplicación del art. 57.2 LOEx. exige que al menos uno de los delitos cometidos tenga asignada una pena abstracta privativa de libertad superior a un año en todo su recorrido, sin que se pueda tener en cuenta la pena determinada en aplicación del art. 77.3 CP, dado que este precepto no configura una pena abstracta distinta de la asignada a cada uno de los delitos que entran en concurso, sino la pena concreta que ha de imponerse en el caso.

263 Véase BOZA MARTÍNEZ, D.: *La expulsión de personas extranjeras…*, cit., p. 351.

que quedan fuera del ámbito objetivo de aplicación de este precepto, podrá tener lugar, no obstante, la expulsión del extranjero después de la condena si se instruye un expediente de expulsión por otro motivo.

Si la condena ha sido dictada en nuestro país, habrá pasado por el filtro del art. 89 CP, por lo que la expulsión solo podrá operar con posterioridad a la ejecución de la condena, en los casos en que el extranjero no haya sido expulsado judicialmente[264/265]. Pero téngase en cuenta que el margen de la expulsión judicial es muy amplio, sobre todo a raíz de la extensión de su ámbito subjetivo a los extranjeros con residencia regular en España, en virtud de la reforma de 2015. En efecto, antes de esta reforma, el art. 57.2 LOEx.

264 Al respecto, véanse solo HERNÁNDEZ OLIVEROS, J. C.: «La expulsión de cada vez más ciudadanos extranjeros implicados en hechos delictivos», LLP, n.º 138, 2019 (digital La Ley 8411/2019), pp. 17 s.; RODRÍGUEZ YAGÜE, C.: «El modelo político-criminal español...», cit., p. 14; y TORRES FERNÁNDEZ, M.ª E.: *La expulsión...*, cit., p. 134. No obstante, debido a la confusa redacción del precepto, se ha defendido minoritariamente que la expulsión puede ser acordada también antes de que la condena sea ejecutada. En este sentido, MUÑOZ LORENTE, J.: «La expulsión del extranjero...», cit., p. 414. Crítica, entiendo que con razón, TORRES FERNÁNDEZ, M.ª E.: *La expulsión...*, cit., pp. 132-134. Se plantea la cuestión, con dudas al respecto, SELMA PENALVA, A.: «La expulsión de los extranjeros...», cit., pp. 52-54.

265 Para aplicar este precepto no se requiere que el sujeto haya cumplido efectivamente la pena privativa de libertad impuesta en la sentencia, sino que la causa de expulsión concurrirá aunque se haya suspendido la ejecución de dicha pena (arts. 80 y siguientes CP). En ese caso, la expulsión podrá tener lugar una vez transcurrido el plazo de suspensión y remitida la pena (art. 87 CP). Sobre ello, GARCÍA CATALÁN, J. M.: *Infracciones...*, cit., p. 326; y SELMA PENALVA, A.: «La expulsión de los extranjeros...», cit., pp. 23 s. Sin embargo, existen pocas posibilidades reales de que se haga efectiva una expulsión por esta vía, porque, como se ha señalado al analizar la expulsión judicial, la pena privativa de libertad impuesta al extranjero solo se suspenderá cuando no quepa ordenar la expulsión por razones de arraigo o cuando no pueda ejecutarse la expulsión ordenada por el juez, por lo que, salvo un cambio de circunstancias, tampoco podrá ordenarse o ejecutarse la expulsión administrativa. Sobre ello véase *infra* en el texto.

constituía el único mecanismo de expulsión de extranjeros en situación regular que hubiesen sido condenados. Pero, desde la entrada en vigor de la LO 1/2015, al haberse aproximado los requisitos legales de las modalidades de expulsión administrativa y judicial, y al ser la primera subsidiaria de la segunda, el ámbito de aplicación del art. 57.2 LOEx. se ha visto considerablemente reducido. Conforme a la regulación vigente, los casos en los que puede acordarse la expulsión a través del art. 57.2 LOEx. por no haberse sustituido la pena de prisión por la expulsión *ex* art. 89 CP se reducen a dos: en primer lugar, sujetos condenados por un delito doloso a una pena de prisión no superior a un año, cuando la pena abstracta supere ese límite en todos sus extremos. A este respecto, como ya vimos, las penas de prisión de más de un año a las que alude el art. 89 CP son las concretas penas impuestas en sentencia. Y así, habrá supuestos en los que la expulsión judicial no podrá decretarse, por haber sido condenado el sujeto a una pena de prisión que no supere el año, pero sí sea posible la expulsión administrativa posterior al cumplimiento de la pena si el delito estaba castigado con una pena abstracta superior al año tanto en su límite mínimo como máximo —supongamos que el delito quedó en grado de tentativa, lo que dio lugar a uno o varios descensos de la pena en grado—. En segundo lugar, cabrá también la expulsión administrativa cuando, acordada la ejecución total de la pena, de acuerdo con el art. 89.2 CP, el sujeto no sea clasificado en tercer grado ni se le conceda la libertad condicional. Huelga decir que este supuesto solo se dará de manera muy excepcional. Por otra parte, si la pena privativa de libertad impuesta fue prisión permanente revisable, hemos defendido la opinión de que no cabe la expulsión judicial, pero sí podrá plantearse la expulsión administrativa si el condenado consigue la remisión definitiva de la pena.

El resto de los supuestos que imposibilitan la orden de expulsión judicial no abren la puerta a la expulsión administrativa que tratamos en este apartado: por un lado, si la razón por la que no se expulsa al extranjero en virtud del 89 CP es porque posee arraigo en España, esa misma circunstancia impedirá la aplicación del art. 57.2 LOEx., como enseguida veremos[266]. Por otro lado, cuando no se ha podido sustituir la pena por la expulsión por haber cometido el extranjero alguno de los delitos enumerados en el art. 89.9 CP, la expulsión administrativa posterior al cumplimiento de la pena tiene lugar conforme al art. 57.8 LOEx., al que también se hará referencia después.

Conviene recordar, asimismo, que la LOEx. mantiene abiertas vías indirectas para la expulsión de condenados con antecedentes penales. Como veremos en el próximo epígrafe, si el extranjero está pendiente de una autorización de residencia temporal, no podrá obtenerla porque se lo impedirá el art. 31.5 LOEx. Además, los antecedentes penales son objeto de valoración —aunque en este caso no suponen un factor impeditivo *per se*— cuando se trate de decidir sobre las renovaciones de dicha autorización, de acuerdo con lo establecido en el art. 31.7 LOEx. Si se deniega la autorización de residencia temporal o no se renueva por este motivo, el extranjero se encuentra en la situación descrita en el art. 53.1 a), por lo que se le puede expulsar aplicando el art. 57.1 LOEx. Siendo así, cuando la situación del extranjero cumpla los requisitos del art. 57.2 LOEx. y, a la vez, no pueda obtener o renovar la autorización de residencia temporal, se dará un concurso de leyes entre los dos apartados del art. 57 LOEx.[267]. En definitiva, parece que el ámbito de aplicación específico del art. 57.2 LOEx. —en el

---

266 Como indica BOZA MARTÍNEZ, D.: *La expulsión de personas extranjeras…*, cit., pp. 353 s., resulta ilógico que tras un pronunciamiento judicial contrario a la expulsión por considerarla desproporcionada pueda resolver posteriormente un órgano administrativo en sentido contrario. Véanse también, en el mismo sentido, LARRAURI PIJOAN, E.: «Antecedentes penales…», cit., p. 13; GARCÍA ESPAÑA, E.: «El arraigo de presos extranjeros…», cit., p. 137; y ODRIOZOLA GURRUTXAGA, M.: *Expulsión penal…*, cit., pp. 171 s.

267 Por esta razón, estimaba ASÚA BATARRITA, A.: «La expulsión del extranjero…», cit., p. 42, que el art. 57.2 LOEx. es redundante. De la misma opinión, MONCLÚS MASÓ, M.: *La gestión penal de la inmigración…*, cit., p. 421.

sentido de que no se solapa con el apartado 1— queda limitado a la expulsión de extranjeros que residen legalmente en España y en situación de residencia de larga duración, cuando ya no necesitan renovar autorización de residencia alguna, con la paradoja de que precisamente la ley protege especialmente de la expulsión a los residentes que ostentan dicho estatus.

Estos solapamientos del ámbito de aplicación de la modalidad de expulsión que tratamos con la expulsión judicial y con la expulsión administrativa del art. 57.1 LOEx., lo convierten en un supuesto residual, por lo que cabe plantear su derogación[268].

1.1.2. Directrices rectoras de la resolución de expulsión

Como vimos en el epígrafe dedicado a la naturaleza jurídica de la expulsión, el TC no ha llegado a pronunciarse expresamente sobre el carácter, sancionador o no, de la modalidad regulada en el art. 57.2 LOEx., pero en su sentencia 236/2007, de 7 de noviembre (FJ 14), sí rechaza que este supuesto de expulsión persiga una finalidad retributiva o de castigo y, considera, por el contrario, que la medida «obedece a objetivos propios de la política de extranjería que, en todo caso, están relacionados con el control de los flujos migratorios (...)». Teniendo en cuenta que, conforme a su propia doctrina, la finalidad represiva o de castigo es una característica específica de las sanciones, es posible deducir que el TC niega la naturaleza sancionadora de la expulsión. De las anteriores consideraciones relativas a los

---

268 Al respecto, entre otros, BOZA MARTÍNEZ, D.: *La expulsión de personas extranjeras...*, cit., p. 354; ODRIOZOLA GURRUTXAGA, M.: *Expulsión penal...*, cit., pp. 172 y 207; y, en el mismo sentido, MARTÍNEZ MUÑOZ, C. J.: *Aproximación crítica a la expulsión...*, cit., pp. 247 ss. Por su parte, NAVARRO CARDOSO, F.: «Análisis del artículo 89...», cit., pp. 200 y 223, considera que debe promoverse la derogación de una de las dos previsiones, la del art. 57.2 LOEx. o la del art. 89 CP, y opta por proponer la derogación del precepto del Código penal. Sobre todo ello véase *infra* V.

objetivos de la expulsión, extrae el TC en la citada sentencia la ausencia de un fundamento común con la sanción penal, lo que permitiría la aplicación de ambas consecuencias jurídicas sin riesgo de incurrir en *bis in idem*.

Por su parte, las salas de lo contencioso-administrativo de los tribunales superiores de justicia, con base en los planteamientos del TC, han afirmado reiteradamente, en este caso de forma expresa, que la expulsión regulada en el art. 57.2 LOEx. no posee un carácter sancionador[269]. De ahí han extraído distintas consecuencias relevantes para su aplicación práctica, como la de negar la vulneración del principio *non bis idem* por su imposición acumulada a la pena[270], o la de posicionarse a favor de considerar que la pena privativa de libertad superior a un año mencionada en el art. 57.2 LOEx. es la pena abstracta[271], criterio que,

---

269 En el análisis de las formas de expulsión administrativa, resulta de gran interés la consulta de la jurisprudencia de las salas de lo contencioso administrativo de los tribunales superiores de justicia. Cabe recordar, en este sentido, que hubo unos años de silencio del TS en cuestiones de extranjería motivado por la LO 19/2003, cuya Disposición Adicional 14.ª modificó la Ley 29/1998, reguladora de la Jurisdicción Contencioso-administrativa, otorgando competencias a los juzgados de lo contencioso-administrativo para conocer de los asuntos de extranjería. Contra sus resoluciones cabría recurso de apelación ante la sala correspondiente de los tribunales superiores de justicia, con lo que no fue posible a partir de ese momento el recurso de casación ante el TS. La LO 7/2015 —cuya Disposición Final 3.ª modifica la Ley 29/1998, permitiendo recurrir en casación las sentencias dictadas en apelación por los tribunales superiores de justicia— posibilitó que la Sala 3.ª del TS volviera a pronunciarse en materia de extranjería.

270 Véanse, por ejemplo, entre otras muchas, STSJ de Murcia, sec. 2.ª 63/2013, de 25 de enero; STSJ de Madrid 621/2016, de 9 de diciembre; y STSJ de Castilla y León, Valladolid, sec. 2.ª, 897/2017, de 13 de julio.

271 Así, por ejemplo, la STSJ del País Vasco, sec. 3.ª, 350/2016, de 22 de julio, afirma que al extranjero «no se le ha impuesto una sanción sino que se ha acordado la aplicación de la consecuencia que el art. 57.2 establece para el caso de ser condenado a la pena de privación de libertad teniendo presente que esa condena lo sea por la comisión de delito doloso que (en abstracto) sea susceptible de ser castigado con pena superior a un año de prisión»; y la STSJ de Navarra,

como hemos visto, fue acogido por el TS con los mismos argumentos en su sentencia 893/2018, de 31 de mayo. Estas cuestiones ya han sido atendidas suficientemente en páginas anteriores, por lo que no es preciso detenerse más en ellas. De igual manera, durante un tiempo, varias sentencias de los tribunales superiores de justicia apelaron a la ausencia de naturaleza sancionadora de esta modalidad de expulsión para considerar que a la misma no le son aplicables las excepciones establecidas en el apartado 5 del mismo art. 57 LOEx., sino que la expulsión es de aplicación automática una vez constatada la existencia de una condena por delito doloso castigado con pena de prisión superior a un año con los antecedentes penales no cancelados. Ello afectaba, sobre todo, a los residentes de larga duración, pues ya se ha indicado que ellos han sido los principales destinatarios de la expulsión regulada en el art. 57.2 LOEx. Con esta interpretación, se impedía la aplicación a estos residentes de la excepción contemplada en la letra b) del art. 57.5 LOEx., como transposición de lo dispuesto en el art. 12 de la Directiva 2003/109/CE, relativa al estatuto de los residentes de larga duración. Alegaban los tribunales superiores de justicia en estos pronunciamientos, básicamente, que el apartado 5 del citado precepto establece limitaciones a la expulsión de residentes extranjeros de larga duración solo cuando la expulsión sea consecuencia de la imposición de una sanción, y aquí «no se está ante una sanción de expulsión como tal, prevista en el art. 57.1, sino ante la consecuencia no punitiva desde la perspectiva administrati-

---

sec. 1.ª, 69/2018, de 26 de febrero, en la que se afirma que al defender dicha tesis no resultan vulnerados los principios de proporcionalidad e individualización de las sanciones porque la expulsión regulada en ese precepto no es una medida sancionadora sino «una consecuencia *ipso iure* de la sanción penal». Y, añade, «la expulsión es una medida *ad hoc* impuesta por la legislación de extranjería en atención a la gravedad "en abstracto" del delito cometido por las especiales razones de ese régimen jurídico ajenas a consideraciones propias de otros ámbitos normativos».

va, de la comisión de un ilícito penal»[272]. La tesis llegó a ser asumida por el TS, argumentando, incorrectamente, la necesidad de tomar en consideración la Directiva 2001/40/CE, de 28 de mayo, relativa al reconocimiento mutuo de las decisiones en materia de expulsión de nacionales de terceros países[273].

Pero el TC ha rechazado esta interpretación en varias sentencias, entre las que destaca la 201/2016, de 28 de

---

272 Así, STSJ de Asturias 647/2017, de 17 de julio. En muchos casos hubo reiterados cambios de criterio sobre el particular. Por ejemplo, la STSJ de Galicia (sec. 1.ª) 75/2015, de 11 de febrero, informa de que había mantenido dicha tesis previamente, pero que cambió de criterio en su sentencia de 5 de marzo de 2014 y que, desde entonces, considera que sí rige el art. 57.5 b) LOEx. para los residentes de la larga duración a quienes se les aplique el art. 57.2 LOEx., con el fin de respetar lo dispuesto en la Directiva. El TSJ de Cataluña rechazó durante un tiempo la aplicación de los límites a la expulsión, cambió el criterio en su sentencia (sec. 2.ª) 43/2014, de 23 de enero, respecto a los residentes de larga duración, y volvió a la posición anterior en la sentencia, de la misma sección, 376/2014, de 23 de mayo.

273 Dicha Directiva establece, en sus arts. 1 y 3, el reconocimiento de la decisión de expulsión adoptada por una autoridad competente de un Estado miembro, entre otros casos, cuando la decisión se basa en una amenaza grave y actual para el orden público o la seguridad nacionales, lo que concurre en casos de condena del nacional de un tercer país por el Estado miembro por una infracción sancionable con una pena privativa de libertad de al menos un año. De esta normativa deduce el TS que sí procede la expulsión automática de extranjeros residentes de larga duración condenados por delitos dolosos con penas superiores a un año, sin que sea de aplicación lo dispuesto en el artículo 57.5 LOEx. ni en el artículo 12 de la Directiva 2003/109/CE —así las SsTS (Sala 3.ª, sec. 5.ª) 191/2019, de 19 de febrero; y 257/2019, de 27 de febrero—. Pero, como indica la STS 321/2020, de 4 de marzo, a la que enseguida haremos referencia en el texto, esta Directiva no es de aplicación al caso, pues su objeto es reconocer las decisiones de expulsión adoptadas por las autoridades de un Estado miembro contra un nacional de un tercer país que se encuentre en el territorio de otro Estado miembro. Es decir, se limita a regular el reconocimiento, por parte del Estado en el que reside el extranjero que ha de ser expulsado, de la orden de expulsión dictada por otro Estado. Evidentemente, esta situación no concurre en el supuesto analizado, pues el país que dicta la orden de expulsión y el que ha de ejecutarla coinciden.

noviembre[274]. Según el TC (FJ 3), el argumento no puede ser aceptado fundamentalmente por dos motivos: primero, porque es dudosa su compatibilidad con lo dispuesto en el art. 12 de la citada Directiva, que obliga a ponderar las circunstancias familiares en toda decisión de expulsión, también por tanto en las que no tienen naturaleza sancionadora; y, segundo, porque la expulsión está sujeta a especiales exigencias de motivación por el grado de gravamen que representa en intereses constitucionalmente salvaguardados, y ello aunque no se le pueda atribuir el carácter de sanción. En este sentido, recuerda que «el deber de motivación en el ámbito administrativo (...) no solo se produce en el supuesto de sanciones administrativas» y que dicho deber alcanza a veces una dimensión constitucional que lo hace fiscalizable a través del recurso de amparo (...)», lo que ocurre cuando los actos administrativos limitan o restringen el ejercicio de derechos fundamentales. Pues bien, cuando se expulsa a un extranjero residente de larga duración se limitan claramente sus derechos fundamentales, pues «se ha visto privado de su autorización de residencia, lo que implica la alteración de su propia condición de ciudadano y de la posibilidad del ejercicio de los derechos y libertades inherentes a la misma, aparte de las consecuencias que la medida tiene en su vida familiar (...) lo que hace que sea extensible a dicha medida ese deber constitucional de motivación al margen de su eventual naturaleza jurídica sancionadora». En la sentencia, considera vulnerado el derecho a la tutela judicial efectiva (art. 24.1 CE) por

---

274 Véanse en el mismo sentido, la STC 186/2013, de 4 de noviembre y, sobre todo, los votos particulares formulados, que critican a la decisión mayoritaria no haber extraído adecuadamente las consecuencias de esa tesis al caso concreto; así como las SsTC 131/2016, de 18 de julio, FJ 6, y 14/2017, de 30 de enero, FJ 5. Sobre los criterios mantenidos por el TC al respecto, véanse PLEITE GUADAMILLAS, F.: «Régimen de las expulsiones del artículo 57.2 de la Ley Orgánica 4/2000», Actualidad Administrativa, n.º 9, 2017 (digital La Ley 10105/2017), pp. 22 ss.; y ODRIOZOLA GURRUTXAGA, M.: *Expulsión penal...*, cit., pp. 155 ss.

ausencia de toda motivación relativa a las circunstancias personales y familiares del extranjero.

Además, la STC 151/2021, de 13 de septiembre, en su FJ 3, extiende esta doctrina del deber de motivación de las resoluciones que acuerdan la salida del territorio nacional de un extranjero no comunitario a las expulsiones acordadas en aplicación del art. 57.2 LOEx. respecto de quienes carecen de autorización de residencia de larga duración. El TC se basa en su sentencia 186/2013, que exigía la ponderación de la proporcionalidad de la expulsión prevista en el art. 57.2 LOEx., con arreglo a las circunstancias concretas de la persona afectada y su núcleo familiar, sin hacer distinción en cuanto a la situación administrativa del extranjero —la sentencia versaba sobre un caso de estancia irregular—. Entiende también que no cabe alegar, en contra de esta opinión, que de la letra del art. 57.5 b) LOEx. se deduzca la imposibilidad de exigir un juicio de proporcionalidad de la medida de expulsión del art. 57.2 LOEx., a ciudadanos extranjeros que no tienen otorgada la residencia de larga duración. Considera, a este respecto, que del art. 57.5 b) no se infiere una renuncia del legislador interno a exigir el juicio de proporcionalidad fuera de esos supuestos. Se trata, simplemente, de otorgar a los residentes de larga duración una protección reforzada, por lo que el art. 57.5 b) complementa, pero no sustituye, al art. 57.2 LOEx. Por último, argumenta, dando la razón a las alegaciones del Ministerio Fiscal, que supondría un contrasentido dispensar un tratamiento constitucional distinto a la medida de expulsión que se acuerda en aplicación del art. 57.2 LOEx. respecto de la expulsión sustitutiva de la prisión que puede acordar el juez penal conforme con el art. 89 CP, en la que ha de atenderse siempre al juicio de proporcionalidad (art. 89.4 CP), siendo el presupuesto de aplicación, en ambos casos, el mismo, esto es, la condena por la comisión de un delito castigado con pena superior a un año de privación de libertad.

En definitiva, concluye el TC, «la protección que corresponde a la administración y a los tribunales de justicia en cuanto a los derechos fundamentales (arts. 18 y 19 CE) y bienes constitucionalmente reconocidos (arts. 10.1, 39.1 y 39.4 CE) que quedan afectados con la adopción de una medida tan drástica para la persona y su entorno familiar, como es la expulsión del territorio nacional y la prohibición aneja de retornar en un determinado plazo, se imponen a cualquier consideración de legalidad ordinaria sobre la literalidad de los arts. 57.2 y 57.5 LOEx. que resulte impeditiva de la aplicación del principio de proporcionalidad, con independencia de la situación legal de residencia del ciudadano extranjero en España». Tal y como señala el TC, mediante esta sentencia completa la doctrina asentada por la STC 186/2013, a propósito de un supuesto de estancia irregular, y por las SsTC 131/2016 y 201/2016 para los residentes de larga duración, «extendiendo la exigibilidad de la proporcionalidad de la medida de expulsión a los extranjeros con autorización de estancia temporal, lo que supone el examen de sus circunstancias personales (edad, gravedad de los hechos objeto de condena, asunción de su castigo) y familiares, en especial el dato del arraigo en España y el que podría tener en su país de origen».

El TS ha asumido estos planteamientos, desde su sentencia 321/2020, de 4 de marzo, abandonando en consecuencia aquella línea jurisprudencial que avalaba la aplicación automática del art. 57.2 LOEx. a los residentes de larga duración[275]. En el extenso fundamento jurídico séptimo, declara el TS que solo es posible adoptar la decisión de expulsar del territorio a un extranjero no perteneciente a la UE provisto de permiso de residencia de larga duración, de conformidad con lo establecido en el art. 57.2 LOEx., cuando el extranjero represente una amenaza real

---

[275] En el mismo sentido, SsTS 1125/2020, de 27 de julio; 1254/2020, de 5 de octubre; 1260/2020, de 6 de octubre; 1453/2020, de 5 noviembre; 1454/2020, de 5 de noviembre; 1696/2020, de 10 de diciembre; 384/2021, de 18 de marzo; 1591/2021, de 27 de diciembre; y 1118/2022, de 7 de septiembre. Estas sentencias se refieren, exclusivamente, a casos de aplicación del precepto a residentes de larga duración.

y suficientemente grave para el orden público o la seguridad pública del país, para cuya constatación se exige un alto nivel de motivación por parte de la Administración, sin que pueda identificarse, de forma directa o automática, la condena penal impuesta con la concurrencia de una causa de expulsión. Por tanto, la citada condena no implica necesariamente que el condenado represente dicha amenaza grave para el orden o la seguridad públicos. Además, el nivel de motivación de la decisión debe llevarse a cabo por la Administración, y controlarse por los órganos jurisdiccionales, con arreglo a las circunstancias previstas en el apartado tercero del art. 12 de la Directiva 2003/109/CE, así como en el art. 57.5 b) de la LOEx.

Se basa el TS, en primer lugar, en las ya referidas SsTC 201/2016 y 14/2017, en segundo lugar, en las SsTJUE de 8 de diciembre de 2011 (C-371-08, caso Ziebell contra Land Baden-Wüttemberg) y 7 de diciembre de 2017 (C-636/16, caso López Pastuzano contra Delegación del Gobierno en Navarra), ambas en relación con el art. 12 de la Directiva 2003/19/CE[276] y, en tercer lugar, en la doctrina sentada por el TEDH en la sentencia de 18 de diciembre de 2018 (Asuntos acumulados Saber y Boughassal contra España, 76550/13 y 45938/14), donde se analiza la posible vulneración del art. 8 CEDH por no ponderar los intereses en juego que han de valorarse para adoptar la decisión de expulsión conforme al art. 57.2 LOEx.

Procede señalar, al respecto, que el TJUE ha indicado en dichas sentencias que «las medidas justificadas por razones de orden o de seguridad públicos sólo pueden adoptarse cuando, tras una valoración caso por caso por parte de las autoridades nacionales competentes, se ponga de manifiesto que la conducta individual de la persona en cuestión representa actualmente una amenaza real y suficientemente grave para un interés fundamental de la

---

[276] A las que podríamos añadir, en el mismo sentido, la STJUE de 11 de junio de 2020 (C-448/19, caso WT contra la Subdelegación del Gobierno de Guadalajara).

sociedad». Asimismo, «al llevar a cabo esa valoración, tales autoridades están obligadas, además, a velar por el respeto tanto del principio de proporcionalidad como de los derechos fundamentales del interesado y, en particular, del derecho al respeto de su vida privada y familiar». Por tanto, «dichas medidas no pueden adoptarse de un modo automático a raíz de una condena penal o con una finalidad de prevención general para disuadir a otros extranjeros de que cometan infracciones»[277]. En definitiva, según el TJUE, no puede expulsarse a un nacional de un tercer Estado residente de larga duración «por la mera razón de que haya sido condenado a una pena privativa de libertad superior a un año»[278].

Y, en cuanto al TEDH, la citada sentencia de 18 de diciembre de 2018, además de recordar los criterios que han de ser ponderados para valorar si la expulsión es necesaria en una sociedad democrática y proporcionada a la finalidad legítima perseguida, a los que ya nos referimos al comentar el art. 89.4 CP, en su apartado 48 rechaza el argumento alegado por el Gobierno de que la ponderación entre el derecho al respeto a la vida privada y familiar y el respeto del orden público ya ha sido realizada por el legislador con la aprobación del art. 57.2 LOEx. Recuerda, a este respecto, que, conforme al criterio del TEDH, «la naturaleza y la gravedad de la infracción cometida por el extranjero es solo uno de los criterios que deben ser ponderados por las autoridades nacionales al valorar la necesidad de una orden de expulsión con respecto a los derechos protegidos por el artículo 8 del Convenio».

Finalmente, merece una especial mención la STS 30/2022, de 18 de enero[279]. El particular interés de esta

---

277 Así, en la STJUE relativa al caso Ziebell contra Land Baden Wüttemberg, apartados 82 y 83.

278 STJUE en el caso López Pastuzano contra Delegación del Gobierno en Navarra, apartado 28.

279 En idéntico sentido, véase también la STS 1106/2023, de 4 de septiembre.

sentencia reside, en primer lugar, en que, excepcionalmente, versa sobre un caso de aplicación del art. 57.2 LOEx. a un residente irregular; en segundo lugar, en la firmeza con la que descarta la naturaleza de infracción administrativa del art. 57.2 LOEx., negando también, en consecuencia, el carácter sancionador de la expulsión que allí se regula; y, en tercer lugar, en las consecuencias que extrae de dichas consideraciones, tanto en materia de prescripción, como de motivación de la decisión de expulsión.

En dicha sentencia, el TS debía responder a la cuestión de si el apartado 2 del art. 57 tipifica una nueva y concreta infracción administrativa no prevista en los arts. 52, 53 y 54 LOEx. o, por el contrario, la causa de expulsión es una consecuencia «*ope legis* de la condena penal», planteándose, en último término, si le resulta aplicable el régimen de prescripción de infracciones y sanciones del art. 56 LOEx. Al respecto, constata que el legislador no ha incluido lo descrito en el art. 57.2 en el catálogo de infracciones administrativas en materia de extranjería de los arts. 52, 53 y 54, ni de las sanciones que les corresponden en función de su gravedad, a las que van referidas los plazos de prescripción contemplados en el art. 56. También alega que el derecho comunitario (Directivas 2001/40 y 2003/109) no impone la configuración del supuesto contemplado en el art. 57.2 LOEx. como infracción administrativa. A continuación, niega que la expulsión allí regulada tenga naturaleza sancionadora, pues carece de finalidad represiva, retributiva o de castigo.

Ahora bien, alega el TS que el hecho de excluir la naturaleza sancionadora de la expulsión prevista en dicho precepto no supone una merma de las garantías procedimentales, ni tampoco del deber de motivación, ponderación y respeto al principio de proporcionalidad propios del ejercicio de la potestad sancionadora, puesto que tales exigencias han de regir asimismo, en todo caso, en la aplicación de la medida de expulsión, que ha de estar alejada de cualquier automatismo. Insiste, a este respecto, en que tal necesidad de motivación, ponderación individualizada y respeto al principio de proporcionalidad no es exigible solo en el ámbito sancionador, sino que deriva directamente del necesario respeto a los derechos fundamentales y a los principios constitucionales en los que incide gravemente la expulsión. Por tanto, y en definitiva, aunque no se trate de una sanción, no cabe imponerla automáticamente ante la condena por un delito doloso castigado con la pena referida en el precepto, «ya que el grado de gravamen que tal medida representa en intereses constitucionalmente salvaguardados impone la necesidad, en todo caso, de motivación, individualización, ponderación de todas las circunstancias personales y familiares concurrentes, y la aplicación del principio de proporcionalidad entre la finalidad perseguida por la medida y los principios constituciones y derechos fundamentales a los que afecta».

Sin perjuicio de lo anterior, concluye el TS que, al no tratarse de una infracción administrativa ni de una sanción, no es aplicable el régimen de prescripción de infracciones y sanciones del art. 56 LOEx. Por eso, aunque en el caso que motiva el recurso se habían sobrepasado con creces los plazos referidos en dicho precepto desde que adquirió firmeza la sentencia condenatoria hasta la fecha de incoación del procedimiento administrativo, la prescripción no puede afectar a la resolución de expulsión.

1.2. La modalidad del art. 57.8 LOEx.

De acuerdo con el art. 57.7 LOEx., cuyo contenido será comentado después, si el extranjero sobre el que pende un expediente administrativo de expulsión está además imputado (investigado) por un delito de tráfico ilegal de personas o inmigración clandestina de los enumerados en ese apartado, no es posible autorizar su expulsión, por lo que el proceso penal tendrá que continuar. Por otra parte, como ya sabemos, el art. 89.9 CP imposibilita que sean sustituidas por la expulsión las penas de prisión impuestas por estos delitos. Con todo, nuestro ordenamiento jurídico quiere asegurar que no permanezcan en España, una vez cumplida la pena, los extranjeros condenados por la comisión de dichos ilícitos penales, y, por esa razón, el art. 57.8 LOEx. dispone que «cuando los extranjeros, residentes o no, hayan sido condenados por conductas tipificadas como delitos en los arts. 312.1, 313.1 y 318 bis del Código penal, la expulsión se llevará a efecto una vez cumplida la pena privativa de libertad».

Los apartados 7 y 8 del art. 57 LOEx. no fueron adaptados a la reforma del Código penal operada por LO 5/2010, por lo que desde entonces existe una discordancia entre los preceptos citados en dichos apartados y la regulación del Código penal en el art. 313 y en el art. 89 (apartado 7, de acuerdo con el texto vigente hasta 2015)[280]. La falta de armonización es aún más patente tras la reforma del Código penal *ex* LO 1/2015. Por una parte, el art. 89.9 CP añade el delito de trata de seres humanos (art. 177 bis CP) al listado de figuras delictivas cuyas penas de prisión no son susceptibles de ser sustituidas por la expulsión, sin que dicho delito se haya incorporado a los enumerados en los apartados 7 y 8 del art. 57 LOEx. En cualquier caso, no podrá plantearse la solicitud de autorización para la expulsión conforme al apartado 7, porque la pena prevista para la trata de seres humanos supera los seis años de prisión. Por lo demás, la expulsión del extranjero con posterioridad a la pena tendrá que sustanciarse de acuerdo con lo establecido en el art. 57.2 LOEx.

Por otra parte, hay que tener en cuenta que la reforma de 2015 redujo considerablemente las penas de los tipos básicos del art. 318 bis CP. Actualmente, los apartados 1 y 2 del precepto prevén penas de multa de tres a doce meses o prisión de tres meses a un año. Aun en el supuesto de que el juez eligiese la pena de prisión, esta quedaría fuera del régimen de sustitución previsto en el art. 89 CP, dado que

---

280 Sobre el problema y las posibles soluciones, véanse RODRÍGUEZ GÓMEZ, M. / DEL MORAL GARCÍA, A.: «Artículo 57. Expulsión del extranjero», en Cavas Martínez (Dir.): *Comentarios a la Ley de extranjería y su nuevo reglamento,* Aranzadi, Pamplona, 2011, p. 848.

la pena concreta no superaría el año de duración —a no ser que se hubiera aplicado alguna regla penológica que determinase el ascenso de la pena en grado—. La expulsión administrativa posterior al cumplimiento de la pena de prisión tampoco sería posible a través del art. 57.2 LOEx. Sin embargo, sí podría ordenarse la expulsión en aplicación del apartado 8 del precepto, al menos si atendemos al tenor literal del mismo[281]. Parece más adecuado realizar una interpretación sistemática y teleológico-restrictiva del precepto, y entender que la mención a las condenas por el delito del art. 318 bis va referida a las penas privativas de libertad cuya duración abstracta supere el año de duración tanto en su límite mínimo como en el máximo, lo que sucede cuando se aplican los tipos agravados de los apartados 3 y 4. Se respetaría así el límite establecido en el art. 57.2 LOEx., cuya razón de ser se encuentra en la consideración de que no cualquier condena motiva la expulsión con fines asegurativos, sino solo las que hayan sido impuestas por la comisión de delitos de cierta gravedad. Finalmente, entiendo que, en coherencia con dicho precepto, no deberían tenerse en cuenta las condenas a efectos de expulsión cuando los antecedentes penales hubieran sido cancelados.

2. LA EXPULSIÓN «INDIRECTA» (ARTS. 57.1 Y 53.1 A) LOEx.)

De acuerdo con el art. 53.1 a) LOEx. constituye una infracción administrativa grave en materia de extranjería «encontrarse irregularmente en territorio español, por no haber obtenido la prórroga de estancia, carecer de autorización de residencia o tener caducada más de tres meses la mencionada autorización, y siempre que el interesado no hubiere solicitado la renovación de la misma en el plazo

281 Al respecto BOZA MARTÍNEZ, D.: *La expulsión de personas extranjeras…*, cit., pp. 356 s., indicando la necesidad de modificar el art. 57.8 LOEx.

previsto reglamentariamente»[282]. Aunque por regla general las infracciones administrativas están sancionadas con una multa —en las infracciones graves, de 501 a 10.000 euros (art. 55.1 b) LOEx.)—, la situación administrativa irregular constituye, como hemos visto, uno de los supuestos que facultan la expulsión del extranjero por aplicación del art. 57.1 LOEx. Concretamente, dispone este precepto que, en ese caso, «podrá aplicarse, en atención al principio de proporcionalidad, en lugar de la sanción de multa, la expulsión del territorio español, previa la tramitación del correspondiente expediente administrativo y mediante la resolución motivada que valore los hechos que configuren la infracción». Después, el art. 57.3 LOEx. dispone que «en ningún caso podrán imponerse conjuntamente las sanciones de expulsión y multa».

---

282 Tras las dudas iniciales sobre los supuestos que debían considerarse incluidos en dicho enunciado, la Sala 3.ª del TS ha afirmado, en jurisprudencia constante, que el art. 53.1 a) se refiere al hecho de encontrarse irregularmente en territorio español por unas circunstancias muy concretas: primero, por no haber obtenido la prórroga de estancia, segundo, por carecer de autorización de residencia y, tercero, por tener caducada más de tres de meses esta autorización, siempre que no se hubiese solicitado en plazo su renovación. Deduce el TS que el precepto no contempla el supuesto en que el extranjero ha entrado ilegalmente en territorio español y se encuentra en él irregularmente sin haber sobrepasado los noventa días a los que se refiere el art. 30.1 LOEx. al regular la situación de estancia, de manera que lo procedente en ese caso es decretar la devolución regulada en el art. 58 LOEx., medida que no conlleva la prohibición de entrada en territorio español desde que la STC 17/2013, de 31 de enero, declarara inconstitucional dicha previsión, que había sido incorporada al precepto por la LO 14/2003. No obstante, como en este caso la devolución no se realiza por ninguno de los dos motivos a los que se refiere el art. 58.3, se exige la tramitación de un expediente. Sobre esta interpretación jurisprudencial del art. 53.1 a), véanse, entre otras muchas, SsTS (Sala 3.ª, sec. 5.ª) de 22 de diciembre de 2005; 30 de noviembre de 2006; 19 de diciembre de 2006; 18 de enero de 2007; 20 de septiembre de 2007; 4 de octubre de 2007, 20 de diciembre de 2007; y 28 de noviembre de 2008. Véase una crítica a esta interpretación del TS y, por ende, al hecho de que se recurra a la devolución en estos supuestos en LORENZO JIMÉNEZ, J. V.: «La expulsión de extranjeros...», cit., pp. 206 ss.

Pues bien, de acuerdo con las previsiones de la LOEx. en materia de concesión y de renovación de la autorización de residencia temporal, la posesión de antecedentes penales por parte del extranjero puede desembocar en la situación de irregularidad descrita en el art. 53.1 a) del mismo texto legal[283]. Según el art. 31.5 LOEx., «para autorizar la residencia temporal de un extranjero será preciso que carezca de antecedentes penales en España o en los países anteriores de residencia, por delitos existentes en el ordenamiento español, y no figurar como rechazable en el espacio territorial de países con los que España tenga firmado un convenio en tal sentido». Se refiere este apartado 5 del art. 31 a la autorización inicial de residencia, que puede solicitarse cuando finalice la situación de estancia del extranjero, es decir, tras haber trascurrido noventa días de permanencia en territorio español (art. 30 LOEx.). Esta primera autorización concede un permiso de residencia de un año que cabe renovar en dos ocasiones, siendo dos años la duración de cada renovación. Según el art. 31.7 a) LOEx., para la renovación de la autorización temporal «se valorará en su caso: a) los antecedentes penales, considerando la existencia de indultos o las situaciones de remisión condicional de la pena o la suspensión de la pena privativa de libertad (…)». De manera que, conforme a estas previsiones, el extranjero con antecedentes penales no podrá obtener la autorización inicial de residencia temporal, mientras que, si se trata de solicitar su renovación, los antecedentes penales supondrán un obstáculo para dicha renovación, aunque esta circunstancia, por sí sola, no constituye un factor impeditivo, sino que deberá ser ponderado junto con otros elementos.

283 En relación con lo expuesto a continuación véanse también LARRAURI PIJOAN, E.: «Antecedentes penales…», cit., pp. 6 ss.,16; ODRIOZOLA GURRUTXAGA, M.: *Expulsión penal…*, cit., pp. 117 ss.; y RODRÍGUEZ YAGÜE, C.: «El modelo político-criminal español…», cit., pp. 7 ss.

De acuerdo con el TC (ATC 54/2010, de 19 de mayo, FJ 4), el requisito de la obligada carencia de antecedentes penales para la obtención de la citada autorización es conforme a la Constitución. En su argumentación, se ampara el TC en la doctrina manifestada en su sentencia 236/2007, ya referida *supra*, en cuya virtud el legislador en materia de extranjería puede establecer requisitos para la entrada y permanencia de los extranjeros en España «sin privarles de los derechos que les corresponden constitucionalmente en su condición de persona y para garantizar el orden público interno y la integración en nuestro país». En dicho contexto, entiende el TC que el precepto «persigue un objetivo legítimo vinculado directamente a razones de orden público y de protección de los derechos y libertades». Además, el citado requisito no resulta desproporcionado con el fin legítimo que persigue, «al no sacrificar un derecho preexistente, pues el derecho de los extranjeros a residir en España es un derecho de configuración legal que solamente surgirá si se dan los requisitos exigidos para ello», y no es permanente en el tiempo «pues solamente subsiste en tanto los antecedentes penales no sean cancelados». Por tanto, asume la tesis del Fiscal General del Estado, en el sentido de considerar que se trata «de una limitación razonable y proporcionada que expresa la negativa del legislador orgánico a regularizar una situación fáctica en aquellos casos en los que, al merecer la conducta del interesado un reproche penal por la realización de una conducta gravemente atentatoria contra las normas básicas de convivencia social, el interés general que exige la defensa del orden público y la protección de esas normas de convivencia social han de merecer consideración preferente». Cabe criticar, en cualquier caso, que la ley no tenga en cuenta, a estos efectos, la gravedad del delito que ha generado los antecedentes penales, porque si la razón de ser de dicho requisito, según afirma el TC en su auto, es «garantizar el orden público», es muy discutible que la condena por un delito de escasa gravedad pueda justificar la denegación del derecho a residir en España por ese motivo. Por otra parte, habrá que entender que los antecedentes penales cancelados o cancelables no impiden la obtención de la autorización, aunque no estaría de más que la LOEx. lo aclarase expresamente[284].

En cambio, por lo que respecta a la valoración de los antecedentes penales en el marco de la renovación de la autorización temporal, la STC 46/2014, de 7 de abril, otorgó el amparo por haberse denegado la renovación con base, únicamente, en la concurrencia de antecedentes penales, sin que se hubiesen ponderado las circunstancias personales del extranjero. Opina el TC (FJ 4) que este supuesto ha de tratarse de manera distinta al de la obtención de la autorización, dado que su denegación implica una modificación de la posición del solicitante, que pasa a encontrarse en situación de irregularidad con obligación de salida obligatoria y, además, al impedirse también, en este caso, la renovación del permiso de trabajo, se producen consecuencias en el cumplimiento de los deberes derivados de las relaciones paterno filiales del extranjero, habida cuenta de que tenía dos hijos menores a su cargo. Según argumenta el TC (FJ 6), en el caso concurren circunstancias que debieron ser ponderadas tanto por la Administración como por los órganos judiciales competentes para resolver los recursos: en primer lugar, la escasa gravedad del delito (contra la seguridad vial), castigado con multa y privación

---

284 Véanse estas críticas en LARRAURI PIJOAN, E.: «Antecedentes penales...», cit., pp. 6 s. Al respecto véase también ASÚA BATARRITA, A.: «La expulsión del extranjero...», cit., pp. 43 s., quien propone que se apliquen por analogía los criterios de expulsión que rigen para los extranjeros comunitarios (actualmente es de aplicación el RD 240/2007, de 16 de febrero). De acuerdo con dichos criterios, como ya sabemos, la expulsión solo será posible cuando existan «graves motivos de orden público o seguridad pública» y, además, «la existencia de condenas penales anteriores no constituirá, por sí sola» motivo para la expulsión (art. 15). La autora sugiere además (p. 42) que el art. 31 LOEx. se interprete en el sentido de que solamente sean tenidos en cuenta a dichos efectos los antecedentes penales que reúnan las características del art. 57.2 LOEx. —en el mismo sentido, GARCÍA ARÁN, M.: «Art. 89», en Córdoba Roda / García Arán (Dirs.): *Comentarios al Código penal. Parte general,* Marcial Pons, Madrid, 2011, p. 738; y TORRES FERNÁNDEZ, M.ª E.: *La expulsión...,* cit., p. 141—.

del permiso de conducir, pues si la ley permite ponderar las circunstancias personales cuando el delito cometido está castigado con una pena privativa de libertad de hasta dos años que ha sido suspendida, con mayor razón deberá efectuarse tal ponderación cuando el delito es de menor gravedad —y no alcanza, añade, la entidad suficiente para acarrear la expulsión *ex* art. 57.2 LOEx.—; y, en segundo lugar, sus circunstancias personales y familiares, relativas a su esfuerzo de integración y arraigo, y a su situación de arraigo familiar. Por todo lo anterior, considera vulnerado el derecho a la tutela judicial efectiva (art. 24.1 CE), el derecho a la intimidad familiar (art. 18 CE), y el derecho a la protección social, económica y jurídica de la familia (art. 39 CE).

El art. 32 de la LOEx. no menciona la ausencia de antecedentes penales como requisito necesario para la obtención del estatus de residente de larga duración, ni su posesión como como factor que haya de ser valorado en la decisión sobre la concesión de dicho estatus, pero el art. 149 RLOEx., al regular el procedimiento, exige certificado de antecedentes penales para tramitar la solicitud de autorización de residencia de larga duración —apartados 2.f) y 3 del citado precepto—. Ahora bien, si partimos de la doctrina del TC expuesta en su sentencia 46/2014, los antecedentes penales no pueden tener más valor aquí que el de un elemento ponderable, de entre otros que concurran, para la concesión de la autorización. Debe recordarse, en este sentido, a mayor abundamiento, que la Directiva 2003/109/CE, aunque permite denegar el estatuto de residente de larga duración por motivos de orden público o de seguridad pública, indica que el Estado miembro, al adoptar dicha resolución, ha de tomar en consideración la gravedad o el tipo de delito contra el orden público o la seguridad pública, o el peligro que representa la persona en cuestión, y obliga a tener presente asimismo la duración de la residencia y la existencia de vínculos con el país de residencia (art. 6.1). Por tanto, este precepto impide que se deniegue la autorización exclusivamente sobre la base de la existencia de antecedentes penales, criterio que ha sido confirmado por la STJUE de 3 de septiembre de 2020 (asuntos acumulados C-503/19 y C-592/19, caso UQ y SI contra Subdelegación del Gobierno en Barcelona, apartado 43).

Hemos visto hasta aquí cómo influye la posesión de antecedentes penales en la denegación de las autorizaciones pertinentes para residir en España legalmente y, por ende, en la constitución o consolidación de la situación de irregularidad descrita en el art. 53.1 a) LOEx. Enfoquemos la cuestión ahora desde la perspectiva de la expulsión. La residencia irregular en territorio español, sea cual sea la causa que la motive, es una de las circunstancias que pueden desembocar en la expulsión del extranjero, pero de la lectura del art. 57.1 LOEx. se deduce que esta no es una consecuencia automática de aquella, sino que el órgano administrativo ha de llevar a cabo un juicio de proporcionalidad, y resolver motivadamente, valorando los hechos que configuran la infracción. Aquí es donde adquiere relevancia, de nuevo, en una suerte de *bis in idem,* la posesión de antecedentes penales, pues este dato se ha consolidado en la jurisprudencia como uno de los factores a los que se atiende en la práctica para formular dicho juicio, que inclina la balanza a favor de la expulsión. En este contexto, resulta imprescindible tener en cuenta que, desde la entrada en vigor de la Directiva de retorno, y a la luz de la interpretación que el TJUE viene realizando de dicho texto, la Sala 3.ª del TS, tras muchos vaivenes, considera actualmente que no cabe optar por la multa ante la estancia irregular en territorio español, sino que la única consecuencia jurídica aplicable, en su caso, es la expulsión del extranjero. En vista de lo expuesto, proceder hacer referencia a la evolución de la jurisprudencia del TS en esta materia[285].

---

[285] Una exposición completa de esta evolución puede verse también, por ejemplo, en LEIVA LÓPEZ, A. C.: «La sanción administrativa…», pp. 278 ss.; y FERNÁNDEZ ROJO, D.: «La estancia irregular de los extranjeros sin circunstancias agravantes en España a tenor de

Recordemos que las infracciones en materia de extranjería tipificadas en la LOEx. llevan aparejada con carácter general la sanción de multa, pero la realización por parte de un extranjero de algunas de dichas infracciones permite aplicar, en lugar de la multa, la expulsión. Como venimos señalando, una de esas «infracciones», y la más frecuente en la práctica, es el encontrarse el extranjero irregularmente en España[286]. Partiendo de esta regulación —y de la consideración de la expulsión aquí prevista como sanción—, el TS desarrolló durante varios años una línea jurisprudencial en la que indicaba que la autoridad administrativa puede optar, ciertamente, entre la multa y la expulsión, pero la sanción principal es la multa, mientras que la expulsión «en cuanto sanción más grave y secundaria (...) requiere una motivación específica, y distinta o complementaria de la pura permanencia ilegal». Los criterios de graduación de las sanciones previstos en el art. 55.3 LOEx. habrían de aplicarse también para elegir entre la multa y la expulsión, de manera que «la Administración ha de especificar, si impone la expulsión, cuáles son las razones de proporcionalidad, de grado de subjetividad, de daño o riesgo derivado de la infracción, y, en general (...) cuáles son las circunstancias jurídicas o fácticas que concurren para la expulsión y prohibición de entrada, que es una sanción más grave que la de multa». En suma, entendía el TS que la expulsión solo podía decretarse cuando «en el expediente administrativo consten, además de la permanencia ilegal, otros datos negativos sobre la conducta del interesado o sus circunstan-

---

la Directiva de retorno: ni multa, ni expulsión», RGDE, n.º 61, 2023, pp. 13 ss.

286 Según el ATC 409/2007, de 6 de noviembre, el art. 57.1 LOEx. no es contrario al principio de legalidad por no contener los criterios que deben ser objeto de valoración para decidir entre la multa o la expulsión, pues la exigencia de predeterminación de las infracciones y sanciones no excluye todo poder de apreciación de los órganos administrativos a la hora de imponer una sanción concreta, siempre que no se otorgue una habilitación en blanco a la Administración lo que, en opinión del TC, no sucede en este caso. Véase también, al respecto, la STC 140/2009, de 15 de junio, FJ 3.

cias, y esos datos sean de tal entidad que, unidos a la permanencia ilegal, justifiquen la expulsión»[287]. El propio TS fue concretando cuáles son esos datos negativos que deberían sumarse a la estancia irregular, y enumeraba, entre otros, el no haber intentado regularizar la situación, haber llevado a cabo actividades delictivas o ilegales, así como carecer de domicilio y de arraigo familiar[288]. Esta interpretación del art. 57.1 LOEx. en relación con los casos de estancia irregular fue refrendada por el TC en su sentencia 140/2009, de 15 de junio, donde otorga el amparo solicitado por vulneración del art. 24.1 CE, al no haber cumplido la Administración con el deber de hacer expresas las razones por las que, valorando los criterios establecidos legalmente para la graduación de las sanciones, se opta en el caso concreto

---

287 Así, entre otras muchas, SsTS de 22 de diciembre de 2005, de 31 de enero de 2006, de 30 de noviembre de 2006, de 19 de diciembre de 2006, de 18 de enero de 2007, de 22 de febrero de 2007, de 20 de septiembre de 2007, de 4 de octubre de 2007, de 20 de diciembre de 2007, de 27 de mayo de 2008 y de 28 de noviembre de 2008.

288 Así, por ejemplo, considera procedente la expulsión la STS de 19 de diciembre de 2006, porque el extranjero, además de su estancia irregular, había sido detenido por su posible participación en un delito de detenciones ilegales que estaba siendo objeto de instrucción; y también la STS de 25 de octubre de 2007, porque el extranjero no solo se encontraba irregularmente en España, sino que al ser detenido portaba una documentación correspondiente a otra persona que intentó presentar como propia, y ya se le había denegado anteriormente el permiso de residencia. Sobre estos criterios, véanse ÚBEDA TARAJANO, F.: «La sanción administrativa…», cit., p. 2, y la jurisprudencia allí citada; y RODRÍGUEZ CANDELA, J. L.: «Interpretación y seguimiento de la sentencia del TJUE de 23 de abril de 2015 (Zaizoune)», RCPP, n.º 18, 2019, p. 70. Por su parte, CUADRADO ZULOAGA, D.: «La expulsión de extranjeros del territorio nacional», Actualidad Administrativa, n.º 14, 2008, pp. 1678 s., deduce de esta jurisprudencia que la sanción de expulsión debe quedar reservada, por una parte, atendiendo a un criterio subjetivo, a los supuestos en que la culpabilidad del sujeto se manifieste con especial intensidad, así como, en atención a un criterio objetivo, a los casos en que «la acción del infractor tuviera una notable trascendencia para frustrar o poner en peligro la finalidad perseguida por la norma», a saber, que los extranjeros se encuentren en España con la documentación y autorizaciones exigidas.

por la sustitución de la sanción de multa por la de expulsión (FFJJ 5 y 6).

Mientras tanto, entró en vigor la Directiva de retorno (2008/115/CE), que establece el mandato de dictar, como regla general, una decisión de retorno para todo ciudadano de un tercer Estado que se encuentre en territorio de la Unión en situación irregular, dando oportunidad de una salida voluntaria que, en caso de incumplimiento, se llevará a cabo forzosamente. Dicha decisión de retorno ha de ejecutarse de manera ineludible y en un plazo razonable. La LO 2/2009, de 11 de diciembre, acomete una reforma de la LOEx. con objeto, entre otros, de incorporar esta Directiva a nuestro ordenamiento jurídico, pero lo hace de manera deficiente, limitándose a añadir en el art. 57 el inciso según el cual la aplicación alternativa y excluyente de la expulsión debía hacerse «en atención al principio de proporcionalidad (…) y mediante la resolución motivada que valore los hechos que configuran la infracción». Asimismo, la LO 2/2009 reforma el art. 63, relativo al procedimiento preferente de expulsión, e introduce el art. 63 bis), referido al procedimiento ordinario de expulsión.

Así las cosas, el TSJ del País Vasco plantea una cuestión prejudicial ante el TJUE que fue resuelta en sentencia de 23 de abril de 2015 (asunto C-38/14, caso Zaizoune contra la Subdelegación del Gobierno en Gipuzkoa). En dicha resolución, determina el TJUE que la regulación española en materia de extranjeros en situación irregular, al permitir optar por la multa en lugar de por la expulsión e impedir la aplicación conjunta de ambas consecuencias jurídicas, se opone a lo dispuesto en los arts. 6.1 y 8.1 de la Directiva de retorno. Estos preceptos establecen la obligación de los Estados miembros de expulsar a los nacionales de un tercer país que se encuentren en situación irregular en su territorio, con las excepciones previstas en los apartados 2 a 5 del art. 6 de la Directiva, a las que hay que añadir los supuestos de no devolución por interés superior del niño, vida familiar y estado de salud, según el art. 5 del mismo texto. El TJUE argumenta que «ningún precepto de la Directiva ni ninguna disposición del acervo comunitario en materia de inmigración y de asilo permiten establecer un sistema que en caso de situación irregular de nacionales de terceros países en el territorio de un Estado miembro imponga, dependiendo de las circunstancias, o bien una sanción de multa, o bien la expulsión, siendo ambas medidas excluyentes entre sí»[289], y que la facultad de establecer excepciones por parte de los Estados miembros en el sentido de mantener disposiciones más favorables (art. 4.3) está supeditada a su compatibilidad con la Directiva, compatibilidad que no queda garantizada en el caso español. Finalmente, advierte que una normativa nacional como la nuestra puede frustrar la aplicación de las normas y de los procedimientos comunes establecidos por la Directiva y, en su caso, demorar el retorno, menoscabando de ese modo el efecto útil de la misma.

Desde esta sentencia, la jurisprudencia del TS sobre la aplicación de la expulsión a los extranjeros con residencia irregular dio un vuelco. El TS alegó la necesidad de vinculación de los tribunales nacionales a la doctrina del TJUE en la interpretación del Derecho comunitario y afirmó, en contra del criterio que había defendido hasta entonces, que en los supuestos de estancia irregular no es posible optar entre la multa y la expulsión, sino que la «sanción aplicable a los extranjeros cuando hayan incurrido en las conductas tipificadas como graves en el apartado a) del art. 53.1 LOEx. consiste en decretar la expulsión, que, no obs-

289 Como recuerda LEIVA LÓPEZ, A. D.: «La sanción administrativa...», cit., pp. 280 s., el TJUE, en sentencias anteriores, no había considerado incompatible con la Directiva las normas de Estados miembros que previesen la multa como respuesta a la estancia irregular, siempre que ello no impidiese el retorno del extranjero. En este sentido, las SsTJUE de 22 de octubre de 2009 (asuntos acumulados C-261/08 y C-348/08, que resuelve dos peticiones de decisión prejudicial planteadas por el TSJ de Murcia), y de 6 de diciembre de 2012 (C-430/11, que resuelve una cuestión prejudicial presentada por el Tribunal di Rovigo, Italia). Lo que es contrario a la Directiva, por tanto, según el TJUE, es prever la multa como alternativa a la expulsión.

tante, podrá no llevarse a efecto cuando concurra alguno de los supuestos de excepción previstos en los apartados 2 a 5 del artículo 6 de la Directiva de retorno o, en su caso, de los supuestos del artículo 5 que propicien la aplicación del principio de no devolución». Además, consideró el TS que «dichos supuestos de excepción (...) no operan como criterios de ponderación o proporcionalidad a efectos de aplicar alternativamente y de manera sustitutoria la sanción de multa»[290].

Por tanto, el TS habilitó desde entonces a la Administración para no aplicar el art. 57, apartados 1 y 3, en el supuesto del art. 53.1 a) LOEx., por considerarlo implícitamente derogado —o, en sus propias palabras, modulado—, y aplicar en su lugar directamente la Directiva de retorno. Ante esta situación, se planteaba la duda de si el modo de proceder del TS era el adecuado o si, por el contrario, iba en contra de la propia doctrina del TJUE, según la cual solo los particulares pueden invocar una directiva que no se ha adaptado al Derecho interno, de lo que se deduce a la inversa que una directiva no puede crear obligaciones a cargo de un particular, ni invocarse en contra de dicho particular[291]. Ello motivó que el TSJ de Castilla-La Mancha planteara una cuestión prejudicial sobre el problema ante el TJUE, que fue resuelta en sentencia de 8 de octubre de 2020 (asunto C-568/19). En esta sentencia, el TJUE recuerda que, en efecto, «las directivas no pueden, por sí solas, crear obligaciones a cargo de los particulares, pues los Estados miembros no pueden invocar las disposiciones

---

290 En este sentido, entre otras, SsTS (Sala 3.ª, sec. 5.ª) 980/2018, de 12 de junio; 1716/2018, de 4 de diciembre; 1818/2018, de 19 de diciembre; 38/2019, de 21 de enero; 63/2019, de 28 de enero; 734/2019, de 30 de mayo; 1117/2019, de 18 de julio; y 1407/2019, de 22 de octubre. Sobre la evolución de esta tendencia jurisprudencial en aplicación de la mencionada sentencia del TJUE por parte de los Tribunales Superiores de Justicia, véase RODRÍGUEZ CANDELA, J. L.: «Interpretación y seguimiento...», cit., pp. 73 s.

291 Véanse las críticas a la actuación del TS formuladas por RODRÍGUEZ CANDELA, J. L.: «Interpretación y seguimiento...», cit., pp. 76 ss.

de las directivas, en su calidad de tales, contra dichas personas» y que, por tanto, «si la normativa nacional que es de aplicación (...) en el litigio principal establece que, a los efectos de dicha normativa, la expulsión de los nacionales de terceros países que se encuentren en territorio español solo puede ordenarse si existen circunstancias agravantes en la persona de dichos nacionales, adicionales a su situación irregular (...), el Estado miembro no podrá basarse directamente en dicha Directiva para, a los efectos de lo dispuesto en ella, adoptar una decisión de retorno (...) y hacer cumplir esta aun cuando no existan circunstancias agravantes». Por tanto, de acuerdo con esta sentencia del TJUE, como la normativa española prevé para el supuesto que nos ocupa o bien una sanción de multa, o bien una expulsión, pero esta solo puede adoptarse si existen «circunstancias agravantes» adicionales, la autoridad administrativa no podrá basarse en la Directiva para expulsar al extranjero cuando no concurran dichas circunstancias agravantes.

Parecía que esta resolución auguraba una vuelta a la doctrina inicial del TS, de manera que la multa volvería a ser la consecuencia jurídica aplicable con carácter general, mientras que la expulsión quedaría reservada para los casos en que se apreciasen elementos negativos adicionales a la situación de irregularidad. Sin embargo, no fue así. En la STS 366/2021, de 17 de marzo, y en otras que le siguieron[292], el TS sentó una nueva doctrina, resumida en tres puntos: primero, que la situación de estancia irregular ha de dar lugar a una decisión de expulsión, sin que quepa optar por una sanción de multa. Segundo que, no obstante, esta expulsión, comprensiva de la decisión de retorno y su ejecución, exige una valoración y apreciación de manera individualizada de las «circunstancias agravantes» que pongan de manifiesto y justifiquen la proporcionalidad de la medida adoptada, tras la tramitación de un procedimiento con plenas garantías. Y, tercero, que por dichas «circunstancias agravantes» han de considerarse las que han venido

---

[292] Así, SsTS 759/2021, de 27 de mayo, y 210/2022, de 21 de febrero.

apreciándose por la jurisprudencia como adicionales a la mera estancia irregular, tanto de carácter objetivo como subjetivo.

En este estado de la cuestión en la jurisprudencia, se dicta la STJUE de 3 de marzo de 2022 (asunto C-409/2020), en el marco de una nueva cuestión prejudicial planteada por el Juzgado de lo Contencioso-Administrativo n.º 1 de Pontevedra. El juzgado que presenta la cuestión prejudicial parte de que el art. 57.1 LOEx. prohíbe imponer conjuntamente la multa y la expulsión al nacional de un tercer país que se encuentre en España en situación irregular, pero permite que sean impuestas sucesivamente. Es decir, en su interpretación, la multa y la expulsión no están previstas en la ley como excluyentes entre sí. A su modo de ver, la multa hay que entenderla como una medida de intimación para salir voluntariamente del territorio español en un plazo determinado. Una vez transcurrido ese plazo sin que se haya producido la salida voluntaria, procederá dictar la orden de expulsión, a no ser que el extranjero haya regularizado su situación. Con este punto de partida, la pregunta ante el TJUE se plantea en estos términos: si la Directiva de retorno debe interpretarse en el sentido de que se opone a una normativa nacional que sanciona la permanencia irregular del extranjero, cuando no concurran circunstancias agravantes, en un primer momento, con una sanción de multa acompañada de un requerimiento de retorno voluntario al país de origen, seguida, en un segundo momento, de la expulsión si el extranjero no regulariza su situación ni abandona voluntariamente el territorio español. Pues bien, dado que el TJUE no tiene como cometido verificar si es o no adecuada la interpretación que realiza del Derecho interno el órgano jurisdiccional solicitante, resuelve la cuestión prejudicial planteada partiendo de la premisa del Juzgado de lo Contencioso-Administrativo de Pontevedra, y concluye que la Directiva no se opone a la aplicación sucesiva de la multa y la expulsión.

Con todo, el TS, en pronunciamientos posteriores a esta sentencia del TJUE, ha rechazado que el art. 57.1 LOEx.

pueda interpretarse en el sentido de que quepa una doble sanción, de forma sucesiva, de la estancia irregular, manteniéndose en la tesis que viene defendiendo desde su sentencia 366/2021[293]. Así lo ha hecho en la sentencia 337/2022, de 16 de marzo[294], donde afirma que solo cabe sancionar la permanencia ilegal con la expulsión, lo que requiere apreciar la concurrencia de elementos negativos o agravantes. La mera estancia irregular, sin que concurran estos elementos negativos adicionales, no podrá dar lugar a la expulsión, pero tampoco facultará la imposición de una multa. En síntesis, argumenta el TS que el único mecanismo que recoge la legislación administrativa en materia de extranjería para forzar la salida del territorio español de un extranjero en situación de estancia irregular es la expulsión, con la consiguiente sustanciación de un procedimiento sancionador, de acuerdo con lo establecido en el art. 57 LOEx. y conforme a los procedimientos, ordinario o preferente, de los arts. 63, 63 bis y 64, todos de la LOEx. Al margen de la expulsión, no existe ningún mecanismo para hacer cumplir una orden de salida voluntaria. Una vez que se deniega la solicitud de prórroga de estancia, la autorización de residencia o cualquier otro documento necesario para la permanencia en territorio español, se efectúa una advertencia de la obligatoriedad de salida del país, y a tales efectos se establece un plazo a contar desde la notificación de la resolución denegatoria, transcurrido el cual sin haberse cumplido la obligación de salida, se abre el procedimiento sancionador por la comisión de la infracción del art. 53.1. a) LOEx. Pues bien, según el TS, esta normativa no regula, para una misma situación de estancia irregular,

---

293 Crítico, FERNÁNDEZ ROJO, D.: «La estancia irregular…», cit., pp. 27 ss.

294 Y en las que le siguen: SsTS 423/2022, de 6 de abril; 492/2022, de 27 de abril; 528/2022, de 4 de mayo; 546/2022, de 9 de mayo; 834/2022, de 22 de junio; 1047/2022, de 20 de julio; 1119/2022, de 20 de septiembre; 1247/2022, de 5 de octubre; 1334/2022, de 20 de octubre; 732/2023, de 5 junio; 913/2023, de 4 de julio; 1050/2023, de 20 de julio; 1058/2023, de 20 de julio; y 1107/2023, de 4 de septiembre.

un doble procedimiento sancionador y una doble sanción, sino que solo puede haber un único procedimiento y una única sanción.

En consecuencia, actualmente, según la doctrina jurisprudencial consolidada, ante la estancia irregular de un extranjero en territorio español caben solo dos opciones: o el archivo de las actuaciones o, si concurren «circunstancias agravantes», la expulsión. Aunque la argumentación del TS presenta, según creo, algunos aspectos discutibles, me parece acertado que se descarte la multa, por la razones expuestas al analizar la naturaleza jurídica de la expulsión. Entre las circunstancias o criterios orientativos que favorecen la orden de expulsión, la STS 366/2021 recopila de sentencias anteriores las siguientes: el encontrarse el extranjero en situación irregular y sin documentación alguna por la que pudiera ser identificado, de forma que se ignoren sus datos personales y la forma de entrada en el territorio nacional, no haber cumplido voluntariamente una orden previa de salida obligatoria adoptada conforme al art. 28 LOEx., o la constatación de que la residencia autorizada fue obtenida de manera fraudulenta, basada en hechos posteriormente declarados falsos. Además, también han de valorarse los criterios a los que hace referencia el art. 63.1 LOEx. al regular el procedimiento preferente de acuerdo con el art. 7.4 de la Directiva de retorno, referido a los supuestos en los que la decisión de retorno puede ejecutarse sin conceder plazo de salida, a saber: a) que el extranjero en estancia irregular constituya «un riesgo para el orden público, la seguridad pública o la seguridad nacional»; b) que el extranjero en situación irregular, por las peculiaridades que se acrediten, trate de evitar o dificultar la expulsión; y c) que exista riesgo de incomparecencia. Finalmente, menciona las pautas establecidas en la Instrucción 11/2020, de 23 de octubre, de la Comisaría General de Extranjería y Fronteras, de la Dirección General de la Policía, del Ministerio del Interior, entre los que se cuenta el «haber sido detenido el extranjero en el marco de la comisión de un delito o que al mismo le consten antecedentes penales». Además de estar vedada la expulsión cuando falten estos elementos negativos añadidos a la estancia irregular, también deberá atenderse a la concurrencia de alguna de las situaciones que se describen en el art. 5 de la Directiva de retorno, que obliguen a respetar el principio de no devolución, o en los apartados 2 a 5 del art. 6 del mismo texto.

Conviene dejar constancia, por lo demás, de que los sucesivos cambios en la posición del TS sobre este particular han motivado la promoción de numerosos recursos de amparo, planteados contra las resoluciones judiciales dictadas en el período temporal entre las sentencias del TJUE de 2015 y 2020. Dichos recursos están empezando a resolverse durante el año 2023[295]. En estos pronunciamientos[296], el TC señala que la decisión de la Administración, y los órganos judiciales que examinaron la cuestión por vía de recurso, de expulsar al extranjero por el mero hecho de encontrarse en nuestro país en situación irregular vulneró el derecho fundamental a la legalidad sancionadora del art. 25.1 CE, al ser aplicada de manera irrazonable la norma sancionadora, por lo que concede el amparo solicitado y deja sin efecto la expulsión. En opinión del TC, ello se debió a una interpretación errónea sobre la eficacia de la Directiva de retorno, que dio lugar a que dejaran de aplicarse las consecuencias previstas en la normativa española para las situaciones de estancia irregular, «puesto que en nuestro derecho no está prevista la sanción de expulsión para los supuestos de mera estancia irregular de las personas extranjeras en quienes no se aprecie ninguna circunstancia agravante o negativa». Advierte, además, que esta interpretación de los tribunales españoles, que marginaba la normativa nacional más favo-

---

295 Así, hasta el día de la última consulta, SsTC 47/2023, de 10 de mayo; 53/2023, de 22 de mayo; 55/2023, de 22 de mayo; 70/2023, de 19 de junio; 71/2023, de 19 de junio; 72/2023, de 19 de junio; 80/2023, de 3 de julio; 86/2023, de 17 de julio; 87/2023, de 17 de julio; y 130/2023, de 23 de octubre.

296 Véase el FJ 4 de la STC 47/2023, cuyos argumentos se reproducen en las sentencias posteriores.

rable, otorgando un efecto directo inverso a la Directiva de retorno, es contraria a la jurisprudencia del TJUE.

3. EFECTOS DE LA RESOLUCIÓN ADMINISTRATIVA DE EXPULSIÓN

Los arts. 57.4 y 58.1 y 2 LOEx. se refieren a los efectos de la resolución administrativa en la que se ordena la expulsión. De acuerdo con el primero, «la expulsión conllevará, en todo caso, la extinción de cualquier autorización para permanecer legalmente en España, así como el archivo de cualquier procedimiento que tuviera por objeto la autorización para residir o trabajar en España del extranjero expulsado». Por lo que respecta al contenido del art. 58, según el apartado primero de dicho precepto, la expulsión llevará consigo la prohibición de entrada en territorio español. La duración de dicha prohibición se determinará en consideración a las circunstancias que concurran en cada caso, aunque no podrá exceder de cinco años. No obstante, según el apartado segundo, párrafo primero, excepcionalmente, si el extranjero supone una amenaza grave para el orden público, la seguridad pública, la seguridad nacional o para la salud pública, el periodo de prohibición de entrada puede prolongarse hasta los diez años. De acuerdo con el párrafo segundo del apartado segundo del mismo precepto, la autoridad competente no impondrá la prohibición de entrada cuando el extranjero hubiera abandonado el territorio nacional durante la tramitación de un expediente administrativo sancionador por alguno de los supuestos contemplados en las letras a) y b) del art. 53.1 LOEx., o revocará la prohibición de entrada impuesta por las mismas causas, cuando el extranjero abandonara el territorio nacional en el plazo de cumplimiento voluntario previsto en la orden de expulsión.

Lo expuesto debe ponerse en relación con las previsiones de los arts. 63 y 63 bis LOEx., donde se regulan los procedimientos, preferente u ordinario, de tramitación del expediente de expulsión. Según el art. 63, cuando se incoa un expediente en el que puede proponerse la expulsión, por tratarse de uno de los supuestos contemplados en el art. 53.1, letras d) o f), art. 54.1, letras a) o b), y art. 57.2[297], su tramitación tendrá carácter preferente. En el caso de que el extranjero se encuentre irregularmente en territorio español —art. 53.1 a)—, también se aplicará el procedimiento preferente si concurre alguna de estas circunstancias: a) riesgo de incomparecencia, b) el extranjero evita o dificulta la expulsión, sin perjuicio de las actuaciones que lleve a cabo en ejercicio de sus derechos, o c) el extranjero representa un riesgo para el orden público, la seguridad pública o la seguridad nacional. Si se interpreta que el extranjero con antecedentes penales supone un riesgo para el orden o seguridad públicos, la tramitación del expediente en el caso de residentes irregulares que hayan delinquido se llevará a cabo también por el procedimiento preferente[298].

El hecho de que el expediente se tramite con carácter preferente tiene como primera consecuencia la imposibilidad de conceder al extranjero un período de salida voluntaria tras la orden de expulsión (art. 63.1, *in fine*). Por tanto, a no ser que abandone el territorio español voluntariamente durante la tramitación del expediente, la expulsión llevará aparejada, en todo caso, una prohibición de entrada. Apréciese, además, que, según lo establecido en el art. 58 LOEx., la posibilidad de evitar la imposición de la prohibición de entrada por abandono del territorio

---

[297] No se mencionan los supuestos del art. 57.8 LOEx., pese a que, como vimos, no todos los delitos que allí se enumeran cumplen los requisitos de los tipos penales que dan lugar a la aplicación del art. 57.2 LOEx., a no ser que se acepte la interpretación sugerida en el epígrafe dedicado a aquel apartado del precepto.

[298] Aboga por una interpretación restrictiva de estas excepciones, de manera que se priorice el procedimiento ordinario, BOZA MARTÍNEZ, D.: «El procedimiento sancionador en general y, particularmente, los procedimientos de expulsión», en Boza Martínez / Donaire Villa / Moya Malapeira (Coords.): *Comentarios a la reforma de la Ley de extranjería (LO 2/2009)*, Tirant lo Blanch, Valencia, 2011, p. 277 s.

nacional durante la tramitación del expediente solo rige para los supuestos de las letras a) o b) del art. 53.1 LOEx., por lo que, en rigor, en el caso del art. 57.2, el extranjero no conseguirá evitar el efecto de prohibición de entrada que lleva aparejada la expulsión, aunque salga de España voluntariamente durante el procedimiento.

La segunda consecuencia de la tramitación del procedimiento preferente es que permite el internamiento del extranjero en un CIE como medida cautelar, entre otras medidas posibles. También cabe acordar el internamiento del extranjero en la fase de ejecución de la expulsión, una vez acordada esta (art. 63.2). Según el art. 62, al que remite el precepto anterior, la competencia es del juez instructor, quien tomará en consideración, entre otras circunstancias, la existencia de condena o sanciones administrativas previas, y de otros procesos penales o procedimientos sancionadores administrativos pendientes. La duración máxima del internamiento es de sesenta días.

Por el contrario, la tramitación del expediente ordinario otorga un plazo de cumplimiento voluntario de la orden de expulsión de entre siete y treinta días, prorrogable, y no lleva aparejado el internamiento del extranjero (art. 63 bis, apartados 2 y 3), aunque, conforme a lo expuesto, no parece que este procedimiento sea el que se aplique a los extranjeros que han delinquido.

4. EXCURSO: LA AUTORIZACIÓN JUDICIAL PARA LA EXPULSIÓN ADMINISTRATIVA (ART. 57.7 LOEx.)

En virtud del art. 57.7 a) LOEx., «cuando el extranjero se encuentre procesado o imputado en un procedimiento judicial por delito o falta para el que la Ley prevea una pena privativa de libertad inferior a seis años o una pena de distinta naturaleza, y conste este hecho acreditado en el expediente administrativo de expulsión, en el plazo más breve posible y en todo caso no superior a tres días, el Juez, previa audiencia del Ministerio Fiscal, la autorizará salvo que, de forma motivada, aprecie la existencia de circunstancias que justifiquen su denegación».

En contra de lo afirmado en ocasiones, este precepto no regula un supuesto de expulsión basado en la comisión de la infracción penal que ha motivado el procesamiento o imputación del extranjero[299], sino que parte de la tramitación de un expediente administrativo de expulsión por encontrarse el extranjero en situación irregular en nuestro país, haber realizado alguna de las conductas a las que se refiere el art. 57.1 LOEx. o por concurrir el supuesto descrito en el art. 57.2 LOEx. —existencia de una condena previa por delitos distintos de los que ahora se investigan—. En otras palabras, la autorización para la expulsión no supone la imposición de una «sanción» de expulsión como sustitutiva de la pena que correspondería, en su caso, por los delitos que están siendo investigados antes de que recaiga condena —lo que supondría una flagrante vulneración del principio de presunción de inocencia—, sino que la expulsión está motivada por esas otras razones. En este sentido, el art. 57.7 LOEx. se limita a requerir autorización judicial para la expulsión acordada por la autoridad administrativa[300].

---

299 Opina lo contrario MUÑOZ LORENTE, J.: «La expulsión del extranjero...», cit., p. 412, quien considera por esa razón que lo establecido en el precepto conculca el principio de presunción de inocencia al llevarse a cabo la expulsión «antes de que un Juez o Tribunal declare la culpabilidad del sujeto». En el mismo sentido, PÉREZ CEPEDA, A. I.: *Globalización...*, cit., pp. 228 s., 339. Similar, aunque parte de que «no es el hecho objeto del proceso penal el que motiva la autorización de la expulsión», RODRÍGUEZ MESA, M.ª J.: «La expulsión...», cit., pp. 270 s. Apuntan también a una posible vulneración de la presunción de inocencia SOUTO GARCÍA, E. M.ª: «Algunas notas...», cit., p. 306; TERRADILLOS BASOCO, J. M.ª: «Reflexiones y propuestas...», cit., p. 7; y RODRÍGUEZ YAGÜE, C.: «El modelo político-criminal español...», cit., p. 13.

300 Dado que no es el juez quien expulsa, sino que únicamente concede la autorización para expulsar, no es su competencia revisar la legalidad de la decisión administrativa de expulsar al extranjero, sino que esa facultad corresponde a la jurisdicción contencioso-administra-

En efecto, de acuerdo con la STC 24/2000, de 31 de enero (FFJJ 3 y 6), con respecto al primer párrafo del art. 21.2 de la antigua Ley de extranjería, que constituye el antecedente del precepto actual: «en el presente caso no nos hallamos todavía ante una orden de expulsión, sino ante una resolución judicial que resulta necesaria para que la Administración pueda llevar a efecto la expulsión de un extranjero "encartado" (...) de modo que si la Administración decreta finalmente la expulsión, ésta surta efectos inmediatos, al no resultar necesario esperar a la celebración del juicio penal. Tal autorización de expulsión, por tanto, no puede ser calificada como una "sanción" sustitutiva de la sanción penal». Y puesto que la citada autorización «no es una manifestación del *ius puniendi* del Estado (...) carece de sentido invocar el derecho a la presunción de inocencia»[301].

Lo expuesto no supone obviar la trascendencia de la previsión que este precepto contempla, pues permite nada más y nada menos que la paralización del procedimiento penal en curso, con la consiguiente renuncia por parte del Estado a exigir responsabilidad penal por delitos que pueden alcanzar una gravedad considerable, dando preferencia a la decisión administrativa de expulsión. Ello implica la introducción por esta vía de un criterio de oportunidad en el proceso penal que antepone la política de extranjería

---

tiva. Lo único que debe analizar el juez del orden penal es si la expulsión administrativa debe prevalecer o no respecto al ejercicio del *ius puniendi*. Al respecto, TOMÉ GARCÍA, J. A.: *Intervención del juez penal...*, cit., p. 119; TORRES FERNÁNDEZ, M.ª E.: *La expulsión...*, cit., pp. 109-111; y RECIO JUÁREZ, M.: *La expulsión de extranjeros...*, cit., p. 81.

301 Así, en la doctrina, TORRES FERNÁNDEZ, M.ª E.: *La expulsión...*, cit., pp. 108, 114. Véanse también, rechazando infracción alguna de la presunción de inocencia, CUGAT MAURI, M.: «La expulsión de extranjeros: política migratoria y funciones del Derecho penal», RDPP, n.º 6, 2001, p. 29; MONCLÚS MASÓ, M.: *La gestión penal de la inmigración...*, cit., p. 423; y RECIO JUÁREZ, M.: *La expulsión de extranjeros...*, cit., p. 74, nota 129. En el mismo sentido, sobre la necesidad de no confundir este precepto con el art. 89 CP, véase TOMÉ GARCÍA, J. A.: *Intervención del juez penal...*, cit., pp. 119, 162 s.

al interés público en la persecución y, en su caso, sanción de los delitos[302]. Por otra parte, es evidente que las razones en ocasiones alegadas en favor de esta previsión no pueden justificar sólidamente el menoscabo de los principios procesales que su existencia comporta. Aparte de apelar a razones de ahorro económico y de disminución de la carga de trabajo de los tribunales, se señala como objetivo esencial del precepto evitar que el extranjero pendiente de expulsión delinca con la finalidad de dificultarla. Pero lo cierto es que, vista la regulación en su conjunto, no se aprecia en qué podría favorecer al extranjero delinquir si no existiera el precepto. Si acaso, ello podría servir para retrasar la expulsión, que podría imponerse en sustitución de la pena o tras su cumplimiento total o parcial. Más bien al contrario, como se ha señalado, la existencia del precepto puede fomentar la comisión de delitos por parte de extranjeros pendientes de una orden administrativa de expulsión, si saben que van a ser expulsados antes de que se llegue a la condena[303].

Si se cumplen los requisitos establecidos, el juez ha de autorizar la expulsión («autorizará»), con el consiguiente archivo provisional de la causa, salvo que, motivadamente, «aprecie la existencia de circunstancias que justifiquen su denegación»[304]. La autorización para expulsar queda tan

---

302 Sobre ello véanse ASÚA BATARRITA, A.: «La expulsión del extranjero…», cit., pp. 32 s.; MUÑOZ LORENTE, J.: «La expulsión del extranjero…», cit., p. 411; TOMÉ GARCÍA, J. A.: *Intervención del juez penal…*, cit., pp. 116 s.; MONCLÚS MASÓ, M.: *La gestión penal de la inmigración…*, cit., pp. 425 s.; RODRÍGUEZ GÓMEZ, M. / DEL MORAL GARCÍA, A.: «Art. 57…», cit., pp. 838 s.; TORRES FERNÁNDEZ, M.ª E.: *La expulsión…*, cit., p. 112; y RECIO JUÁREZ, M.: *La expulsión de extranjeros…*, cit., p. 84.

303 Al respecto véanse TOMÉ GARCÍA, J. A.: *Intervención del juez penal…*, cit., pp. 115-117; y TORRES FERNÁNDEZ, M.ª E.: *La expulsión…*, cit., pp. 127 s.

304 Estas circunstancias, que no están determinadas en la ley, pueden referirse en palabras de RODRÍGUEZ GÓMEZ, M. / DEL MORAL GARCÍA, A.: «Art. 57…», cit., p. 838, entre otras, a razones de alarma social, evitar sensación de impunidad o, si son varios los imputados, evitar agravios comparativos. TOMÉ GARCÍA, J. A.: *Intervención del*

solo excluida si la imputación versa sobre delitos castigados por la ley con pena privativa de libertad superior a seis años o cuando se trate de los delitos tipificados en los arts. 312.1, 313.1 y 318 bis CP[305]. Por tanto, si el extranjero sobre el que pende un expediente administrativo de expulsión está además imputado (investigado) por un delito de tráfico ilegal de personas o inmigración clandestina de los enumerados en este apartado, no es posible autorizar la expulsión, por lo que el proceso penal tendrá que continuar.

Por otra parte, la tramitación simultánea del proceso penal y del expediente administrativo de expulsión genera en la práctica ciertos vicios que, según entiendo, deberían corregirse. Si la autorización para la expulsión ha de pedirse cuando el extranjero se encuentre procesado o esté siendo investigado en el marco de un procedimiento penal, la solicitud ya no procederá cuando la situación procesal del extranjero se encuentre en un momento posterior. En este sentido, la doctrina mayoritaria considera que una vez declarada la apertura del juicio oral ya no puede solicitarse la autorización para la expulsión, sino que el procedimiento penal debe seguir su curso hasta el final[306]. Pero, en la

---

juez penal..., cit., p. 135, indica como criterios a tener en cuenta la naturaleza y gravedad del delito, así como el número de delitos por los que el extranjero se encuentre procesado o inculpado (a mayor gravedad o mayor número de delitos, más justificado estará denegar la expulsión). Por lo demás, dado que se requiere audiencia del Ministerio Fiscal, la FGE ofrece criterios orientadores del correspondiente dictamen —véase la Circular 2/2006—.

305 En este último caso, dispone el art. 57.8 LOEx., como ya vimos, que la expulsión se llevará a efecto una vez cumplida la pena privativa de libertad.

306 Defienden este criterio, entre otros, TORRES FERNÁNDEZ, M.ª E.: *La expulsión...*, cit., pp. 118-122; y RECIO JUÁREZ, M.: *La expulsión de extranjeros...*, cit., pp. 75-77. En contra, TOMÉ GARCÍA, J. A.: *Intervención del juez penal...*, cit., pp. 122 ss., quien considera que la expulsión puede ser autorizada incluso después de haber recaído sentencia hasta que adquiera firmeza, en cuyo caso debe ser el órgano competente para conocer el recurso quien decida si concede la autorización; y RODRÍGUEZ GÓMEZ, M. / DEL MORAL GARCÍA, A.: «Art. 57...», cit., p. 57. De cualquier forma, para todos los autores es evidente que la situación de «condenado» impide la autorización

práctica, la imposibilidad de solicitar la autorización o de que esta sea concedida por no cumplirse ya los requisitos establecidos en el art. 57.7 no paraliza el procedimiento administrativo de expulsión, por lo que se da la circunstancia anómala de que el extranjero es expulsado, sin autorización judicial, antes de la conclusión definitiva de las actuaciones judiciales en sede penal, lo que implica que estas queden en suspenso[307].

Además, hay que tener en cuenta que la autorización debe quedar vedada cuando los hechos que motivan el expediente administrativo de expulsión y los que constituyen el objeto del proceso penal sean los mismos. En este caso, el respeto al principio *non bis idem* exige la paralización del procedimiento administrativo, dada la preferencia de la jurisdicción penal[308].

---

para la expulsión, y que a partir de ese momento solo es posible la aplicación de los supuestos de expulsión judicial previstos en el Código penal. La FGE comparte como regla general que la autorización solo puede concederse hasta la apertura del juicio oral (Circular 2/2006), pero hace una excepción para los delitos castigados con penas no privativas de libertad. En su opinión (Circular 5/2011), en ese caso, dado que la expulsión judicial queda vedada, debería poderse autorizar la expulsión administrativa, aunque ya hubiera sido condenado el sujeto. Critica este planteamiento, a mi modo de ver con razón, por evidentes problemas de legalidad, RECIO JUÁREZ, M.: *La expulsión de extranjeros…*, cit., pp. 76 s.

307 Al respecto, puede verse el ATS de 24 de mayo de 2004 en relación con un extranjero que había sido expulsado estando pendiente la formalización de un recurso de casación contra una condena penal. Comentan el supuesto RODRÍGUEZ GÓMEZ, M. / DEL MORAL GARCÍA, A.: «Art. 57…», cit., pp. 842-844.

308 Así lo indica reiteradamente el TS, por ejemplo, en sus sentencias (Sala 3.ª) de 21 de diciembre de 2004, 2 de marzo de 2005, 29 de abril de 2005 y 30 de noviembre de 2006. En el mismo sentido la Circular FGE 2/2006 y, en la doctrina, MESTRE DELGADO, J. F.: «Artículo 57…», cit., pp. 1268 s.; TOMÉ GARCÍA, J. A.: *Intervención del juez penal…*, cit., pp. 133 s.; RODRÍGUEZ GÓMEZ, M. / DEL MORAL GARCÍA, A.: «Art. 57…», cit., pp. 844 ss.; y TORRES FERNÁNDEZ, M.ª E.: *La expulsión…*, cit., pp. 123 ss., quien señala que este principio no siempre ha sido respetado. Así se deduce, en efecto, del relato de los hechos que dieron lugar al recurso de amparo que resolvió el TC en sentencia 24/2000, de 31 de enero: los extranjeros habían

5. LA EXPULSIÓN ADMINISTRATIVA DE CIUDADANOS DE LA UE

Hasta la reforma del art. 89 CP operada por la LO 1/2015 no era posible la expulsión judicial de nacionales de otros países de la UE, con derecho de residencia en España, que cometiesen delitos. En consecuencia, a no ser que se hiciese uso de los mecanismos de cooperación internacional que permiten su traslado, estos extranjeros debían cumplir la condena en España. Tras la extinción de aquella, cabía la posibilidad de que el extranjero fuera expulsado administrativamente conforme al art. 15.1 c) RD 240/2007, teniendo en cuenta que la comisión de delitos —o al menos de algunos delitos, en los términos vistos *supra*— puede considerarse una razón de orden público o de seguridad pública que faculta el acuerdo de expulsión.

La extensión del ámbito subjetivo de aplicación del art. 89 CP a esta categoría de extranjeros modifica esta situación. Como se ha explicado en el apartado correspondiente, el juez de la jurisdicción penal puede ordenar la expulsión del nacional de otro Estado de la UE que delinque tras el cumplimiento de una parte de la condena, siempre que represente una amenaza grave para el orden público o la seguridad pública. Así las cosas, el recurso a la vía administrativa para expulsar a estos extranjeros con posteriori-

---

sido detenidos en el aeropuerto por su presunta participación en delitos de falsificación de documentos e inmigración ilegal; se incoó expediente de expulsión con fundamento en el supuesto previsto en el art. 26.1 c) de la antigua Ley de extranjería (estar implicado en actividades contrarias al orden público) y, a la vez, el correspondiente juzgado de instrucción acordó apertura de diligencias previas por un presunto delito de falsificación de documentos oficiales. La expulsión fue autorizada de acuerdo con lo establecido en el art. 21.2, párrafo primero, de la Ley de extranjería. La STC 24/2000, FJ 4, llega a afirmar que «cualquier extranjero incurso en alguno de los supuestos de expulsión previstos en el art. 26.1 de la Ley de Extranjería puede ser expulsado del territorio español por la autoridad gubernativa (...), sin perjuicio de la intervención autorizatoria del Juez penal en el supuesto de que *los hechos que justifican la medida de expulsión* puedan ser delictivos» (la cursiva ha sido añadida).

dad al cumplimento de la condena será muy excepcional, aunque no del todo imposible. La expulsión administrativa podrá tener lugar si el delito cometido por el extranjero es uno de los enumerados en el art. 89.9 CP, si ha sido condenado a prisión permanente revisable y consigue la remisión de la pena, y también si el juez acuerda que el extranjero cumpla toda la condena en España por razones de reafirmación del ordenamiento jurídico y de prevención general, sin que hubiese accedido al tercer grado o se le concediese la libertad condicional.

En los casos en que la condena lo sea a una pena privativa de libertad inferior al año o a una pena de distinta naturaleza no parece que concurran las razones de orden y seguridad públicos que fundamentan la expulsión. En efecto, según el art. 15.5 d) RD 240/2007, la expulsión por esas razones debe estar fundada en una conducta personal que constituya una «amenaza real, actual y suficientemente grave que afecte a un interés fundamental de la sociedad», y, añade, la existencia de condenas anteriores no constituye, por sí sola, razón suficiente para la expulsión. Carecería de sentido, por lo demás, que en estos casos no pudieran ser expulsados administrativamente los nacionales de terceros países, por no darse los presupuestos del art. 57.2 LOEx. y, en cambio, sí lo fueran los extranjeros de la UE.

El hecho de que ahora la mayoría de las expulsiones de ciudadanos de Estados miembros de la UE que cometan delitos no tengan carácter administrativo, sino que procedan de una orden judicial dictada en el marco del art. 89 CP, más allá de suponer un adelanto del momento de la expulsión, tiene consecuencias en cuanto a los efectos que se derivan de esta. Obsérvese al respecto que el RD 240/2007 no establece un periodo de prohibición de entrada en territorio español como consecuencia de la expulsión, lo que en ningún caso exceptúa para estos extranjeros el art. 89 CP.

V. Conclusiones y reflexión de lege ferenda

En el presente trabajo se ha realizado un estudio de *lege lata* de la expulsión prevista en nuestro ordenamiento jurídico para ser aplicada a los extranjeros que cometen delitos. A este efecto, han sido objeto de análisis tanto los supuestos de expulsión judicial regulados en los arts. 89 y 108 CP, como las modalidades de expulsión administrativa relacionadas directa o indirectamente con la comisión de infracciones penales por parte del extranjero. Estas últimas incluyen la mayoría de las expulsiones previstas en la Ley de extranjería para los nacionales de terceros países (art. 57 LOEx.), así como la expulsión de ciudadanos de la UE por razones de orden público o seguridad pública, a la que se refiere el RD 240/2007 en su art. 15. Resumiré a continuación las cuestiones tratadas y las conclusiones obtenidas en los distintos apartados (1). Finalmente, expondré unas breves consideraciones de *lege ferenda* (2).

1. La primera parte de la monografía se dedica a la cuestión de la naturaleza jurídica de la expulsión. Se ha optado por seguir el esquema clásico en trabajos de estas características, que estudian la naturaleza jurídica de la figura analizada antes de abordar su regulación, aunque ello haya supuesto adelantar algunos contenidos, en la medida en que son considerados relevantes para la argumentación. Teniendo en cuenta que la expulsión derivada de la realización de infracciones penales es una consecuencia jurídica implantada en dos sectores del ordenamiento jurídico, se ha pretendido dar respuesta a dos preguntas: primero, si la expulsión prevista en el Código penal como consecuencia jurídica sustitutiva de las penas de prisión o de las medidas de seguridad tiene naturaleza penal y, segundo, si la expulsión, judicial o administrativa, tiene un carácter sancionador. A ambas preguntas se ha respondido negativamente,

con los argumentos desarrollados con detalle en el epígrafe II.

He defendido allí que la expulsión judicial regulada en el art. 89 CP, pese a su configuración formal, no posee las características materiales de los sustitutivos penales, pues se trata de un instrumento inidóneo para desempeñar de manera subsidiaria las funciones de la pena de prisión que deja de ejecutarse y, en particular, es incapaz de atender a las necesidades de prevención especial positiva a las que se orientan las alternativas a la ejecución de las penas privativas de libertad. Tampoco es una pena, pues ni siquiera pertenece al género de las sanciones. Aunque en algunos casos restrinja derechos del extranjero que la sufre o pueda desplegar efectos preventivos, no se ordena con la finalidad de castigar al extranjero por la realización de un injusto culpable —a cuya gravedad, por cierto, no puede ajustarse— sino que se destina a la protección de intereses públicos. Por tanto, mediante la expulsión se renuncia a la sanción, total o parcialmente, por motivos defensistas, a los que se quiere atender en el ámbito penal. Finalmente, opino que no cabe considerar la expulsión una medida de seguridad y reinserción social, ni el caso del art. 89 CP ni en su regulación en el art. 108 CP. Pese a contemplarse formalmente en el catálogo de medidas de seguridad no privativas de libertad, la expulsión aplicada conforme al art. 89 CP no requiere la constatación de la peligrosidad criminal del sujeto, ni posibilita la aplicación de ningún programa individualizado tendente a neutralizarla. En el caso del art. 108 CP sí hace falta, ciertamente, que se haya constatado la peligrosidad criminal del extranjero que ha delinquido, pues solo así será posible determinar qué medida de seguridad hubiera sido aplicable al caso concreto. Sin embargo, cuando se sustituye dicha medida de seguridad por la expulsión se renuncia a incidir en la peligrosidad criminal del sujeto, optando por la mera inocuización del individuo.

Por otra parte, ya se ha indicado que la expulsión no constituye una sanción en el sentido estricto del término, y ello en ninguno de los supuestos legales en que aparece contemplada, al no cumplir las características materiales de las consecuencias jurídicas sancionadoras, sobre todo por estar desprovista de toda finalidad punitiva. En cualquier caso, aunque no sea una sanción, su aplicación debe respetar los principios y garantías procedimentales propios de todo acto de gravamen. Que la expulsión carezca de naturaleza sancionadora tiene como principal consecuencia que su imposición acumulada a la pena no suponga una infracción del principio *non bis in idem,* tal y como viene indicando desde hace tiempo el TC.

Para identificar la naturaleza jurídica de la expulsión es preciso partir de que la legislación española en materia de extranjería exige ciertos requisitos para la entrada y permanencia en el territorio nacional basados en consideraciones de defensa del orden público, cuya ausencia determina el nacimiento de un deber de salida. En este sentido, la posesión de antecedentes penales por parte del extranjero puede generar una situación de irregularidad administrativa que motive su expulsión. Ello se aprecia con claridad cuando los antecedentes penales impiden la obtención o la renovación de las autorizaciones de residencia, en cuyo caso el extranjero se encontrará irregularmente en territorio español y podrá ser expulsado —arts. 53.1 a) y 57.1 LOEx.—. Aquí la expulsión presenta las características materiales de las medidas de restablecimiento de la legalidad, por mucho que la ley la denomine «sanción». Por su parte, la expulsión administrativa derivada directamente de la comisión de delitos de cierta gravedad regulada en el art. 57.2 LOEx. —y lo mismo podríamos afirmar de la expulsión contemplada en el art. 57.8 LOEx.— se fundamenta en idénticas razones de protección de intereses públicos. En todos estos casos, la expulsión se ordena con la finalidad de satisfacer objetivos de política de extranjería de carácter asegurativo o defensista, que subordinan el derecho a entrar y residir en nuestro país al cumplimiento de la condición de no haber cometido delitos o delitos de cierta gravedad. En consecuencia, la expulsión es un acto de gravamen esencialmente inocuizador, dirigido a neutralizar una fuente de peligro y, en cualquier caso, desprovisto de carácter sancionatorio.

Las modalidades de expulsión judicial comparten estos mismos propósitos de política de extranjería, con la importante diferencia de que, en este caso, al permitirse la sustitución de las consecuencias jurídico-penales por la expulsión, se prioriza la consecución de dichas metas asegurativas, a costa de la satisfacción de las funciones propias del Derecho penal. En síntesis, se prefiere neutralizar al extranjero para prevenir hipotéticos riesgos para la seguridad colectiva que ejecutar una pena proporcionada a la gravedad de lo injusto culpable capaz de desplegar efectos preventivos, o que combatir su peligrosidad criminal mediante la aplicación de una medida de seguridad adecuada a su estado, que permita un control de su evolución. Que la inocuización del extranjero se lleve a cabo mediante su expulsión, en lugar de mediante el cumplimiento de la pena, se explica por razones pragmáticas, de descongestión de establecimientos penitenciarios.

La segunda parte del trabajo (epígrafes III y IV) se centra en el análisis de la regulación y aplicación práctica de las distintas modalidades de expulsión derivadas de la comisión de delitos. Como apreciación general, procede poner de manifiesto que la adecuada *praxis* se ha visto entorpecida por los numerosos cambios legislativos, sobre todo en el caso de la expulsión judicial, a lo que se añade la necesidad de atender al contenido de la extensa normativa de la UE, incorporada a nuestro Derecho interno a veces de un modo deficiente o incompleto. En este contexto, el conjunto de la regulación dibuja un escenario de alambicadas interrelaciones y algunas incoherencias que han sido reseñadas a lo largo del texto.

En lo que respecta a la expulsión judicial, son de referencia obligada las novedades introducidas por la LO 1/2015 en el art. 89 CP, última de las cuatro reformas que ha sufrido el precepto desde su entrada en vigor. En este punto se constata una notable ampliación del ámbito de aplicación del art. 89, que abarca ahora a todos los extranjeros, y no solo a los no residentes legalmente en España, como sucedía antes de la reforma. Se incluyen también, aunque con restricciones, los extranjeros nacionales de Estados miembros de la UE. Al poderse expulsar judicialmente a todos los extranjeros que cometen delitos en sustitución total o parcial de la pena de prisión que les fue impuesta, se adelanta de facto el momento de la expulsión, que hubiera sido posible tras el cumplimiento de la pena aplicando el art. 57.2 de la LOEx. o el art. 15 del RD 240/2007. En consecuencia, la reforma del art. 89 CP limita considerablemente el ámbito de aplicación de estas modalidades de expulsión administrativa. Por otra parte, en la misma reforma, la sustitución queda restringida a las penas de prisión superiores a un año, lo que deja fuera de la expulsión judicial la delincuencia de baja intensidad.

Estas novedades ponen de manifiesto que la regulación no tiene como objetivo prioritario luchar contra la inmigración ilegal, sino evitar que permanezcan en España los extranjeros que cometen delitos de cierta gravedad, adelantando su expulsión a un momento anterior al cumplimiento de la condena, en todo o en parte, aunque ello suponga un menoscabo en la satisfacción de los fines de la pena. A estos se atiende solo excepcionalmente, a través de la incorporación de una cláusula de defensa del orden jurídico y restablecimiento de la confianza en la vigencia de la norma infringida por el delito.

Como aspecto positivo de la reforma de 2015, destaca la previsión de unos límites a la expulsión basados en las circunstancias personales del extranjero, con especial atención a su estado de arraigo. Ello supone la plasmación legal, tan esperada, de los criterios que viene utilizando el TS desde hace dos décadas con la finalidad de evitar una aplicación automática de la expulsión por respeto a los derechos humanos, así como a principios constitucionalmente reconocidos. La nueva regulación obliga, en consecuencia, a formular un juicio de proporcionalidad de la expulsión, ponderando los intereses y derechos en juego, a cuyo efecto los tribunales españoles tienen muy en cuenta la jurisprudencia del TEDH.

En cambio, es sumamente criticable que el legislador haya decidido mantener el supuesto de sustitución de las medidas de seguridad por la expulsión del art. 108 CP. Más allá de señalar las incoherencias que se han generado al no actualizarse su tenor literal en la reforma de 2015, procede reclamar su derogación. Por razones humanitarias, no debería ser posible expulsar, sin previo tratamiento, a personas inimputables que resultan abandonadas a su suerte, dada la ausencia de actuaciones coordinadas con el país receptor del extranjero. Mientras el precepto siga vigente, se impone una interpretación que permita restringir su aplicación. Al respecto se propone, en primer lugar, que la sustitución de la medida de seguridad por la expulsión se lleve a cabo solo cuando la pena prevista para el delito cometido sea privativa de libertad; en segundo lugar, que en los casos de semiimputabilidad se opte por aplicar el art. 89 CP, de forma que la medida de seguridad deberá cumplirse, al menos en los casos en que la pena no haya sido sustituida íntegramente por la expulsión; y, en tercer lugar, que la expulsión no se lleve a cabo sin haberse ponderado previamente las circunstancias personales del extranjero.

En lo atinente a las modalidades de expulsión administrativa relacionadas directamente con la comisión de delitos, se ha prestado una especial atención a la causa de expulsión prevista en el art. 57.2 LOEx., cuya puesta en práctica ha tenido un amplio recorrido, habida cuenta de que hasta la reforma del Código penal del año 2015 la expulsión de extranjeros condenados en situación regular se sustanciaba a través de este precepto. Muchas han sido las cuestiones que han ocupado a los tribunales de la jurisdicción contencioso-administrativa en relación con este supuesto de expulsión. Tras algunas dudas, de su reciente aplicación, así como de la doctrina sentada al respecto por el TC, pueden extraerse las conclusiones que a continuación se refieren resumidamente. La causa de expulsión concurrirá cuando el delito doloso por el que ha sido condenado el extranjero, y cuyos antecedentes penales siguen vigentes, esté castigado con una pena abstracta superior a un año tanto en su límite mínimo como en su límite máximo. Por otra parte, se considera que la expulsión allí regulada no tiene naturaleza sancionadora, por lo que su aplicación acumulada a la pena no incurre en *bis in idem*. El hecho de que la expulsión no sea una sanción no implica, empero, que quepa una aplicación automática de la misma, sino que debe ordenarse siempre motivadamente, previa ponderación de una serie de criterios relacionados con las circunstancias concretas de la persona afectada y su núcleo familiar, con la finalidad de evitar que resulte desproporcionada. Ello ha de regir no solo para los residentes de larga duración, que, siendo los principales destinatarios de esta causa de expulsión, gozan de una protección reforzada contra este instrumento, sino también para los extranjeros con autorización de residencia temporal, así como para aquellos extranjeros que se encuentren en situación irregular en quienes concurran los requisitos descritos en el art. 57.2 LOEx.

Conviene recordar que la ampliación del ámbito subjetivo de la expulsión judicial regulada en el art. 89 CP provocará muy probablemente un descenso en la aplicación de este supuesto de expulsión, convirtiéndolo en residual. El legislador de 2015 parece haber querido dejar en manos de la jurisdicción penal la decisión sobre la expulsión de cualquier extranjero que delinca, siempre que la pena impuesta sea una prisión superior a un año. Ello repercute, además de en la causa de expulsión del art. 57.2 LOEx., en las posibilidades de expulsar administrativamente a los ciudadanos de la UE (art. 15 RD 240/2007). No se ve afectada por este problema, desde luego, la modalidad prevista en el art. 57.8 LOEx., al estar vedada la expulsión judicial *ex* art. 89 CP de los extranjeros condenados por los delitos que allí se enumeran.

Aplicando las previsiones de la Ley de extranjería —arts. 57.1 y 53.1 a)—, existe también la posibilidad de que los antecedentes penales, derivados, por cierto, de cualquier condena, conduzcan de manera indirecta a la expulsión, en la medida en que su posesión determine una situación administrativa irregular del extranjero. Cabe subrayar a este respecto que la ausencia de antecedentes penales constituye un requisito *sine qua non* para la concesión de la autorización de residencia temporal, y es uno de los factores que son objeto de ponderación en las renovaciones de dicha autorización, así como —por vía reglamentaria— en la concesión de la autorización de residencia de larga duración. Como consecuencia de esta regulación, aunque no se haya podido aplicar el art. 89 CP ni se den los requisitos del art. 57.2 LOEx., el extranjero puede ser expulsado. Respecto a cuándo y cómo se aplica este supuesto de expulsión, es preciso atender a la evolución jurisprudencial que ha sufrido la interpretación del art. 57.1 LOEx. en los casos de estancia irregular del extranjero, fruto de la aprobación de la Directiva de retorno y su defectuosa incorporación al Derecho interno. De esta evolución se ha dado cumplida cuenta en el trabajo, así como de la influencia que han ejercido sobre ella las sentencias del TJUE en las que resuelve tres cuestiones prejudiciales relativas a la compatibilidad de nuestra legislación con el texto de la Directiva. En la reciente jurisprudencia de la Sala 3.ª del TS se ha consolidado la tesis de que ante las situaciones de irregularidad administrativa no cabe imponer al extranjero la multa prevista en el art. 57.1 LOEx., sino que la única consecuencia jurídica aplicable es la expulsión. No obstante, para ordenar esta han de concurrir una serie de circunstancias adicionales a la mera estancia irregular, y no darse las situaciones impeditivas descritas en los arts. 5 y 6 de la Directiva de retorno.

Finalmente, en los apartados dedicados a la regulación de la figura que tratamos hemos recordado también, en sentido crítico, el contenido del art. 57.7 LOEx., en cuya virtud se permite la expulsión administrativa de extranjeros procesados o investigados por determinados delitos siempre que medie autorización judicial.

2. No resulta sencillo, en la materia que nos ocupa, realizar una propuesta de *lege ferenda* con visos de prosperar. Como se ha podido apreciar a lo largo de este estudio, el

TC avala las distintas modalidades de expulsión basadas en consideraciones de orden público con el argumento de que los extranjeros, sea cual sea su nacionalidad, solo tienen derecho a residir en España cuando cumplan los requisitos exigidos en las leyes, entre los que se cuenta que no hayan cometido delitos de una determinada gravedad. Por su parte, tanto el TJUE como, particularmente, el TEDH, insisten en la libertad de cada Estado para fijar el régimen de entrada y permanencia de los extranjeros en su territorio nacional. Si a lo anterior añadimos la constatada expansión de una política criminal de extranjería sustentada en consideraciones defensistas, encontramos un campo abonado para blindar la expulsión de los extranjeros que delinquen, con independencia de la forma que el legislador decida otorgar a su regulación. Es cierto que, en contrapartida, actualmente ninguna de las modalidades de expulsión estudiadas puede ordenarse de manera automática, pues se atiende, en todo caso, a los derechos humanos y constitucionales del extranjero que podrían verse menoscabados por la expulsión, sin olvidar la necesaria ponderación de sus circunstancias personales. Incluso cuando la ley lo permite, como sucede en el caso del art. 108 CP, es muy improbable que se admitiese la aplicación mecánica de la expulsión, dada la trayectoria de la jurisprudencia del TS. Con todo, no creo que debamos plegarnos a la vigente configuración legal de la expulsión.

En efecto, en el análisis realizado en las páginas precedentes de la naturaleza y regulación en nuestro ordenamiento jurídico de las distintas formas de expulsión de los extranjeros condenados se ha confirmado la incapacidad de este instrumento para servir a los fines legítimos de las consecuencias jurídico-penales, pues no desempeña otra función que no sea la de la mera segregación del extranjero. La expulsión no tiene utilidad como sustitutivo penal, ni la tendría tampoco si se limitase su aplicación, como en el caso de los auténticos sustitutivos penales, a los supuestos en que la pena privativa de libertad impuesta fuese una de corta duración. La sustitución de las medidas de seguridad por la expulsión se antoja aún más rechazable, dadas las características de las personas a quienes afecta. Por otro lado, entiendo que resulta insatisfactorio y pernicioso, aunque no se considere inconstitucional, prever un régimen penal diferenciado por razón de la nacionalidad del condenado con la única finalidad de adelantar una salida del territorio nacional que cabría ordenar igualmente por la autoridad administrativa. Por tanto, en coherencia con lo indicado, debe propugnarse la desaparición de la expulsión del Código penal. Si el condenado carece de arraigo en nuestro país, sobre todo en casos de residencia irregular, sería mucho más conveniente, en la medida de lo posible, recurrir a los mecanismos de cooperación judicial internacional basados en el traslado a otro país para el cumplimiento de la pena o de la libertad condicional. Para los ciudadanos de la UE, dadas las facilidades que ofrece el contexto legislativo actual, esta debería ser la opción preferente, siempre que el traslado se considere conveniente para su reinserción social.

Los motivos de defensa de la seguridad colectiva que fundamentan la expulsión de extranjeros que delinquen pueden ser atendidos en el ámbito del Derecho administrativo, tras una adecuada ponderación de todos los intereses en conflicto. En este sentido, la expulsión administrativa de extranjeros en situación regular posterior al cumplimiento de la condena, debería quedar restringida, según entiendo, a los casos en los que la presencia del extranjero en territorio español supusiese un grave peligro para el orden o la seguridad públicos, previa valoración de la proporcionalidad de la expulsión en función de las circunstancias personales del extranjero, entre otros factores. Ello obligaría a reformular el art. 57.2 LOEx., extendiendo a todos los que residen legalmente en España el régimen de los residentes de larga duración.

En cuanto a los extranjeros en situación administrativa irregular, salvo que fuese de aplicación el art. 57.2 LOEx., por concurrir motivos graves de orden público, considero que lo apropiado sería optar en todo caso por una modalidad de salida obligatoria que no llevase aparejada la prohibición de entrada, como la devolución, teniendo en cuenta que se trata de aplicar una medida de restablecimiento de la legalidad. No obstante, esta salida obligatoria no debería acordarse tampoco de manera automática. Por lo demás, convendría revisar la relevancia otorgada a los antecedentes penales en el marco de la obtención de las autorizaciones de residencia. La posesión de antecedentes penales por la comisión de delitos de escasa gravedad no debería ser un factor impeditivo, por sí solo, de la concesión de la autorización. Igualmente, cuando el extranjero lleve un tiempo viviendo en España, aunque sea en situación irregular, habrían de ponderarse sus circunstancias personales a la hora de resolver sobre los permisos de residencia que solicite.

Bibliografía

ALASTUEY DOBÓN, C.: «Sobre la naturaleza jurídica de la expulsión de extranjeros en el Derecho español», Revista Aragonesa de Administración Pública, n.º 56, 2021, pp. 63 ss.

ARIAS SENSO, M.: «Expulsión de extranjeros condenados: aproximación crítica y comentario de urgencia a la STS 8 de julio de 2004», Diario La Ley, n.º 6160, 2005 (ref. 2771/2004 base de datos laleydigital).

ASÚA BATARRITA, A.: «La expulsión del extranjero como alternativa a la pena: incongruencias de la subordinación del Derecho penal a las políticas de control de la inmigración», en Laurenzo Copello (Coord.): *Inmigración y Derecho penal. Bases para un debate,* Tirant lo Blanch, Valencia, 2002, pp. 17 ss.

BARQUÍN SANZ, J.: «De las formas sustitutivas de la pena de prisión y de la libertad condicional», en Morillas Cueva (Dir.): *Estudios sobre el Código penal reformado (Leyes Orgánicas 1/2015 y 2/2015),* Dykinson, Madrid, pp. 223 ss.

BATUECAS, J. M.: *La expulsión del extranjero en la legislación española,* Editorial Club Universitario, Alicante, 2005.

BAUCELLS I LLADÓS, J.: «El Derecho Penal ante el fenómeno inmigratorio», Revista de Derecho y Proceso Penal, n.º 13, 2005, pp. 45 ss.

BOLDOVA PASAMAR, M. A. / ALASTUEY DOBÓN, C. (Coords.): *Tratado de las consecuencias jurídicas del delito,* 2.ª ed., Tirant lo Blanch, Valencia, 2023.

BOZA MARTÍNEZ, D.: «El Derecho a la vida familiar como límite a las expulsiones de extranjeros condenados por sentencia firme. Breve análisis de la jurisprudencia del Tribunal Europeo de Derechos Humanos», Revista de Derecho Migratorio y Extranjería, n.º 11, 2006, pp. 25 ss.

— «El procedimiento sancionador en general y, particularmente, los procedimientos de expulsión», en Boza Martínez / Donaire Villa / Moya Malapeira (Coords.): *Comentarios a la reforma de la Ley de extranjería (LO 2/2009),* Tirant lo Blanch, Valencia, 2011, pp. 263 ss.

— *La expulsión de personas extranjeras condenadas penalmente: el nuevo artículo 89 CP,* Aranzadi, Pamplona, 2016.

BRANDARIZ GARCÍA, J. A.: *Sistema penal y control de los migrantes. Gramática del migrante como infractor penal,* Comares, Granada, 2011.

CAMPOS HELLÍN, R.: «El arraigo como factor impeditivo de una expulsión tras la reforma de la LO 1/2015», Boletín criminológico del Instituto andaluz interuniversitario de Criminología, artículo 4/2019 (n.º 185).

— «La expulsión de extranjeros comunitarios infractores tras la reforma de la LO 1/2015 y la reinserción social», Revista Electrónica de Estudios Penales y de la Seguridad, n.º 5, 2019.

CANCIO MELIÁ, M.: «La expulsión de ciudadanos extranjeros sin residencia legal (art. 89 CP)», en *Homenaje al profesor Dr. Gonzalo Rodríguez Mourullo,* Thomson / Civitas, Madrid, 2005, pp. 183 ss.

CANO CAMPOS, T.: «¿Es una sanción la retirada de puntos del permiso de conducir?», Revista de Administración Pública, n.º 184, 2011, pp. 79 ss.

— «El concepto de sanción y los límites entre el Derecho penal y el Derecho administrativo sancionador», en Bauzá Martorell (Dir.): *Derecho administrativo y Derecho penal: reconstrucción de los límites,* Wolters Kluwer, Barcelona, 2017, pp. 207 ss.

CANO CUENCA, A.: «Suspensión de ejecución de la pena condicionada al cumplimiento de prohibiciones y deberes. Especial consideración de la expulsión de los extranjeros. La sustitución de la pena de prisión por la expulsión (arts, 83, 84, 85, 86, 87, 308 bis y 89)», en González Cussac (Dir.): *Comentarios a la reforma del Código penal de 2015,* 2.ª ed., Tirant lo Blanch, Valencia, 2015, pp. 343 ss.

CARDENAL MONTRAVETA, S.: «Art. 89», en Corcoy Bidasolo / Mir Puig (Dirs.): *Comentarios al Código penal,* Tirant lo Blanch, Valencia, 2015, pp. 342 ss.

CHAMORRO GONZÁLEZ, J. M.ª: «Expulsión de ciudadanos extranjeros del territorio nacional por comisión de un hecho delictivo», Actualidad Administrativa, n.º 11, 2018 (ref. 13237/2018 base de datos laleydigital).

CUADRADO ZULOAGA, D.: «La expulsión de extranjeros del territorio nacional», Actualidad Administrativa, n.º 14, 2008, pp. 1671 ss.

CUGAT MAURI, M.: «La expulsión de extranjeros: política migratoria y funciones del Derecho penal», Revista de Derecho y Proceso Penal, n.º 6, 2001, pp. 23 ss.

DAUNIS RODRÍGUEZ, A.: *El Derecho penal como herramienta de la política migratoria,* Comares, Granada, 2009.

DÍAZ Y GARCÍA CONLLEDO, M. (Dir.): *Protección y expulsión de extranjeros en Derecho penal,* La Ley, Madrid, 2007.

DÍEZ RIPOLLÉS, J. L.: Derecho penal español. Parte general, 5.ª ed., Tirant lo Blanch, Valencia, 2020.

DORADO NOGUERAS, F. M. / RODRÍGUEZ CANDELA, J. L.: «Las infracciones en materia de extranjería y su régimen sancionador», en Moya Escudero (Coord.): *Comentario sistemático a la Ley de extranjería,* Comares, Granada, 2001, pp. 835 ss.

DURÁN SECO, I.: «El extranjero delincuente "sin papeles" y la expulsión (A propósito de la STS 8-7-2004)», Revista de Derecho Penal y Criminología (UNED), n.º 15 (2005), pp. 307 ss.

FERNÁNDEZ ROJO, D.: «La estancia irregular de los extranjeros sin circunstancias agravantes en España a tenor de la Directiva de retorno: ni multa, ni expulsión», Revista General de Derecho Europeo, n.º 61, 2023.

FERNÁNDEZ TERUELO, J. G.: «El proceso social de determinación de la normativa administrativa y penal en materia de inmigración», en Faraldo Cabana (Dir.): *Derecho penal de excepción. Terrorismo e inmigración,* Tirant lo Blanch, Valencia, 2007, pp. 219 ss.

FLORES MENDOZA, F.: «La expulsión del extranjero en el Código penal español», en Laurenzo Copello (Coord.): *Inmigración y Derecho penal. Bases para un debate,* Tirant lo Blanch, Valencia, 2002, pp. 97 ss.

GARCÍA ALBERO, R.: «Art. 108», en Quintero Olivares (Dir.) / Morales Prats (Coord.): *Comentarios al Código penal español,* Tomo I, 7.ª ed., Aranzadi, Pamplona, 2016, pp. 762 ss.

GARCÍA ARÁN, M.: «Art. 89», en Córdoba Roda / García Arán (Dirs.): *Comentarios al Código penal. Parte general,* Marcial Pons, Madrid, 2011, pp. 733 ss.

GARCÍA CATALÁN, J. M.: *Infracciones, sanciones y procedimiento en la Ley y el Reglamento de extranjería,* Atelier, Barcelona, 2002.

GARCÍA DE ENTERRÍA, E. / FERNÁNDEZ RODRÍGUEZ, T. R.: *Curso de Derecho administrativo II,* 17.ª ed., Thomson Reuters-Aranzadi, Pamplona, 2022.

GARCÍA DEL BLANCO, V.: «Acumulación de condenas a pena privativa de libertad sustituidas por la expulsión», Revista Crítica Penal y Poder, n.º 18, 2019, pp. 103 ss.

— «La expulsión de extranjeros: problemas de determinación, acumulación y refundición de condenas», Revista de Estudios Penitenciarios, n.º 264, 2022, pp. 9 ss.

GARCÍA ESPAÑA, E.: «La expulsión como sustitutivo de la pena de prisión en el Código penal de 2015. ¿De la discriminación a la reinserción?», Revista Electrónica de Ciencia Penal y Criminología 18-07 (2016).

— «Extranjeros sospechosos, condenados y excondenados: un mosaico de exclusión», Revista Electrónica de Ciencia Penal y Criminología 19-15 (2017).

— «El arraigo de presos extranjeros: más allá de un criterio limitador de la expulsión», Migraciones, n.º 44, 2018, pp. 119 ss.

GONZÁLEZ TASCÓN, M.ª M.: «La expulsión judicial del extranjero condenado penalmente», en Bernal del Castillo (Dir.): *Delito y minorías en países multiculturales. Estudios jurídicos y criminológicos comparados,* Atelier, Barcelona, 2014, pp. 45 ss.

— «La cuarta reforma del artículo 89 del CP relativo a la expulsión del extranjero condenado a pena de prisión», Estudios Penales y Criminológicos, vol. XXXVI (2016), pp. 131 ss.

GRACIA MARTÍN, L.: *El horizonte del finalismo y el «Derecho penal del enemigo»,* Tirant lo Blanch, Valencia, 2005.

— «La serie "infracción-culpabilidad-sanción" desencadenada por individuos libres como síntesis jurídica indisoluble derivada de la idea y del concepto *a priori* del derecho», Revista Electrónica de Ciencia Penal y Criminología 18-18 (2016).

— «Concepto, función y naturaleza jurídica de las consecuencias accesorias del delito», Revista Penal, n.º 38, 2016, pp. 147 ss.

— «Consideraciones críticas sobre las erróneamente supuestas capacidades de infracción y sanción de la persona jurídica en Derecho administrativo sancionador», Revista Aragonesa de Administración Pública, n.º 55, 2020, pp. 12 ss.

GRACIA MARTÍN, L. / MAYO CALDERÓN, B.: «Las medidas de seguridad y reinserción social», en Boldova Pasamar / Alastuey Dobón (Coords.): *Tratado de las consecuencias jurídicas del delito,* 2.ª ed., Tirant lo Blanch, Valencia, 2023, pp. 617 ss.

GRACIA MARTÍN, L. (Coord.): *Tratado de las consecuencias jurídicas del delito,* Tirant lo Blanch, Valencia, 2006.

GRUPO DE ESTUDIOS DE POLÍTICA CRIMINAL: *Alternativas al tratamiento jurídico de la discriminación y de la extranjería,* 1998.

GUISASOLA LERMA, C.: «Consideraciones político-criminales para una reformulación de la expulsión penal de condenados extranjeros sin residencia legal», Estudios Penales y Criminológicos, vol. XXX (2010), pp. 201 ss.

HERNÁNDEZ OLIVEROS, J. C.: «La expulsión de cada vez más ciudadanos extranjeros implicados en hechos delictivos», La Ley Penal: revista de Derecho penal, procesal y penitenciario, n.º 138, 2019 (ref. 8411/2019 base de datos laleydigital).

HUERGO LORA, A.: *Las sanciones administrativas,* iustel, Madrid, 2007.

— «Expulsión de extranjeros (sanción de)», en Lozano Cutanda (Dir.).: *Diccionario de sanciones administrativas,* iustel, 2010, pp. 462 ss.

IGLESIAS RÍO, M. A.: «Algunas reflexiones sobre la extranjería, Derecho penal y derechos fundamentales», en Muñoz Conde (Dir.): *Problemas actuales del Derecho penal y de la Criminología,* Tirant lo Blanch, Valencia, 2008, pp. 623 ss.

— «La expulsión de extranjeros», en Quintero Olivares (Dir.): *Comentario a la reforma penal de 2015,* Thomson Reuters-Aranzadi, Pamplona, 2015, pp. 173 ss.

IZQUIERDO ESCUDERO, F. J.: «Naturaleza jurídica de la sustitución prevista en el artículo 89 del Código Penal. Comentario al Auto del TC 106/19997, de 17 de abril», Diario La Ley, 1997 (ref. 11858/2001 base de datos laleydigital).

JORGE BARREIRO, A.: «Art. 108», en Rodríguez Mourullo (Dir.) / Jorge Barreiro (Coord.): *Comentarios al Código penal,* Civitas, Madrid, 1997, pp. 324 ss.

LARRAURI PIJOAN, E.: «Antecedentes penales y expulsión de personas inmigrantes», InDret 2/2016.

LAURENZO COPELLO, P.: «Últimas reformas en el derecho penal de extranjeros: un nuevo paso en la política de exclusión», Jueces para la Democracia, n.º 50, 2004, pp. 30 ss.

LEIVA LÓPEZ, A. D.: «La sanción administrativa por la estancia irregular de extranjeros en territorio español. Multa *ad versus* expulsión», Revista Digital de Derecho Administrativo, n.º 29, 2023, pp. 275 ss.

LEGANÉS GÓMEZ, S.: «La expulsión de los penados en el Código penal de 2015», Diario La Ley, n.º 8579, 2015 (ref. 4613/2015 base de datos laleydigital).

LÓPEZ LORENZO, V.: «Expulsión de extranjeros (Comentario a la Sentencia de la Sala 2.ª del Tribunal Supremo núm. 901/2004 de 8 de julio)», La Ley Penal: revista de Derecho penal, procesal y penitenciario, n.º 18, 2005 (ref. 848/2005 base de datos laleydigital).

LORENZO JIMÉNEZ, J. V.: «La expulsión de extranjeros por permanencia irregular en España: un análisis de la jurisprudencia del TS», Revista de Derecho Migratorio y Extranjería, n.º 20, 2009, pp. 201 ss.

MAGRO SERVET, V.: «La expulsión automática de los inmigrantes en la sentencia penal en el art. 89.1 CP. Sentencia del Tribunal Supremo 901/2004, de 8 de julio», La Ley Penal: revista de Derecho penal, procesal y penitenciario, n.º 14, 2005, (ref. 114/2005 base de datos laleydigital).

MAPELLI CAFFARENA, B.: en Cuello Contreras/Mapelli Caffarena, *Curso de Derecho penal. Parte general,* 3.ª ed., Tecnos, Madrid, 2015.

MAQUEDA ABREU, M.ª L.: «¿Es constitucional la expulsión penal del extranjero?», en *Los Derechos Humanos. Libro Homenaje al Excmo. Sr. D. Luis Portero García,* Universidad de Granada, 2001, pp. 509 ss.

MARTÍNEZ ESCAMILLA, M.: «Inmigración, derechos humanos y política criminal: ¿hasta dónde estamos dispuestos a llegar?», InDret 3/2009.

MARTÍNEZ MUÑOZ, C. J.: *Aproximación crítica a la expulsión de extranjeros. El Derecho penal como herramienta de la política migratoria,* Aranzadi, Pamplona, 2023.

MAYO CALDERÓN, B.: «Acerca de las diferencias entre el Derecho penal, el Derecho administrativo sancionador, y el Derecho de policía. A la vez, una reflexión sobre el concepto de sanción», Revista Aragonesa de Administración Pública, n.º 56, 2021, pp. 185 ss.

MELÓN MUÑOZ, A.: «La expulsión del territorio nacional en el ámbito de la extranjería», en Méndez Canseco (Dir.): *Extranjería,* CGPJ, 2007, pp. 75 ss.

MESTRE DELGADO, J. F.: «Artículo 57. Expulsión del extranjero», en Esplugues Mota (Coord.): *Comentarios a la Ley de Extranjería,* Tirant lo Blanch, Valencia, 2006, pp. 1261 ss.

MIR PUIG, S.: *Derecho penal. Parte general,* 10.ª ed., Reppertor, Barcelona, 2016.

MONCLÚS MASÓ, M.: *La gestión penal de la inmigración. El recurso al sistema penal para el control de los flujos migratorios,* Editores del Puerto, Buenos Aires, 2008.

MUÑOZ CONDE, F. / GARCÍA ARÁN, M.: *Derecho Penal. Parte General,* 11.ª ed., Tirant lo Blanch, Valencia, 2022.

MUÑOZ LORENTE, J.: «La expulsión del extranjero como medida sustitutiva de las penas privativas de libertad: el artículo 89 del CP tras su reforma por la Ley Orgánica 11/2003», Revista de Derecho Penal y Criminología (UNED), n.º extraordinario 2 (2004), pp. 401 ss.

MUÑOZ RUIZ, J.: «La expulsión penal. Nuevas tendencias legislativas», Revista Electrónica de Ciencia Penal y Criminología 16-05 (2014).

NAVARRO CARDOSO, F.: «Expulsión "penal" de extranjeros: una simbiosis de Derecho penal "simbólico" y Derecho penal del "enemigo"», Revista General de Derecho Penal, n.º 2, 2004.

— «Análisis del artículo 89 del Código penal español, y unas reflexiones con perspectiva aporofóbica», Revista Penal, n.º 47, 2021, pp. 193 ss.

NISTAL BURÓN, J.: *La condición de extranjero en el sistema penitenciario español,* Tirant lo Blanch, Valencia, 2018.

ODRIOZOLA GURRUTXAGA, M.: *Expulsión penal y expulsión administrativa de personas extranjeras. Análisis del art. 89 CP y del art. 57.2 LOEX,* Thomson Reuters-Aranzadi, Pamplona, 2022.

ORTS BERENGUER, E. / GONZÁLEZ CUSSAC, J. L.: *Compendio de Derecho penal. Parte general,* 9.ª ed., Tirant lo Blanch, Valencia, 2022.

PALOMAR OLMEDA, A.: «La potestad sancionadora pública en materia de extranjería», en Palomar Olmeda (Coord.): *Tratado de Extranjería,* Tomo I, 4.ª ed., Aranzadi, Pamplona, 2010, pp. 557 ss.

PEMÁN GAVÍN, I.: *El sistema sancionador español. Hacia una teoría general de las infracciones y sanciones administrativas,* Cedecs, Barcelona, 2000.

PÉREZ ARNALDO, L.: *La extranjería en prisión. Estudio jurídico desde la perspectiva resocializadora,* Ministerio del Interior, Madrid, 2022.

PÉREZ CEPEDA, A. I.: *Globalización, tráfico internacional ilícito de personas y Derecho penal,* Comares, Granada, 2004.

PINTO DE BARROS, A.: «Un análisis crítico de la medida sustitutiva de la pena de prisión impuesta al extranjero a la luz del Derecho penal de un Estado social y democrático de Derecho», Revista General de Derecho penal, n.º 31, 2019.

PLEITE GUADAMILLAS, F.: «Régimen de las expulsiones del artículo 57.2 de la Ley Orgánica 4/2000», Actualidad Administrativa, n.º 9, 2017 (ref. 10105/2017 base de datos laleydigital).

PUENTE SEGURA, L.: *Suspensión y sustitución de las penas*, La Ley, Madrid, 2009.

REBOLLO PUIG, M.: «El contenido de las sanciones», Justicia Administrativa, n.º extraordinario, 2001, pp. 151 ss.

— «Concepto de sanción administrativa», en Rebollo Puig (y otros): *Derecho administrativo sancionador*, Lex Nova, Valladolid, 2010, pp. 57 ss.

REBOLLO VARGAS, R.: «Art. 108», en Córdoba Roda / García Arán (Dirs.): *Comentarios al Código penal. Parte general*, Marcial Pons, Madrid, 2011, pp. 865 ss.

RECIO JUÁREZ, M.: *La expulsión de extranjeros en el proceso penal*, Dykinson, Madrid, 2016.

RODRÍGUEZ BALADO, E.: «La intervención de la jurisdicción penal en el ámbito de la expulsión de extranjeros: autorización de la expulsión administrativa y autorización sustitutiva», Revista de Derecho Migratorio y Extranjería, n.º 26, 2011, pp. 27 ss.

RODRÍGUEZ CANDELA, J. L.: «La expulsión del extranjero en el nuevo Código penal», Jueces para la Democracia, n.º 33, 1998, pp. 59 ss.

— «Interpretación y seguimiento de la sentencia del TJUE de 23 de abril de 2015 (Zaizoune)», Revista Crítica Penal y Poder, n.º 18, 2019, pp. 68 ss.

RODRÍGUEZ GÓMEZ, M. / DEL MORAL GARCÍA, A.: «Artículo 57. Expulsión del extranjero», en Cavas Martínez (Dir.): *Comentarios a la Ley de extranjería y su nuevo reglamento*, Aranzadi, Pamplona, 2011, pp. 828 ss.

RODRÍGUEZ MESA, M.ª J.: «La expulsión del extranjero en el ordenamiento jurídico español. Una valoración crítica», en Rodríguez Mesa / Ruiz Rodríguez (Coords.): *Inmigración y sistema penal. Retos y desafíos para el siglo XXI*, Tirant lo Blanch, Valencia, 2006, pp. 255 ss.

RODRÍGUEZ YAGÜE, C.: «El modelo político-criminal español frente a la delincuencia de inmigrantes», Revista Electrónica de Ciencia Penal y Criminología 14-07 (2012).

ROIG TORRES, M.: «La expulsión de los extranjeros en el proyecto de reforma del Código penal. Análisis desde la perspectiva del TEDH. Unas notas sobre el Derecho británico», Estudios Penales y Criminológicos, vol. XXXIV (2014), pp. 423 ss.

SÁNCHEZ GARCÍA DE PAZ, I.: «Artículo 89», en Gómez Tomillo (Dir.): *Comentarios prácticos al Código penal,* Tomo I, Aranzadi, Pamplona, 2015, pp. 789 ss.

SÁNCHEZ TOMÁS, J. M.: «Garantismo e insumisión judicial en la expulsión penal de extranjeros», en *Estudios penales en homenaje a Enrique Gimbernat,* Tomo II, Edisofer, Madrid, 2008, pp. 1559 ss.

SANZ MORÁN, A. J.: «Reflexión de urgencia sobre las últimas reformas de la legislación penal», Revista de Derecho Penal, n.º 11, 2004, pp. 11 ss.

SELMA PENALVA, A.: «La expulsión de los extranjeros no europeos: reflexiones críticas acerca de la indeterminación del art. 57.2 de la Ley Orgánica 4/2000 de extranjería», Revista de Derecho Migratorio y Extranjería, n.º 33, 2013, pp. 13 ss.

SERRANO PASCUAL, M.: *Las formas sustitutivas de la prisión en el Derecho penal* español, Trivium, Madrid, 1999.

SILVA FORNÉ, D.: «Posibles obstáculos para la aplicación de los principios penales al Derecho administrativo sancionador», en Díez Ripollés / Romeo Casabona / Gracia Martín / Higuera Guimerá (Eds.): *La Ciencia del Derecho penal ante el nuevo siglo. Libro Homenaje al profesor doctor don José Cerezo Mir,* Tecnos, Madrid, 2002, pp. 173 ss.

SOLAR CALVO, P.: *El sistema penitenciario español en la encrucijada: una lectura penitenciaria de las últimas reformas penales,* Agencia Estatal Boletín Oficial del Estado, Madrid, 2019.

SOUTO GARCÍA, E. M.ª: «Algunas notas sobre la función del Derecho penal en el control de los flujos migratorios: especial referencia a la medida de expulsión», en Faraldo Cabana (Dir.): *Derecho penal de excepción. Terrorismo e inmigración,* Tirant lo Blanch, Valencia, 2007, pp. 289 ss.

SUAY RINCÓN, J.: «Concepto de sanción administrativa», en Lozano Cutanda (Dir.): *Diccionario de sanciones administrativas,* iustel, Madrid, 2010, pp. 165 ss.

TAMARIT SUMALLA, J. M.ª: «Art. 89», en Quintero Olivares (Dir.) / Morales Prats (Coord.): *Comentarios al Código penal español,* Tomo I, 7.ª ed., Aranzadi, Pamplona, 2016, pp. 663 ss.

TERRADILLOS BASOCO, J. M.ª: «Reflexiones y propuestas sobre inmigración», InDret 1/2010.

TOMÉ GARCÍA, J. A.: *Intervención del juez penal en la expulsión de extranjeros,* Colex, Madrid, 2006.

TORRES FERNÁNDEZ, M.ª E.: *La expulsión de extranjeros en Derecho penal,* La Ley, Madrid, 2012.

ÚBEDA TARAJANO, F.: «La sanción administrativa de expulsión de personas extranjeras», Actualidad Administrativa, n.º 1, 2019 (ref. 15642/2018 base de datos laleydigital).

URRUELA MORA, A.: *Las medidas de seguridad y reinserción social en la actualidad,* Comares, Granada, 2009.

VELASCO CABALLERO, F.: «Expulsión administrativa, devolución, retorno y otras "salidas obligatorias"», en Pomed Sánchez / Velasco Caballero (Eds.): *Ciudadanía e inmigración,* Monografías de la Revista Aragonesa de Administración Pública, Gobierno de Aragón, Zaragoza, 2003, pp. 301 ss.

VIEIRA DA COSTA, P. L.: «La expulsión de los extranjeros "sin papeles"», Revista Jurídica de la Universidad Autónoma de Madrid, n.º 21, 2010-I, pp. 149 ss.

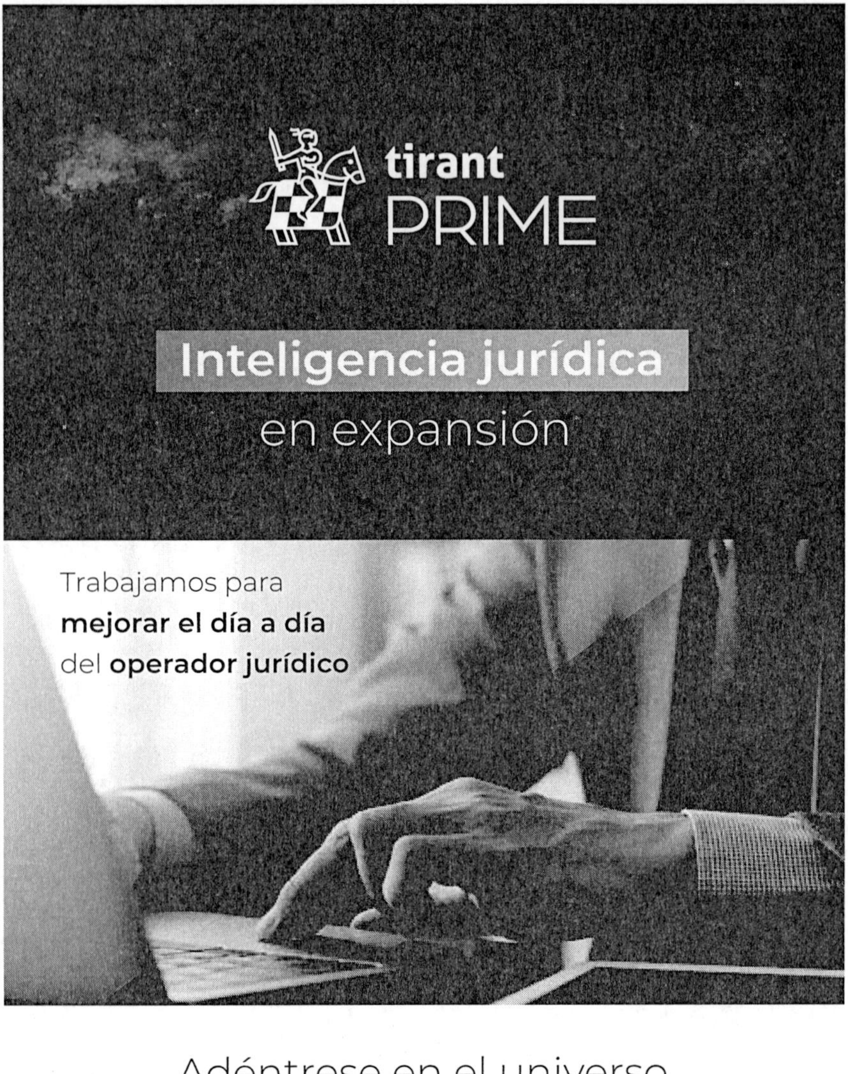
tirant
PRIME
Inteligencia jurídica
en expansión
Trabajamos para
mejorar el día a día
del operador jurídico